Bayerns Preußen
sind die besten

Bayerns Preußen sind die besten

Ein Lehr- und Lesebuch
zum Thema:
Heut' nehmen wir
die Preußen durch

Geschrieben von
Hannes Burger,
Ernst Fischer und
Herbert Riehl-Heyse,
gezeichnet von
Josef Blaumeiser

Süddeutscher Verlag

Umschlagentwurf und Layout:
Atelier Blaumeiser

1.–10. Tausend September 1979
11.–20. Tausend Oktober 1979
21.–30. Tausend November 1979

ISBN 3-7991-6054-X

Satz: Schumacher-Gebler, München
Druck: Kösel, Kempten
Bindearbeit: Conzella, München

Gewidmet
unseren bayerischen Wolpertingern
(to whom it may concern)

Inhaltsverzeichnis

⬥ = Hannes Burger
♥ = Ernst Fischer
⬟ = Herbert Riehl-Heyse

I. Grußworte

Grußwort
des bayerischen Ministerpräsidenten

Mit großer Genugtuung begrüßt die Bayerische Staatsregierung, das heißt also ich, das vorliegende Schulbuch der mir zum Teil durchaus bekannten Autoren. Über deren Qualifikation, ein so wichtiges Thema zu bearbeiten, will ich mich zwar hier nicht weiter äußern, zumal ich über ihre schulische Vorbildung nicht genau informiert bin, aber sehr bezweifle, daß sie eine haben. Auch schreibe ich dieses Grußwort ohne Kenntnis vom Inhalt des Buches, das ich mit Sicherheit auch nie lesen werde. (Wann denn?) Ganz glänzend gelungen finde ich allerdings – und daher meine Genugtuung – den Titel des Werkes: Es geht daraus, für Eingeweihte nicht weiter überraschend, klar hervor, daß sogar Bayerns Preußen die besten der Welt sind, was nun wirklich einiges heißen will. Hier einen Zusammenhang mit der großartigen Arbeit der CSU zu leugnen, an deren Spitze ich bekanntlich seit langem stehe, hieße wirklich sozialistische Geschichtsfälschung großen Stils betreiben. Ich gehe aber davon aus, daß sich bayerische Autoren so etwas dreimal überlegen würden. Oder?

Franz Josef Strauß

Grußwort
des Bundeskanzlers

Ich werde immer wieder gefragt, ob denn ein Bundeskanzler, der doch der Kanzler aller Deutschen sein soll, so ohne weiteres mit einer eindeutig norddeutsch-hanseatischen, aus süddeutscher Sicht preußischen Kopfbedeckung bundes- und weltweit auftreten könne. Ich meine meine geliebte Prinz-Heinrich-Mütze, die an Rhein und Ruhr und an norwegischen Fjorden ebenso Aufsehen erregt wie bei den Indios Lateinamerikas und im Bayerischen Wald. Mit um so größerer Spannung erwarte ich deshalb das neue Lehrbuch als wichtige Entscheidungshilfe in dieser Frage. Einerseits will ich natürlich als Norddeutscher mit meiner Mütze Flagge zeigen, andererseits würde ich gern meiner Sympathie für die südlichen Bereiche meiner Republik sichtbaren Ausdruck verleihen. (Wobei ich nicht zu verleugnen brauche, daß ich dort eine beträchtliche Anhängerschar habe und meine Partei auch ein paar Wähler.) Nun hat mir ein Parteifreund aus München geraten, ich solle einen Gamsbart an meine Mütze stecken. Leider hat der Mann nicht bedacht, daß der Gamsbart doch wohl eine geschützte Pflanze ist, so daß aus dieser Geste leider nichts werden wird.

Helmut Schmidt

Grußwort
des UNO-Generalsekretärs

Obwohl die bayerische Nation noch nicht Mitglied der Vereinten Nationen ist, begrüßt die Weltorganisation diesen beispielhaften Versuch, mit dichterischer Freiheit in Forschung und Lehre dem Frieden der Völker zu dienen.

Bekanntlich sind ja die Nachbarvölker Bayern und Preußen ein krisengeschütteltes Spannungsgebiet, seitdem Preußen unaufgefordert in die bayerische Weltgeschichte eingetreten ist. Friedenspolitik bedeutet heute die Verminderung von Spannungen durch Abbau von Vorurteilen mit besseren Informationen zur Erhellung der wirklichen Hintergründe. Für diese Aufgabe hat uns so etwas wie dieses Buch, das sorgfältig alle bestehenden Vorurteile aufwärmt und kein festgefahrenes Klischee übersieht, gerade noch gefehlt.

Indem man sich dieses alte Bild vom Nachbarn schulmäßig neu bewußt macht, werden zwar die Krisen auch nicht weniger, aber man hat mehr davon.

Kurt Waldheim

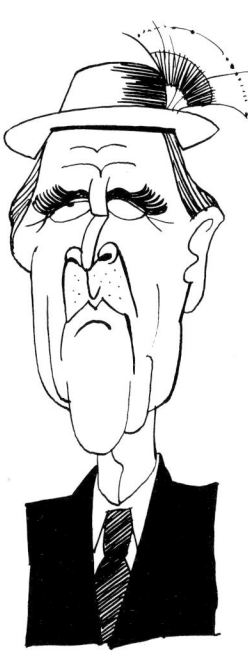

Grußwort
des Bundespräsidenten

Ich weiß gar nicht, was ich zu dieser Überraschung sagen soll, wo ich mich doch selbst als Lehrgegenstand dieses neuen Unterrichtswerkes fühlen darf. Sicher wird wohl nach dem Studium dieses Lehrbuches auch anderen ebenso klar wie mir, warum ich trotz meines Trachtenhutes als Bundespräsident auch in Bayern immer noch scheel angesehen werde.

So ist es mir denn ein Bedürfnis, vor allem in meiner Verantwortung vor der historischen Wahrheit und im Bekenntnis zur deutschen Geschichte dafür zu danken, daß das politisch nicht mehr existente Preußen wenigstens in Bayern noch als unerschütterlich fixe Idee verewigt wird. Eines wird man nun jedenfalls nicht mehr länger bestreiten können: da es anderswo Preußen nicht mehr gibt, müssen Bayerns Preußen die besten sein.

Karl Carstens

Grußwort
des Chefs des Hauses Hohenzollern

Natürlich freue ich mich als Chef des Hauses Hohenzollern und als Lieblingsenkel des letzten deutschen Kaisers über die Renaissance Preußens, die derzeit in unserem Land schwarz auf weiß stattfindet. Am meisten aber freue ich mich über diese Neuerscheinung aus Bayern, weil sie so unerwartet kam. Ich wußte aber immer, irgendwann würde auch Bayern der Faszination der Preußen vollends erliegen. Es hat lange gedauert, nun ist es geschehen. Da kann man das Monokel drehen wie man will. Ich muß gestehen, daß ich Bayern liebe, dieses Land, das noch immer durchweht ist vom diskreten Charme der Monarchie, und wo mein Vetter Otto von Habsburg so in Ehren gehalten wird, als hätte es die Sendlinger Mordweihnacht nie gegeben. Vielleicht wird nach der fairen Darstellung des 66er Krieges in diesem Buch diese bayerisch-preußische Wunde ähnlich vernarben. Zumal darin deutlich wird, daß nur zum Teil die Preußen an der Niederlage der Bayern schuld waren.
Den Autoren kann ich von dieser Stelle aus nur wünschen, sie mögen an die Spitze der Bestseller-Listen marschieren. Im Gleichschriiihht Maaarsch!

Prinz Louis Ferdinand

Grußwort
des bayerischen Kultusministers

Das Bayerische Staatsministerium für Unterricht und Kultus begrüßt wärmstens das vorliegende Schulbuch des Süddeutschen Verlages, das ja auch schon vom Bayerischen Ministerpräsidenten mit einem wohlwollenden Vorwort versehen worden sein soll. Leider sieht sich dennoch mein Haus auch nach sorgfältiger Prüfung außerstande, dem Buch die beantragte Lernmittelfreiheit zu bewilligen, was damit zusammenhängt, daß sich die beiden für die Genehmigung zuständigen Regierungsdirektoren über die Bewertung des Werkes nicht einigen konnten. Wie mir mitgeteilt wurde, vermutete der erste der beiden Herren, das Buch sei stellenweise komisch gemeint, womit es in einem bayerischen Klassenzimmer nichts verloren habe. Der andere Prüfer, der aus Oldenburg stammt, begründete seinen Ablehnungsbescheid mit dem Hinweis, er habe das Buch stellenweise nicht komisch finden können. Meine eigene Meinung ist, wie häufig in solchen Fällen, in meinem Ministerium bis heute leider noch nicht erfragt worden.

Prof. Dr. Hans Maier

II. Einführung in das Werk

1. Definition des Preußen

Preuße wird man durch:

A. ┌─────────────┐
   │ Geburt │
   └─────────────┘

B. ┌─────────────┐
   │ Ernennung │
   └─────────────┘

C. ┌─────────────┐
   │ Verhalten │
   └─────────────┘

Zu A. Der geborene Preuße

ist der nur noch in Restexemplaren in Freiheit lebende klassische Urpreuße. Er ist innerhalb der Grenzen des alten Königreiches Preußen geboren und kann mit Recht stolz darauf sein; auch wenn er dies gern übertreibt. Dem Bayern imponiert der »Ur-Preuße« über alle Gegensätze hinweg vor allem dadurch, daß er es ehrlich zugibt, ein Preuße zu sein, und es nicht ständig abstreitet.

Zu B. Die Ernennung zum Preußen

darf nicht als persönliche Auszeichnung mißverstanden werden, sondern ist eine formale Eingruppierung und deshalb auch nicht von Haus aus als abwertendes Urteil gemeint. Das Recht zur Ernennung steht nur Bayern und ausnahmsweise auch Bavareußen zu (siehe dort).
Im Regelfall gilt in Bayern jeder Deutsche als Preuße, der nicht Bayer oder Schwabe (Badener) ist; Franken sind zwar von Amts wegen Bayern, der Art nach aber oft »Südpreußen«, so daß sich ihre Einstufung weitgehend nach ihrem eigenen Verständnis und dementsprechenden Verhalten richtet (siehe unter C.); Franken, die sich z. B. ungern als Bayern bekennen, gelten eo ipso bereits als »Südpreußen«. Jene Franken hingegen, die ohne Murren die Oberherrschaft der Altbayern im Prinzip akzeptieren, werden in der Praxis an der Regierung des Landes nicht gehindert.

Kleinliche Differenzierungen unter den Preußen – etwa zwischen Rheinländern und Hanseaten, Niedersachsen oder Berlinern, Hessen oder Westfalen – lehnt der Bayer ab, weil er sie als Einmischung in innerpreußische Angelegenheiten auffaßt. Er wertet derartige landsmannschaftliche Angaben nur als Ausflüchte und als mangelnden Mut, sich als Preuße zu bekennen.

Werden Bayern selbst, Schwaben oder Ausländer als Preußen bezeichnet, so beruht dies ausschließlich auf deren Verhalten (siehe unter C.) und ist infolgedessen keine allgemeingültige Ernennung, sondern ausnahmslos als Ausdruck des tiefsten Abscheus und – wenn möglich – auch als direkte Beleidigung gemeint.

Zu C. Durch sein Verhalten

kann jeder Mensch von Pfarrkirchen bis Tokio und von Untermenzing bis Honolulu zum Preußen werden. Über alle traditionellen Rassengesetze hinweg können sogar Bayern von anderen Bayern situationsbedingt als Preußen eingestuft werden, wenn sie sich preußisch benehmen. Das spontane Verhalten, das einen Menschen in Bayern zum Preußen macht, kann auf sehr vielfältige Weise unangenehm sein. Es entspricht aber in etwa dem, was der Italiener unter »typisch deutsch«, der Österreicher unter »wienerisch«, der Sowjetbürger als »russisch« und der Afrikaner unter »europäisch« versteht.

Typisch preußisch

verhält sich zum Beispiel:
wer auf die Frage »Wer ist hier der Beste?« ohne Zögern den Finger hebt;
wer zusammen mit anderen einen Raum betritt, in dem nur noch ein Ehrenplatz reserviert ist, und sich sofort hinsetzt;
wer sich nur mit der rhetorischen Frage »Gestatten?« zu fremden Leuten an den Tisch setzt und sich auch noch ungebeten in deren Unterhaltung einmischt, um sie zu korrigieren;
wer Kartenspielern über die Schulter ins Blatt schaut und ungefragt seinen Senf zu deren Auswurf gibt;
wer ein gutes Blatt als Beweis seiner überlegenen Intelligenz wertet;
wer alles abtastet und durchprobiert (z. B. Früchte und Frauen) und dann ungekauft liegenläßt;
wer schneller redet, als er denken kann;
wer schon widerspricht, bevor er gehört hat, worum es geht;
wer alles weiß und selbst das, was er nicht weiß, immer noch besser weiß als alle anderen.

2. Einteilung der Preußen

Unabhängig von der geographischen Einteilung der Herkunftsländer von Preußen (siehe Geographie) – was in Bayern kaum von Interesse ist – ordnet man die Rasse der Preußen in verschiedene Typen ein. Alleiniger Maßstab dafür ist deren Verhältnis zu Bayern. Die wichtigsten Typen – ohne zusätzliche regionale Untergruppierungen – lassen sich unter folgenden Bezeichnungen systematisch ordnen:

A. Der Original-Preiß

B. Der Saupreiß

C. Der Trachtenpreiß

D. Die Bavareußen

A. Der Originalpreiß

Sowohl die geborenen Ur-Preußen als auch die allein wegen ihrer nicht-bayerischen Herkunft ernannten – und somit ebenfalls schuldlosen – Preußen können als »Originalpreiß« eingestuft werden. Mit dieser Bezeichnung wird ihnen »Echtheit« bescheinigt und der übliche vorsichtig distanzierte Respekt gegenüber angesehenen Fremden entgegengebracht. Der Originalpreiß spricht und versteht kaum ein Wort Bayerisch, hat von Bayern auch nicht die geringste Ahnung, aber er respektiert Bayern als eigene politisch-kulturelle Größe wie jedes andere für ihn exotische oder balkanesische Land; er staunt nur über Bayern und wundert sich, daß hier die Uhren anders gehen, aber er wi-

dersteht der Versuchung, die Uhren überall umzustellen; er unterläßt herablassende Bemerkungen und überhebliche Urteile (zumindest in Gegenwart von Bayern); er vermeidet ferner, den Bayern Vorschriften zu machen und Posten wegzuschnappen; vor allem erhebt er keinen Anspruch darauf, sie regieren zu wollen. Der Originalpreiß ist als Urlauber oder Kurzbesucher gern gesehen, wird auch nur leicht angenommen und fast schmerzlos ausgenommen. Besonders hoch wird ihm angerechnet, daß er bereit ist, immer wieder nach Preußen zurückzukehren und neue Kohlen zu holen. Er gilt daher als der wichtigste reproduzierbare Rohstoff der bayerischen Fremdenverkehrs-Industrie.

B. Der Saupreiß

So bezeichnet der Bayer Menschen, die er nicht ausstehen kann und von denen er sich in seinem Wesen zutiefst bedroht fühlt. Wer sich durch eigenes Verhalten schuldhaft zum Preußen macht, gilt automatisch als »Saupreiß«. In die Kategorie der »Saupreißen« kann jeder hineinschlittern, wenn er Eigenschaften vorweist, die weit über das Höchstmaß des Erträglichen hinausgehen, das in Bayern auch unter Landsleuten mit der Qualifikation »gscherte Bauernsau« markiert ist.

Der »Saupreiß« ist leicht zu erkennen, weil er alle auf sich aufmerksam macht. Er findet in Bayern alles unvollkommen und unerträglich. Aber sein starkes missionarisches Sendungsbewußtsein hindert ihn meist daran, Bayern wieder zu verlassen; er fühlt sich als der überlegene Lehrer und Erzieher der Bayern und qualifiziert alles, was der Bayer tut oder darstellt, mit der Negativwertung »typisch bayerisch« ab. Für ihn gehen die Uhren in Bayern nicht anders, sondern schlichtweg falsch. Niemand weiß so genau wie er, wieviel Leber im bayerischen Leberkäs sein muß. Er drängt sich als Entwicklungshelfer überall vor, zeigt als Ladenschmeißer in Firmen und Vereinen allen »bayerischen Deppen«, die es gar nicht wissen wollen, »was eine Harke ist« und setzt sich als Umerzieher gleich frech in allen erreichbaren Positionen fest. Das Leben im bayerischen Klima und der Umgebung mit bayerischen Menschen bereitet im viele Beschwerden und beschert ihm fast alle Leiden – mit Ausnahme von Heimweh.

C. Der Trachtenpreiß

Wenn es ein Preuße so gut mit Bayern meint, daß er in seinem Philobajuwarismus noch bayerischer sein will als jeder geborene Bayer, nennt man ihn in wohlwollendem Spott einen »Trachtenpreiß«. Diese Type findet sich sowohl unter den preußischen Einwanderern als auch unter den Dauerurlaubsgästen. Der Trachtenpreiß trägt, wie der Name schon sagt, meist einen Trachtenanzug, immer frisch gebügelt und stramm auf Taille gearbeitet; seine Frau erscheint im weit ausgeschnittenen, bezaubernd süßen Dirndlkleid; meist haben beide auch noch einen kecken »Sepplhut« auf dem Kopf. Der Trachtenpreuße übt schon früh morgens die Aussprache von »Oachkatzlschwoaf« und »Loabitoag«, bestellt im Wirtshaus sein »Mo-aßl«, weil »dös so vui guat is« und flicht in seine Rede möglichst oft »jo mai« ein. Da er die unauslöschliche Sehnsucht hat, sich durch die Imitation der Landessprache die Anerkennung als Bayer zu verschaffen, aber die bayerische Mundart von der österreichischen nicht unterscheiden kann, brilliert er gern mit Folklore-Sätzen wie: »Haaß woar's heint wieda z' Minka, wos maanst, Herr Nochboar?« oder »Aber hearst, Maderl, zu am Weißwürstel gehärt doch a Brezel und a Meerradi, host mi?«

Der Trachtenpreiß läßt in seiner bajuwarischen Begeisterung nichts im Lande ungenutzt: kein Berg
bleibt unbestiegen, kein Schloß unbesichtigt, kein
See ungebadet, kein Schmei ungeschnupft und kein
Madl ungefensterlt; selbst wenn er nicht durch
Gutscheine genötigt ist, drängt es ihn jedes Jahr
mehrmals zum Oktoberfest. Unbändig ist sein
Drang, alles, was er für »echt bayerisch« hält, immer noch uriger zu perfektionieren und ständig zu
demonstrieren. Dies macht ihn zum sichersten Ga-
ranten und treuen Propandisten des zur Welt-
marke gewordenen Klischeebildes von Bayern.
Selbst wenn er noch zwei Jahre zuvor »Wittels-
bach« für ein »mickriges Jebirgswässerchen« gehalten hat, ist er nun im Ernstfall jederzeit bereit, für
die Ehre von König Ludwig Preußenblut zu vergie-
ßen – und wenn es sein eigenes ist.
Aber solche Blutspenden werden heute gar nicht
mehr verlangt, denn der Trachtenpreiß hat wichti-
gere Aufgaben für Bayern zu erfüllen. Früher konnte man beispielsweise die Frage »Wie ärgert man
einen Preußen bis aufs Blut?« ganz klar beantworten: »Man nimmt ihm sein Trachtenanzügerl
weg«.

Das ist heute nicht mehr möglich, denn wegen der
werbewirksamen bundesweiten Auftritte von
Trachtenpreißen mit Raiffeisen-Smoking und aus-
ladenden Barock-Balkonen in einladenden Brokat-
Dirndln ist Deutschlands Norden und Westen bereits dazu gerüstet, im Falle einer weiß-blauen
Machtübernahme nahezu geschlossen in bayerischen Nationalkostümen zum Appell anzutreten.
Dank dieses Bekennermutes der in Treue festen
Trachtenpreißen zu dem in Loden und Schweigen
gehüllten Alpenvolk hat der lockere Bayern-Look
im modischen Gegenfeldzug ganz Preußen erobert.
Dadurch sind in Bayern komplette Walkjanker-
und Wadlstrumpf-Industrien allein mit der Standes-
gemäßen Verkleidung von preußischen Amateur-
Trachtlern ausgelastet. Jedes Dirndl-Mieder stabi-
lisiert somit nicht nur eine Preußen-Brust, sondern
auch einen bayerischen Hintern auf seinem
Arbeitsplatz. So ist die Mode-Woche-München
zur größten völkerverbindenden An- und Auszieh-
Messe geworden, auf der ein noch stärkerer Aus-
tausch von Nationaldressen stattfindet als bei dem
berühmt versöhnlichen Hemden-Täuscheln unter
Europacup-Gegnern.

D. Eine eigene Rasse: Die Bavareußen

Größter Zuchterfolg bayerisch-preußischer Mischehen und oberstes Bildungsziel der Erziehung von
Preußen in Bayern ist der »Bavareuße«. Mit diesem
hier erstmals in die wissenschaftliche Systematik
der bayerischen Volkskunde eingeführten Begriff
bezeichnet man einen gelungenen Charakter-Misch-
ling, der sein mitgebrachtes preußisches Erbgut
beibehalten, aber durch Anpassung an bayerische
Lebensart veredelt hat. Dank unermüdlichen Mischens und rigorosen Aufheiratens ist die Zahl der
Bavareußen – in der Vorkriegsliteratur so gut wie
unbekannt – seit 1945 enorm angewachsen. Wie bei
allen Mischlingen gibt es auch hier solche, die alle
unangenehmen Eigenschaften von Preußen und
Bayern in sich vereinigen. Aber über diese ist hier
nichts mehr auszuführen, weil sie nahtlos in die Kategorie der »Saupreißen« einzuordnen sind.
Der edlere Typ der »Bavareußen« bleibt äußerlich
selbstbewußt, aber unaufdringlich preußisch und
wird innerlich zunehmend bayerisch. Er kostümiert
sich nicht trachtlerisch, er versteht die bayerische
Sprache, radebrecht sie aber selbst nicht. Da er die
Bayern nicht imitiert, fühlen diese sich nicht paro-
diert und werden nicht zur Aggressivität gereizt.

Der »Bavareuße« verbindet preußischen Unter-
nehmungsgeist mit bayerischer Unauffälligkeit,
preußisches Durchsetzungsvermögen mit bayerischer Sturheit, preußische Schnelligkeit mit bayerischer Bierruhe. Da er den preußischen Drang in
sich unterdrückt, alles zu übertreiben und jede Kritik überdeutlich auszusprechen, zwingt er die Bayern auch nicht zur Solidarität. So erleichtert er es
diesen, über sich selbst zu schimpfen und kann ihnen dann auch noch hinterfotzig Beifall spenden.
Der Bavareuße hat als Überlebenstechnik gelernt,
daß man Provokationen am besten »nicht einmal
ignoriert« und daß der wichtigste Denkvorgang darin besteht, »sich nix zu denken«. Durch Zuhören
und Beobachten hat er den tieferen Sinn bayerischer Lebensphilosophie begriffen – wie »Lebn und
lebn lassen«, »d'Katz frißt Mäus, i mag's net«, »Sachen gibt's, die gibt's garnet« oder »für den, der's
mag, is as höchste«. Deshalb weiß er auch, daß man
mit dem freundlichen Wort »wennst moanst« jedem
Recht geben kann, ohne ihm ein Wort zu glauben,
und daß man einen Streit immer defensiv vom Zaun
bricht mit der Bemerkung »alles brauch ma uns aa
net gfalln lassn«.

Im Gegensatz zum »Saupreißn« zweifelt er nie an der Glaubenslehre von der »Liberalitas Bavarica«, weil er aus Erfahrung gelernt hat, was der Bayer darunter versteht: »Jeder hat die Freiheit, nach meiner Façon selig zu werden.« Gerade in der Mischehe hat der mit einer Bayerin verheiratete Preuße diese Liberalität am eigenen Leibe kennengelernt, denn »er kann jederzeit tun und lassen, was sie will«. Umgekehrt haben mit Bayern verheiratete Preußinnen die Erfahrung gemacht, daß der liberale bayerische Mann »überhaupt nix gegen Emanzipation« hat, sondern »bloß gegen Ungehorsam und das ewige Nachschnabeln«.

Soweit ein Bavareuße auch bereits von bayerischer Liberalität und südländischer Toleranz durchdrungen sein mag, in einem versagt ihm der Humor und die Beherrschung: er ist weitaus allergischer und aggressiver gegen »Saupreißn« als jeder Bayer.

3. Einteilung der Bayern

A. | Vorder- und Hinterbayern |

B. | Ur-, Edel- und Paradebayern |

C. | Saubayern |

D. | Benefizbayern |

E. | Das andere Bayern |

A. Vorder- und Hinterbayern

Während die Einteilung der Preußen vergleichsweise leicht fällt, ist die Einteilung der Bayern, wie nicht anders zu erwarten war, schwierig und zudem unübersichtlich, was mit der zerklüfteten Geographie zusammenhängt. Simple Unterschiede, wie beispielsweise zwischen Ost- oder Westbayern, analog den Ost- und Westpreußen, führen zu nichts. Schon deshalb, weil in Westbayern keine Bayern, sondern Schwaben sitzen. Auch die anderen Himmelsrichtungen haben ihre Tücken. So kommt man mit Süd- und Ostbayern vielleicht noch klar, Nordbayern aber gehört den Franken, die zwar auch Bayern sind, aber keine ganz richtigen und darauf sogar noch Wert legen.

Viele Preußen würden die Bayern am liebsten der Einfachheit halber – wie die Pommern – in Vorder- und Hinterbayern einteilen. Die Vorderen wären dann die, die gut zu ihnen sind, die Hinteren diejenigen, die vom Fraternisieren nichts halten und allen Assimilierungsversuchen boshaft widerstehen. Aber so einfach geht es natürlich nicht.

Besser und gebräuchlicher ist da die Einteilung in Ober- und Niederbayern, wobei man nicht an ein Zwei-Klassen-System denken darf, also in dem Sinne, daß Oberbayern Niederbayern beherrschen würde, die einen den anderen überlegen oder gar vorgesetzt wären. Zwar ist Franz Josef Strauß Oberbayer, aber er wäre auch als Niederbayer et-

was geworden. Auch bedeutet Oberbayer zu sein nicht automatisch ein verdienter Bayer zu sein. Dann wäre der Hamburger Verleger Axel Springer Oberbayer, denn er trägt (wegen der Verdienste seiner Jungs von der Bild-Zeitung für das bayerische Wesen) den bayerischen Verdienstorden. Es ist im übrigen auch nicht so, daß die Niederbayern ständig danach strebten, endlich Oberbayern zu werden. Weil es nämlich keinen Aufstieg in die bayerische Oberliga darstellt.

Nun herrscht in weiten Teilen Preußens die Auffassung, Niederbayern seien Bayern bis zu 1,72 Meter Größe, während als Oberbayer angesehen werden müsse, wer 1,73 Meter groß und größer ist. Diese Auffassung geht reichlich in die Irre. Die Körpergröße spielt in Bayern keine wesentliche Rolle. So beweist beispielsweise der aus Niederbayern stammende Münchner Oberbürgermeister, daß auch kleinere Figuren in Oberbayern etwas werden können. Und Hermann Höcherl brachte es mit nur 1,68 Meter Größe zu einem überragenden Oberpfälzer.

In Wirklichkeit hat dies alles viel mit der Geographie zu tun. Oberbayern liegt eben höher als Niederbayern, obwohl Rachel, Lusen und Osser im (nieder-)bayerischen Wald bis zu 1500 Meter hoch aufragen, während das oberbayerische München nur 500 Meter über dem Meeresspiegel gelegen ist.

Aber das sind Feinheiten, die den Überblick für den Lernenden nur erschweren.

Nicht ganz leicht ist auch der oft zu hörende Begriff des ›Altbayern‹ zu erklären, denn bereits ein Baby im Wickelkissen und ein Firmling können Altbayern sein, während es vielleicht ein 85jähriger Staatsbayer, selbst wenn er noch lange eisern durchhält, nie schafft, einer zu werden. Mit Rentnern, Pensionisten und Austräglern kommen wir also nicht weiter. Altbayern sind nämlich Menschen aus den Stammlanden Bayerns (richtig, da wo die Stammtische erfunden wurden!) und da spielt das Alter keine Rolle, sondern eben die Herkunft aus Niederbayern oder Oberbayern und allenfalls noch aus der Oberpfalz. Aber das ist schon wieder eine Feinheit, die den Überblick erschweren kann.

B. Ur-, Edel- und Paradebayern

Vielleicht kann man das »Alt« der Altbayern, dieses harten Kerns der Bayern, auch so erklären, daß sie ihre ganze Kern-Energie darauf verwenden, altmodisch in ihren Gewohnheiten zu bleiben, daß sie das Althergebrachte mögen und schätzen, daß sie einfach das Alte mögen. Natürlich darf schon einmal eine Junge dabei sein. Daß sie aus dem ältesten Teil Bayerns stammen, der schon nett besiedelt war, als in Preußen noch die Auerochsen frech herumgaloppierten (siehe dazu die mühsame Christianisierung der Friesen im Kapitel ›Kirchengeschichte‹), ist ohnehin klar. Die Preußen verfügen übrigens für altbayerische Gegenden Bayerns über eine besonders feine Witterung, so daß eine genauere Abgrenzung dieses Landesteils nicht mehr notwendig erscheint.

Nur Altbayern können Ur-, Edel- oder Paradebayern werden. Das sind Männer und Frauen, die trotz des preußischen Andrangs und Liebeswerbens standhaft geblieben sind oder sich sogar im Kampf gegen die preußische Unterwanderung besonders hervorgetan haben. Paradebayern beispielsweise sind Bayern, die man jederzeit herzeigen kann, es aber nicht mögen, wobei das Wort Parade nicht für besondere Strammheit steht, wie das ein Nichtbayer gleich wieder auslegen könnte. So bedeutet auch Stechschritt hierzulande nicht eine militärische Form des Marschierens, sondern den Ausfallschritt eines bis aufs Blut gereizten Altbayern, der gleich zusticht. Dies aber nur am Rande.

Eine verschwindend kleine Minorität sind die Berufsbayern, die durchaus nicht als edel betrachtet, aber immerhin als notwendig erachtet und deshalb geduldet werden, da sie zur Unterhaltung und Betreuung der Preußen dienen. Sie verdienen gut an den Preußen und schaden den eigenen Landsleuten nicht viel, höchstens ihrem Ruf. Aber oft halten sie Schaden von ihnen fern, indem sie sich für typische bayerische Pflichtübungen hergeben.

C. Saubayern

»Saubayer« meint im preußischen Sprachgebrauch wohl in erster Linie Hütejunge für Schweine und ist daher als Schimpfwort kaum in Gebrauch, wahrscheinlich auch, weil die Beliebtheit der Bayern so grenzenlos groß ist. Es sollen aber in vereinzelten Fällen bereits bayerische Menschen mehr oder minder versehentlich in verletzender Absicht so bezeichnet worden sein. Soweit dies im außerbayerischen Raum geschehen ist, gibt es eine minimale Dunkelziffer von Fällen, in denen der Absender möglicherweise wegen der ungünstigen Situation nicht aufgeklärt worden ist über die gelegentliche Doppelbedeutung. Anders war es in Fällen, in denen tollkühne Nichtbayern einen Einheimischen hierzulande so titulierten – und dies mit einem drohenden oder höhnischen Unterton. Sie befinden sich in bayerischen Krankenhäusern, wo ihnen gute, vorurteilsfreie Pflege zuteil wird. Denn der Bayer kann zwar im gereizten Zustand auffahrend sein, ja sogar jähzornig, aber er ist nach der Tat selten nachtragend.

Vielleicht reagieren Bayern auf die Bezeichnung »Saubayer« deshalb so nachdrücklich, weil eine Sau eben zu den schönen Dingen eines Bauernlandes und deshalb nicht in den Schmutz gezogen gehört. Außerdem ist die Sau die wichtigste Lebensgrundlage, weil sie nicht nur die Wurst aufs Brot, den Speck fürs Kraut und das Fleisch für den Braten liefert, sondern auch den Schweinsledereinband für das Buch, das mancher Bayer besitzt. (Der Trend geht mit der vorliegenden Neuerscheinung allerdings eindeutig zum Zweitbuch!) So verstanden, wird auch klar, daß der Bayer das Wort »Saupreuß« nicht als Beleidigung gebraucht, sondern damit nur jene Preußen qualifiziert, von denen er sich zu ernähren gedenkt. Auch dies wieder nur am Rande.

Nun mag das zum Thema Saubayern Aufgeschriebene den Eindruck erwecken, die Bayern seien ein recht geschlossener Volksstamm. Dem ist aber nicht so. So homogen, wie außerhalb der weißblauen Grenzpfähle oftmals angenommen, ist der Freistaat beileibe nicht. So ist es eine Tatsache, daß die Oberpfälzer, die an der oberen Donau und in und um Regensburg siedeln, die Niederbayern gleich donauabwärts nicht riechen können. Umgekehrt sind die Niederbayern für Jahrzehnte bedient, seit Regensburg vorübergehend Hauptstadt beider Bezirke war. Einzige Klammern sind die Erzdiözese Regensburg mit ihrer starken beidseitigen Marienverehrung und gelegentliche Fußballspiele zwischen Mannschaften beider Bezirke. Stierkämpfe sind dagegen allerdings eine matte Sache. Nur wer Freundschaftsspiele zwischen Straubing und Cham gesehen hat, weiß, was Brutalität ist. Interessanterweise gehen die Feindschaften innerhalb der Bezirke weiter. So hat ein Plattlinger im benachbarten

27

Deggendorf (beide Orte liegen im Niederbayer- ischen) nichts zu lachen und ein Straubinger darf in Passau keine gute Nachrede erwarten. Niederbay- ern macht aber keine Ausnahme. Als Beleg sollen hier nur Eishockeyspiele zwischen Rosenheim und Riessersee (Oberbayern) oder Füssen und Kauf- beuren (Schwaben) angemerkt werden.

Das Verhältnis der Niederbayern zu den Oberbay- ern ist natürlich ebenfalls getrübt, glauben doch die Oberbayern auf die Niederbayern herabsehen zu können, was diese, zwar wirklich oft klein von Wuchs, aber zäh und kräftig und vor allem stark von Stolz durchsetzt, natürlich nicht hinnehmen. Es ist ein Fall bekannt, da hatte ein Niederbayer die Wahl, einem älteren Münchner Vertreter oder ei- ner hübschen jungen Preußin aus Dortmund bei der Autopanne zu helfen. Und wem half er nach kurzem Überlegen? Der Preußin! Soweit gehen die Animositäten!

D. Benefizbayern

Alle bisher aufgezählten Völker Bayerns haben nun mit den Menschen Nordbayerns, den Franken, nichts im Sinn. Sie gelten als Benefiz- oder Beute- Bayern von Napoleons Gnaden und werden nach dem Motto »Einem geschenkten Franken schaut man nicht ins Maul« oder »Man muß Gott für alles danken, sogar für Ober-, Unter- und Mittelfran- ken« als mittelschwere Prüfung angesehen. Umge- kehrt bemühen sich die Franken in keiner Weise um Annäherung, erklären sich hin und wieder nur bereit, das Land zu regieren oder als Spitzenbeam- te in spröder Strenge und Distanz zu verwalten, halten sich aber sonst heraus aus altbayerischen Angelegenheiten und interessieren sich in gerade- zu provokanter Weise für den 1. FC Nürnberg mehr als für den FC Bayern München.

Mit den Schwaben haben es die Bayern nicht so schwer, man reibt sich gelegentlich, geht sich aber sonst aus dem Weg und lebt friedlich aneinander vorbei. Ernste Konflikte blieben bisher aus – aus- genommen beim Oktoberfest, wenn alle Stämme des Freistaats zielstrebig nach München marschieren und ihren Durst löschen und ihr Mütchen kühlen. Über das alljährliche ebenso unsinnige wie freud- volle Blutvergießen gibt der Polizeipräsident Mün- chens gerne Auskunft.

Ein chaotisches Bild fürwahr: Föhneinfluß und Su- detendeutsche sind da noch gar nicht mitberück- sichtigt. Von Eintracht keine Spur. Was sorgt nun für den Zusammenhalt dieser so unfreundlich ge- sinnten Bezirke, wenn man einmal von der Landes-

grenze zur DDR und zur ČSSR hin absieht, die of- fenbar wegen der latenten Gefahr von Unruhen in Bayern so besonders abgesichert wurde? Der Druck vom preußischen und sonstigen Ausland ist es nicht. Den nimmt hier weder einer ernst noch wahr. Es muß eine Kraft im Inneren des Landes sein. Und in der Tat: Es sind die Preußen, Bayerns Preußen. Sie sorgen für Zusammenhalt, sie sind das einigende Band, der Alleskleber, der Kitt Bayerns. Sie verhindern, daß die Stammesfehden zum Aus- bruch kommen, bieten sich angesichts ständig mög- licher Unruhen als Zielscheibe an, werfen sich da- zwischen (wenn auch, meistens, ohne es zu wissen) und sorgen dafür, daß sich die Streithähne abrea- gieren können, bevor es zum Schlimmsten kommt. Sie sind die Puffer zwischen den Fronten. Gleich- zeitig garantieren sie – und das ist ihre wunderbare Doppelfunktion –, daß das bayerische Staatsauto überhaupt läuft. In diesem andauernden Reizkli- ma, dieser Atmosphäre ständiger Hochspannung sind Bayerns Preußen der Motor, die Zündkerzen im Staatsgefährt. Diese positive Rolle wird we- gen der häufigen Fehlzündungen gern übersehen. Aber Altbayern allein – dann hätte die Staatskaros- se nur ein schönes Blechkleid, ein paar gemütliche Polster. Die Franken steuern das Lenkrad bei, An- triebsgelenke und Wellen, die Schwaben die vielen Knöpfchen, die diffizile elektrische Anlage. Aber wer fungiert sogar noch als Schmieröl, damit trotz der inneren Reibereien alles läuft und rund geht? Die Preußen sind es.

Wer will es noch leugnen? Sie halten den Rest Bay- erns in Schwung und in Wallung. Sie bringen die Bayern auf Touren und in Fahrt. In anderen Teilen unserer Republik fallen sie nicht auf, in Bayern aber kommen sie richtig zum Tragen. Deshalb darf man getrost behaupten: Bayerns Preußen sind die besten. Ja, sie sind sogar unverzichtbar, will man hier weiter in Frieden und Fortschritt leben. Wohl fordern immer wieder Vertreter sterbender Partei- en, man sollte es ohne Preußen versuchen. Aber wirklich ausprobieren will dies doch kein ernsthaf- ter Mensch. Das wagt keiner.

E. Das andere Bayern

Da gibt es aber noch ›Das andere Bayern‹. Was das ist, kann man schwer beschreiben, und es ist auch nicht leicht zu finden. Dem Vernehmen nach soll es links von Bayern liegen, ungefähr zwischen Hoffen und Bangen. Als politische Bewegung wagt es den Versuch, in Bayern ohne Bayern zu leben. Und politisch ist Bayern bekanntlich die CSU.

III. Sachkunde

1. Geographie

In was zerfällt Deutschland?

Deutschland zerfällt geographisch und politisch in Bayern, Schwaben und Preußen. Am meisten mit sich zerfallen ist Preußen, dessen Bewohner sich untereinander Hessen, Rheinländer, Hamburger, Holsteiner, Westfalen, Niedersachsen und wer weiß was heißen.

Bayern und Schwaben teilen sich brüderlich den Süden Deutschlands und sind durch eine respektvolle Verständnislosigkeit füreinander sehr herzlich verbunden. Während etwa Bayern innerhalb seiner Landesgrenzen noch eigene Schwaben züchtet, läßt das baden-württembergische Schwaben auf seinem Gebiet keine Bayern aufkommen. Die Schwaben leiden manchmal unter dem quälenden Verdacht, daß das von ihnen durch ernstes Schaffen erwirtschaftete Sozialprodukt von den Bayern in lückenloser Festesfolge fröhlich verpraßt wird. Die Bayern dagegen leiden darunter ganz und gar nicht. Sie sind umgekehrt davon überzeugt, daß die Schwaben ein Volk sind, das vor Jahrhunderten wegen übertriebener Sparsamkeit aus Schottland vertrieben wurde. Von dieser Geschichte wollen wiederum die Schwaben garnichts wissen.

Solche Mißverständnisse entstehen vorwiegend aus einem kleinen Unterschied: die Schwaben leben heimlich gut, die Bayern leben lieber unheimlich gut. Die nichtsdestoweniger friedliche Koexistenz zwischen Bayern und Schwaben beruht vor allem darauf, daß beide von der Unverbesserlichkeit des anderen überzeugt sind und deshalb keinerlei Umerziehung versuchen. Diese Zusammenhänge muß man allerdings kennen, um die schwierige Geographie des restlichen Deutschlands mit seiner Nord-Süd-Kluft zu verstehen.

Preußen bereitet sich nördlich unendlich weit aus, bis es ganz oben auf der Landkarte an zwei Meere stößt, die von den Preußen aber in typisch schönfärberischer Weise Nordsee und Ostsee genannt werden wie Süßwasserseen, nur damit Bayern und Schwaben nicht merken sollen, daß ihr Wasser sauer ist.

Da aufgrund einer maßlosen politischen Unordnung heute weder Ostpreußen noch Westpreußen auf der Karte mehr zu finden sind, da Südpreußen eher als Beleidigung für abtrünnige Nordbayern gilt und Nordpreußen eine starke Übertreibung wäre, da ferner die Einteilung in Westdeutsche und Ostgoten wiederum teilweise auch Bayern und Schwaben umfaßt, sprechen die Bayern der Einfachheit halber von dem nördlich des Mains gelegenen Gesamtdeutschland schlicht als Preußen.

Preußen ist ein überwiegend flaches und windiges Land, meist stark durchnäßt und mangels anderer Freizeitangebote sehr dicht besiedelt. Bayerische Forscher haben die an sich naheliegende Theorie empirisch erhärtet, daß Preußen in der Urzeit ähnlich von Hochgebirgen und Seen-Landschaft durchzogen war wie Bayern heute gerade noch. Durch scharfe Beobachtung und exaktes Nachmessen wurde ermittelt, wie schnell bayerische Berge durch unachtsam im Fels kratzende preußische Gipfelstürmer abgenutzt und bayerische Seen durch preußische Grundstückskäufer zugebaut werden – bei gleichzeitig erhöhter Verdunstung durch wasserverspritzende Sportarten.

Daraus wird deutlich, daß die Preußen offenbar zuerst ihre eigenen Berge und Seen verbraucht haben, sich dann an den Norden Bayerns heranschoben, wo die starke Abnutzung heute nur noch Mittelgebirge

übriggelassen hat, und jetzt dabei sind, auch das bayerische Hochland einzuebnen und trockenzulegen. Rechnet man ausgehend von diesem nachmeßbaren Verhalten zurück, so läßt sich abschätzen, daß Preußen geologisch nicht schon im Tertiär, sondern erst im letzten Delirium entstanden ist.

In Preußen herrscht großteils auch auf dem Land Seeklima, was natürlich auf die Dauer nicht gutgehen kann und jedes Jahr im Sommer wie im Winter große Fluchtwellen nach Süden auslöst. Zwar überleben die meisten dieser preußischen Zugvögel, deren Gezwitscher von Ulm bis zur Adria und vom Arber bis zur Eiger-Nordwand zu hören ist, trotz vieler Nachstellungen im Gastland, aber viele kehren nie mehr zurück. Um sich das Geld für eine Reise in den Süden und einen Urlaub in Bayern oder durch Bayern hindurch zu verdienen, haben die Preußen riesige Industrien entwickelt und viele Feste und Feiertage geopfert. Nur aus Liebe zu Bayern arbeiten sie sehr fleißig, was die Bayern oft anerkennend mit dem Satz ausdrücken: Die Preußen tun uns alles mit Fleiß.

Im Bereich der Naturprodukte ist Bayern sowohl an weichen als auch an harten Eiern reicher und hat auch die fetteren Schweine vorzuweisen. Auch der Tagesausstoß der bayerischen Knödelwerke wird von Preußen nicht erreicht und ist allenfalls noch vergleichbar mit der Produktion schwäbischer Spätzle-Schnitzereien. Preußen verfügt ähnlich wie Schwaben über ergiebige Weinberge, Bayern über sehr nahrhafte Butterberge und Käsehalden. Entsprechend hoch ist in Preußen deshalb auch die Essigproduktion, der jedoch keine Ölvorkommen entsprechen. Und Bayern hat den Salat.

Der preußische Boden enthält viel Erze, was durch die gesamte Geschichte hindurch die Luft in Preußen viel eisenhaltiger machte als anderswo. Die Bayern gewinnen das Eisen für ihre bekannt eiserne Gesundheit immer noch aus dem Spinat, weil hier nur noch die Kirche über gutgehende Erzbistümer verfügt, weshalb ihre Erzbischöfe auch als besonders gußeisern gelten und gerne angerostete Ansichten vertreten.

Die wertvollsten Naturschätze der Preußen sind ihre Kohlen, für die sie in Bayern die stärksten Abnehmer finden – vor allem in den berühmten kunsthandwerklichen Beutelschneidereien der Touristikzentren. Mit Hilfe ihrer mitgebrachten Kohlen heizen die Preußen in Bayern die Stimmung an und halten die Fremdenverkehrs-Maschinerie in Gang.

2. Biologie

Preußen bestehen ähnlich wie die Bayern aus Leib und Seele. Deshalb trifft auf sie das meiste von dem zu, was wir im vorangegangenen Schuljahr schon allgemein im Kapitel »Der Mensch« gelernt haben. Hier werden deshalb nur noch spezielle Merkmale zur Unterscheidung und typische Eigenheiten durchgenommen, an denen Bayern und Preußen erkennen, wen sie vor sich haben.

A. | Die Seele |

B. | Der Körper |

C. | Sexualkunde |

D. | Zoologie |

E. | Botanik |

F. | Gesundheitslehre |

A. Die Seele

Die Seele ist beim Bayern relativ leicht wahrnehmbar, nicht nur bei der Volksmusik, sondern auch naturwissenschaftlich.

1. Durch Augendiagnose:

Die Seele des Bayern spricht durch das Auge. Sein aus tiefster Seele kommender inniger, schmerzlicher oder in stiller Wut flackernder Blick verrät dem Kenner unschwer die augenblickliche Lage der Seele.

2. Durch Temperaturveränderung:

Die Seele des Bayern hat ihren Sitz im Herzen; das bayerische Trachtendirndl ermöglicht durch eine offenherzige Oberbekleidung einen gewissen Blick in das jeweilige Seelenleben. Bei den Männern äußert sich die Seele körperlich durch den Blutdruck. Ihre Seele erwärmt sich nur sehr langsam, wenn sie aber einmal kocht, steigt sie ihm sehr jäh – je nach Anlaß – in Kopf, Fäuste oder Geschlechtsorgane, führt dort zu Erhitzungen, Blutstauungen und mitunter explosionsartigen Energieentladungen. Wenn dagegen das Leben in ruhigen und gleichmäßigen Bahnen verläuft, bleibt die bayerische Seele unauffällig in den Körper integriert. Man nennt einen solchen Bayern insgesamt schlicht »eine Seele von einem Menschen«. Um diesen Idealzustand zu erreichen, muß man auf alles achten, was Leib und Seele zusammenhält.

Beim Preußen ist die Seele im Normalzustand nicht erkennbar, weder an seelenvollen Blicken noch an beseelten Redensarten. In seiner kühlen Natur ist die Seele meist nur eingefroren, weshalb er auch als kaltschnäuzig gilt. Durch erotisches Anwärmen einer »kalten Hundsfotzen« – besonders an einem bayerischen Heizkörper – taut jedoch die Preußenseele schnell auf. Sie ist aber auch noch anders nachweisbar: sie ist nämlich in Alkohol löslich, quillt dann meist sehr stark auf und schäumt sichtbar durch den Mund über. Die Seele des Preußen hat ihren Sitz in der Leber und in den Nieren. Im norddeutschen Sprachgebrauch gehen deshalb auch seelische Erschütterungen unmittelbar »an die Nieren«. Und bei seelischer Verstimmung sagt man dort, es sei einem »eine Laus über die Leber gelaufen«, was jedoch nicht dazu berechtigt, Rückschlüsse auf eine »lausige Preußenseele« zu ziehen.

Ergebnis: Die in Bayern oft in volkstümlicher Weise aufgeworfene Frage: »Hat der Preuße eine Seele?« ist aus der Sicht der wissenschaftlichen Psychopathie eindeutig zu bejahen, der medizinische Nachweis ist deshalb überflüssig. Die früher gebräuchlichen laienhaften Versuche einer öffentlichen chirurgischen Nachprüfung (Volksjargon: Messerstechereien) gelten deshalb heute als überholt. Alkoholisch-erotische Kontakte im Urlaub gelten hingegen als die eigentliche Seele des Geschäfts mit den Preußen.

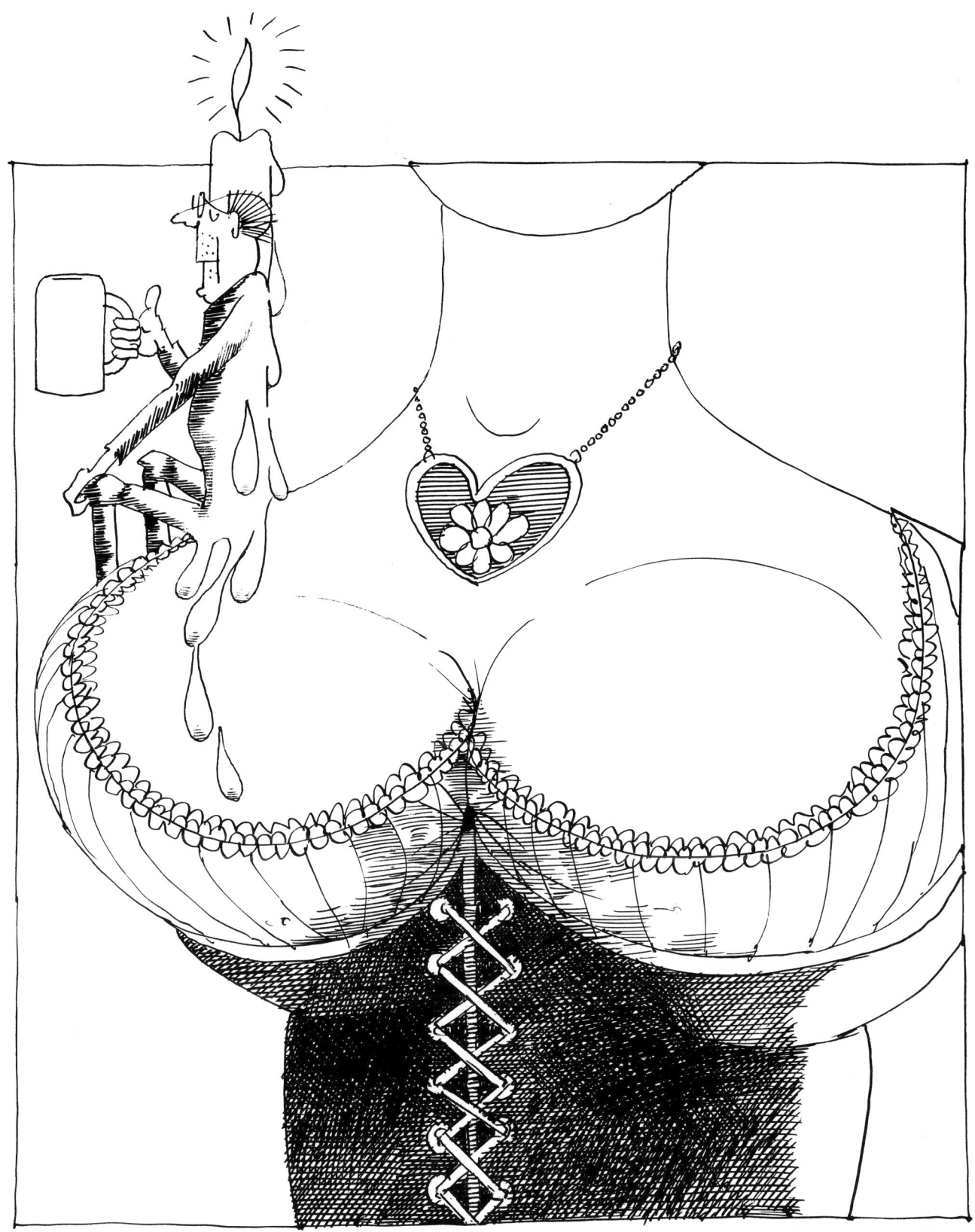

B. Der Körper

Der Körper weist bei Bayern und Preußen erhebliche Unterschiede auf, weil jeder in anderer Weise Gebrauch davon macht. Die nachfolgende Synopse geht von der Idealfigur bei reinrassigen Modellen aus. Wegen der jahrzehntelangen hemmungslosen Rassenmischung zwischen Bayern und Preußen haben sich bei den daraus entstandenen zahllosen »Bavareußen« auch die artenspezifischen Körperformen stark vermischt.

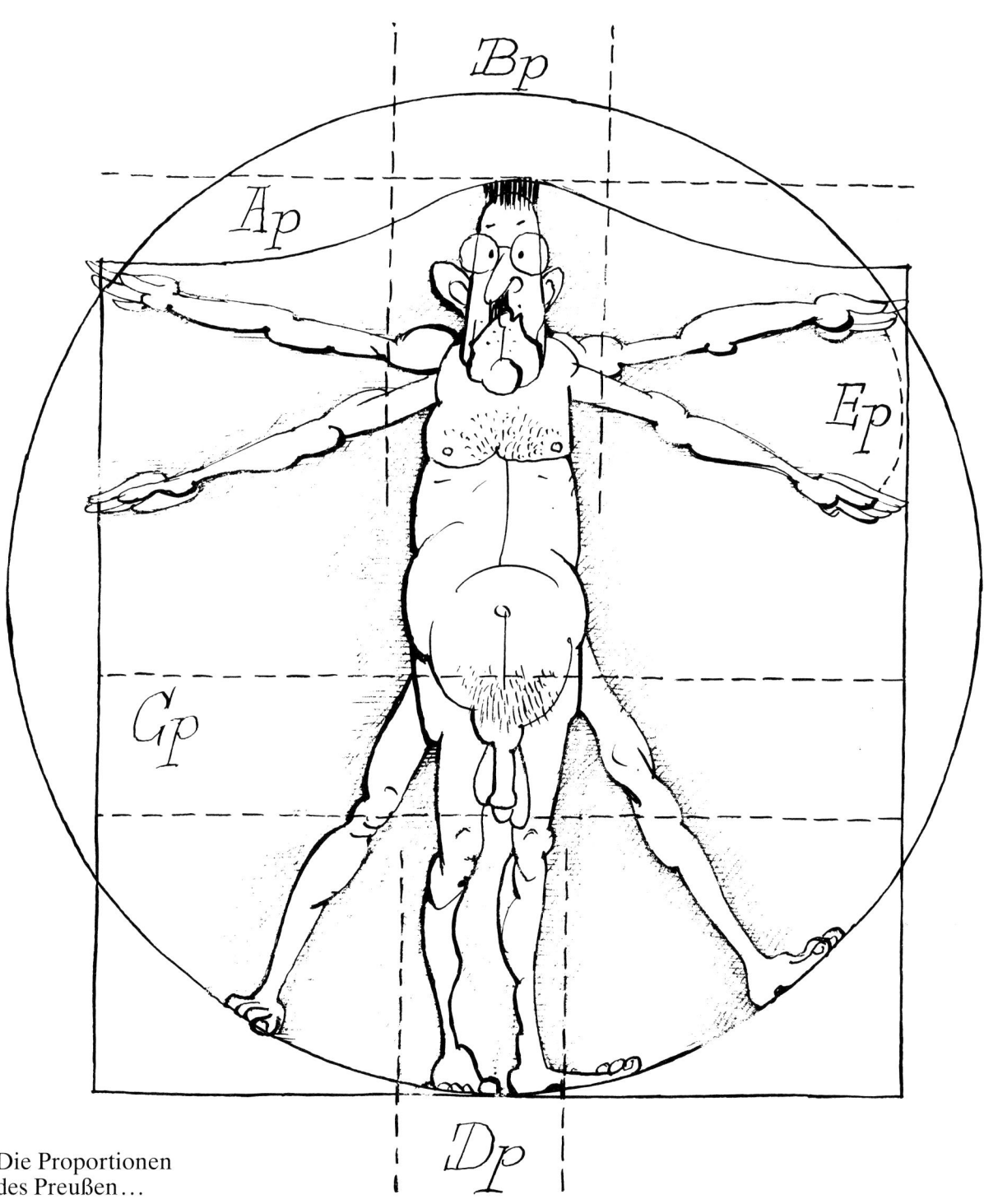

Die Proportionen
des Preußen...

36

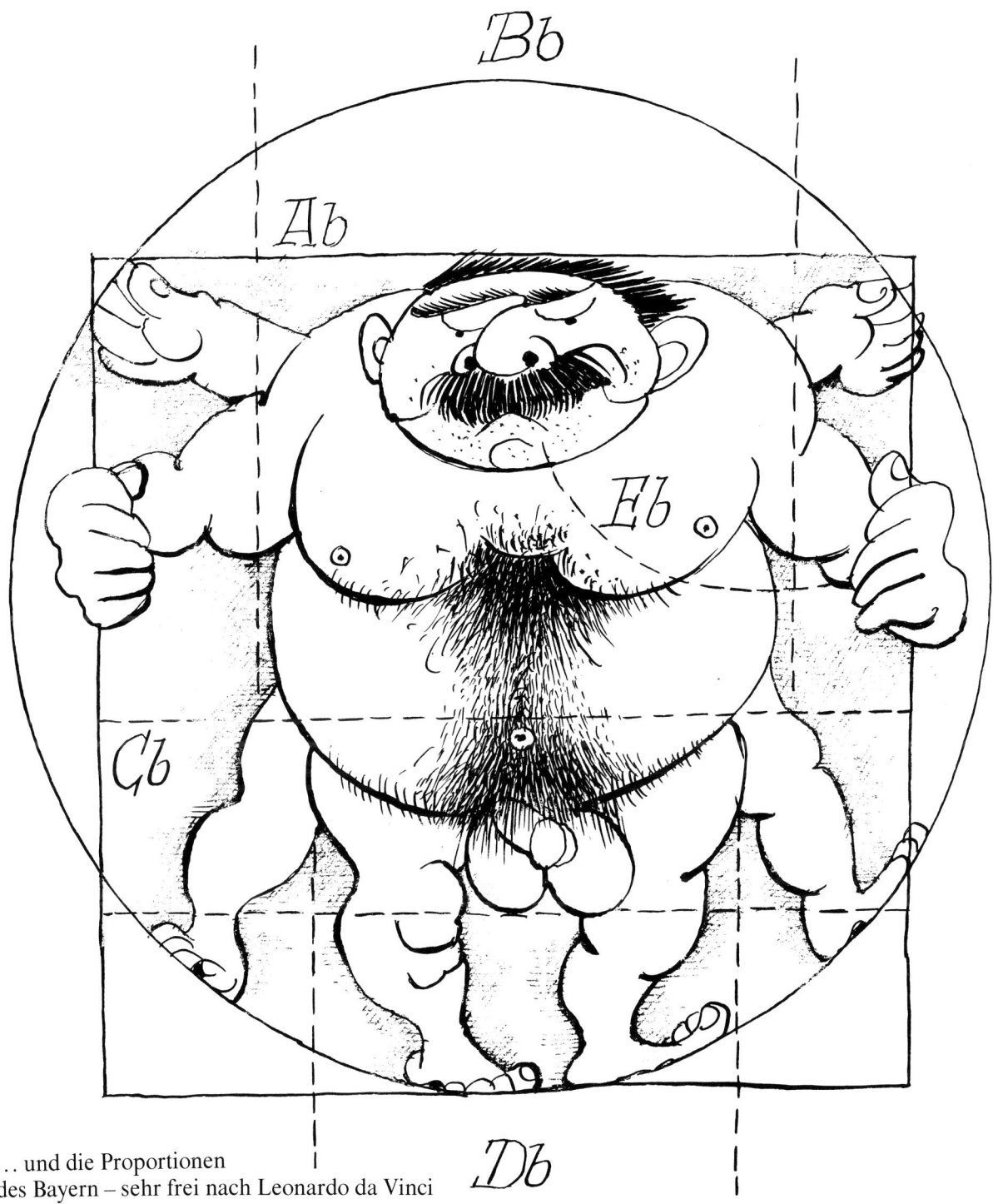

... und die Proportionen
des Bayern – sehr frei nach Leonardo da Vinci

37

1. Der Kopf

Ein besonders schwieriges Kapitel ist der Kopf mit seinen stark differenzierten Sinnesorganen. Der Kopf erfreut sich bei Bayern und Preußen gleich großer Wertschätzung, wird aber nach recht unterschiedlichen Kriterien beurteilt. Die verschiedenen Bewertungsmaßstäbe führen leicht zu Mißverständnissen, die man sich gegenseitig wiederum an den Kopf wirft und dann meist als Beleidigung auffaßt.

Wenn etwa ein Preuße ausnahmsweise einem Bayern mit dem Kompliment, er habe »Köpfchen« Intelligenz nachsagen will, beleidigt er ihn sofort, weil für einen Bayern ein »Köpfchen« etwas Unterentwickeltes, kindlich Zurückgebliebenes ist, während ein gescheiter Mensch »einen Kopf hat«.

Die dem Angelsächsischen näherstehenden Preußen gebrauchen auch oft den Begriff »Eierköpfe« (eggheads) als Bezeichnung für Geistes-Koryphäen – orientiert an der runden Stirn glänzender Studierglatzen. Der naturverbundene Bayer dagegen versteht unter »Oarkopf« schlicht einen Kopf – so geformt und so empfindlich wie ein Hühnerei: hochgezogen, rund, ohne Kanten, leicht brüchig und mit einem weichen, leicht auslaufenden Dotter innen –

Gschwollschädel

Eierkopf

was die Einordnung unter die »Eierköpfe« keineswegs schmeichelhaft macht.

Wenn der Bayer »an Kopf aufsetzt« oder »an Kopf himacht«, fühlt er sich nicht größer, sondern ist beleidigt und bockt, wogegen ein Preuße durch den Zuruf »Kopf hoch!« aufgemuntert wird. Dieser bemüht sich dann, bald wieder »den Kopf vorne« zu haben. Dem Naturell des Bayern entspricht dagegen eher der Rat »Kopf auf d'Seiten!«. Hoch oder vorne will er den Kopf nie haben, sondern mög-

lichst auf der Seite, aus der Schußlinie, wo man weder getroffen wird, noch von irgendetwas betroffen ist. Lieber als den Kopf hält er schon das Hinterteil hin, was man deshalb den in Bayern so beliebten »Leckmiamarsch«-Standpunkt nennt.

Preußen sind dagegen leicht beleidigt, wenn ein Bayer anerkennend über ihre Kinder sagt: »So kloa und scho solchene Trümmer Köpf!« Wer einen »solchenen Kopf aufhat« beweist erfolgreiches Wachstum und strotzende Gesundheit. Gilt jemand als saft- und kraftlos und auch im geistigen Sinne vertrocknet, ist er ein »Kletzenkopf« (gedörrtes Birnenhaupt). Auf ungesunde Weise übertrieben ins

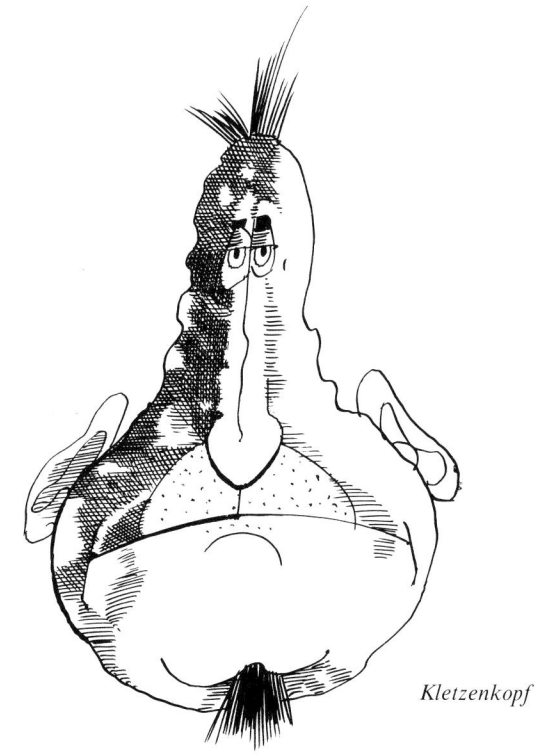

Kletzenkopf

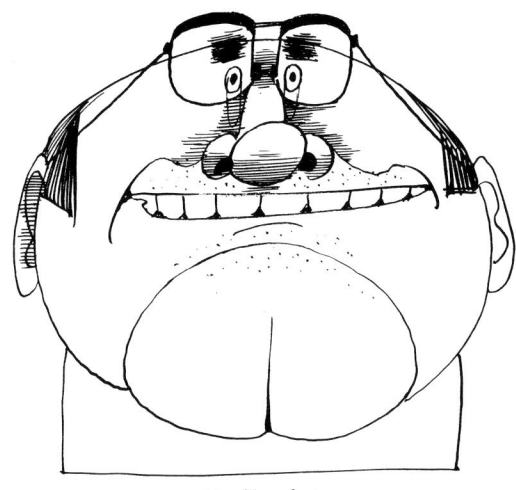

Großkopferter

Kraut geschossen und überheblich geworden ist dagegen einer, den man als »Gschwollschädel« tituliert. Etwas ganz anderes jedoch – was von Preußen oft verwechselt wird – ist ein »Großkopferter«, nämlich jemand, der die aus einem großen Kopf ersichtliche Gesundheit und Kraft im übertragenen Sinne aufweist: der sich schon gesundgestoßen hat und über Reichtum, Macht und Einfluß verfügt.

Die Großkopferten werden in Bayern bewundert und beneidet, attackiert und akzeptiert. Deshalb kommen Preußen leicht zu dem Vorurteil, der Bayer respektiere nur die äußere Form, auch wenn sie innen hohl ist. In Wirklichkeit fragt der Bayer bei Anzeichen von Dummheit sofort nach: »Ja, hat denn der koa Hirn net?« Was einer im Kopf haben muß, ist ein »Hirnschmalz«, was von Preußen leicht als Gehirnverfettung mißverstanden werden kann. Tatsächlich werden aber nur die hohen Ansprüche des Bayern an die körperliche Kraft – »Der hat a Schmalz!« – auf die Kraft des Geistes übertragen (siehe dazu auch: das Gehirn).

Die Augen sind beim Preußen groß, gierig und weit aufgerissen, daher meist weitsichtig, beim Bayern sind sie mißgünstig, klein, hinterlistig verkniffen und daher meist kurzsichtig.

Die Nase des Bayern ist hochempfindlich, darum stinkt er ihm ebenso schnell wie er den Braten riecht. Der Geruchssinn des Preußen dagegen ist nur schwach ausgebildet, darum muß er seine Nase überall reinstecken und fällt leicht auf dieselbe.

Die Ohren sitzen wegen der größeren Spannweite der Mundwinkel beim Preußen höher als beim Bayern, was ihn besonders hellhörig macht. Beim Bayern ist das Gehör vom Willen abhängig.

Gaumen und Zunge des Preußen sind wie die des Bayern mit nur wenigen Geschmacksnerven ausgestattet. Der Preuße wird dadurch leicht zum anspruchslosen Allesfresser, der heikle Bayer beschränkt sich auf wenige deftige Gerichte, deren Geschmack ihm durch Gewohnheit vertraut ist und deren hoher Fettgehalt es ihm erleichtert, sein Gewicht zu halten. Bei jener Minderheit beider Gruppen, die einen ausgeprägt feinen Geschmackssinn an Zunge und Gaumen entwickelt hat, wirkt sich das unterschiedlich aus: dem Preußen ist dann oft das Beste nicht gut genug, dem Bayern dagegen kommt das Beste gerade recht.

2. Das Gehirn

ist bei Bayern und Preußen so unterschiedlich entwickelt, daß sie es gegenseitig kaum wahrnehmen können. So kommt es zu der weit verbreiteten popularwissenschaftlichen Ansicht, der jeweils andere habe kein Hirn. Dies ist jedoch biologisch nicht haltbar.

Beim Bayern verläuft das Gehirn in langen, sehr feinen Spiralfäden. Dadurch windet sich jeder Gedanke zunächst in zahllosen konzentrischen Kreisen um den Mittelpunkt des Denkvorganges; der Gedanke wird dabei gefiltert und geläutert, in sich gefestigt oder als unfruchtbar aussortiert. Dies ist ein langwieriger komplizierter Prozeß, der das Heißlaufen begünstigt und leicht zu Hitzebildungen am Kopf führt.

Ist ein Gedanke des Bayern endlich zum Kern der Sache vorgedrungen, so erscheint er bereits geistig ausgereift und hat in der Regel sogar Hand und Fuß. Allerdings kommt er nicht selten zu spät, nämlich wenn Entscheidungen schon gefallen und somit vorbeugende Handlungen nicht mehr möglich sind. Kommt die Aussage jedoch noch rechtzeitig, um auch eigenes Reagieren auslösen zu können, so gleicht sie einer aus spiralenförmig gedrehtem Lauf kommenden Kugel, die als gezielter Schuß meist ins Schwarze trifft.

Beim Preußen verläuft das Gehirn in parallel angeordneten, geradlinigen Strängen, in denen unabhängig voneinander und ohne logische Gegenkontrolle Denkprozesse in Gang gesetzt werden. Jeder so ausgestoßene Gedanke durchläuft hier das Gehirn auf dem kürzesten Weg; er wird weder geprüft noch vorsortiert, sondern gelangt auf direktem Weg an sein Ziel.

Solche meist noch nicht zur reifen Idee ausgewachsenen, erst kümmerlich entwickelten Rohgedanken erreichen jedoch ohne Reibungsverluste an Kontrollstellen in enorm großer Zahl, kurzer Zeit und noch äußerst kühl das Publikationsorgan des Preußen, das man deshalb auch im Volksmund gern »Revolverschnauze« nennt. Die in ununterbrochener Reihenfolge abgefeuerten Aussagen kommen jedoch immer rechtzeitig, eher schon vorzeitig. Sie gleichen in ihrer Treffsicherheit etwa den Streuschüssen aus einer vollautomatischen Schrotflinte. Das Fazit dieser Vergleichsforschung ist in dem bekannten Lehrsatz des bayerischen Autors Kurt Wilhelm niedergelegt: »Der Preuße spricht jeden Denkvorgang laut mit, der Bayer gibt nur das Ergebnis bekannt.«

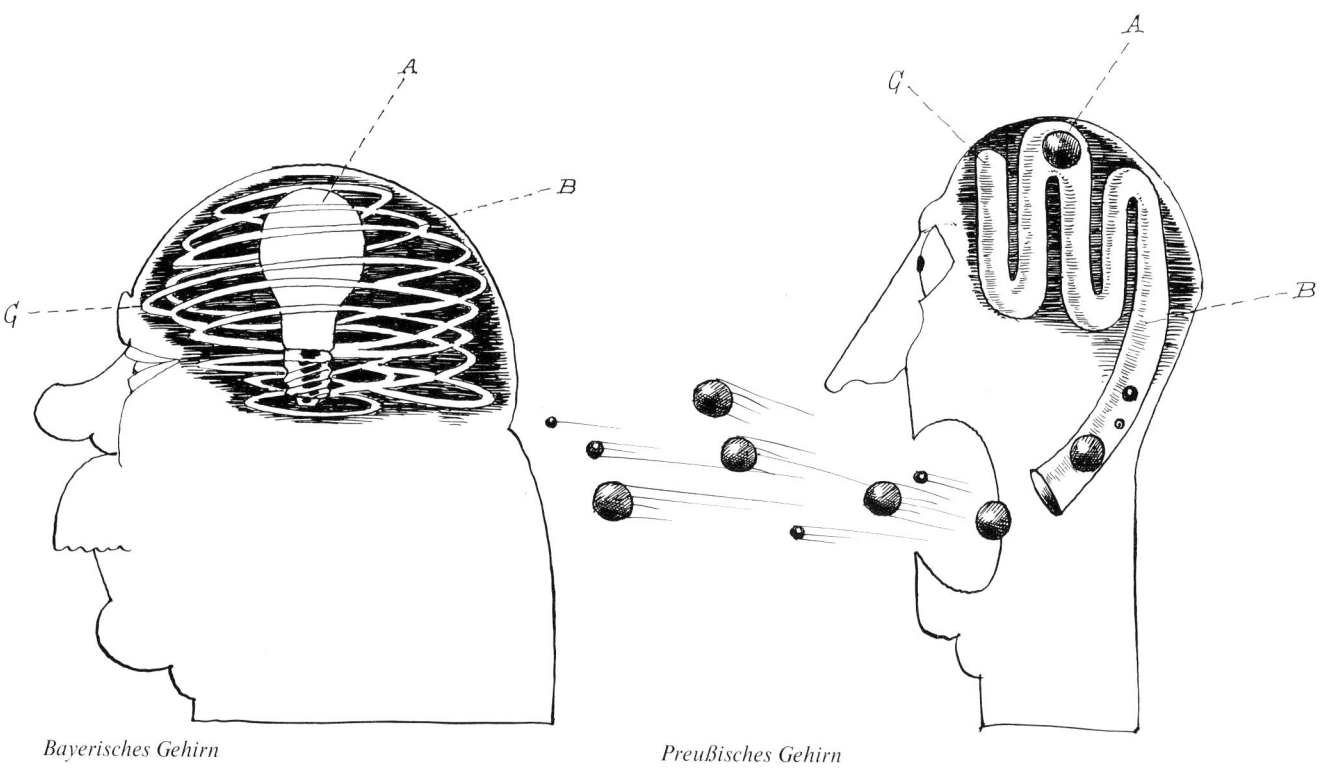

Bayerisches Gehirn   *Preußisches Gehirn*

Gegenüberstellung:

Körperteil	beim Bayern	beim Preußen
Mund	verschlossen, schmal	breitmaulig, ausgefranst
Kopf	dickschädelig, auch querköpfig	dünnwandig, daher leicht hirnrissig
Hals	kurz- und starrhalsig (Stiergnack)	langhalsig und hartnäckig (Spiralfederkragen)
Kiefern	schwer beweglich, aber ausdauernd	schnell und zupackend (hypertroph)
Haut	dünnhäutig, stärkste Hornhaut am Gesäß	dickfellig, stärkste Hornhaut am Ellenbogen
Zunge	schwer, im Hals Knödel bildend	locker, hängt schnell heraus
Beine	Haxen und Wadeln	Stelzen und Speichen
Rücken	runder Rutschbuckel	steifes Hohlkreuz
Gesäß	breit ausladender Sepplarsch mit viel unbeweglichem Sitzfleisch	atropher Spitzpo, nervöse Sitzmuskel
Bauch	voll ausgerundete Wampen	Delle (Verkrüppelung)
Unterleib und primäre Geschlechtsorgane	statisch und strapazierfähig	nervös und pflegebedürftig

C. Sexualkunde

Es ist noch so vieles unerforscht

Da die Autoren dieses Buches ähnlich wie die große Mehrheit des Bayerischen Landtags und des bayerischen Volkes über ein ausgesprochen feines Schamgefühl verfügen und auch an bestimmten Stellen befangen sind, möchten sie in den bayerischen und den besonders delikaten bayerisch-preußischen Intimbereich nicht persönlich eingreifen.

Wir lassen deshalb nachfolgend Professor Rolf Szymaniak zu Wort kommen. Der aus Brackwede stammende Sexologe ist Leiter der Außenstelle Ipfeldorf der sozialwissenschaftlichen Fakultät der Universität Bielefeld. Daß er Preuße ist, macht seine Untersuchungen des bayerischen Sexus unserer Meinung nach besonders wertvoll. Wir trafen uns mit ihm in einem oberbayerischen Gasthof.

»Sexualität ist bekanntlich etwas Instinktives, Triebhaftes. Deshalb durften wir, in Kenntnis der bayerischen Wesensart, von vornherein davon ausgehen, daß unter Bayerns Männern viele hervorstechende Liebhaber sind. Unsere einzigartigen Untersuchungen haben das nicht nur erhärtet, sondern...«, Professor Rolf Szymaniak (52) legte eine Kunstpause ein, um die Wirkung seiner Ausführungen noch zu erhöhen. »Sondern«, fuhr er endlich fort, »die Spitzenleistungen in den weißblauen Betten werden wieder häufiger.«

Nachdem es aus Bequemlichkeit, falscher Anpasserei und schwindendem Traditionsbewußtsein eine Phase der Annäherung an die bundesdeutsche Bettroutine gegeben habe, seien die Bayern nun wieder auf altem Kurs. »Man strengt sich wieder an. Plötzlich weiß man wieder, was man seinem Ruf schuldig ist. Die Zeit der faulen Zärtlichkeit ist hier bei uns vorbei«, sagt Szymaniak, der aus Brackwede stammende Sexologe, und tat einen langen Zug aus seinem Bierkrug.

Jahrelang habe die ›König-Ludwig-Nummer‹ sowohl in der manuellen als auch in der oralen Ausführung ums blanke Überleben gekämpft. Nun sei sie richtig in. Der ›Jennerwein-Schuß‹, schon fast in Vergessenheit geraten, werde wieder mit viel Hingabe ausgeführt, obwohl die Verletzungsgefahr nicht gering sei.

Den ›Isar-Winkler‹ schien niemand mehr zu beherrschen und plötzlich sei er wieder in aller Munde, in Schwabing geradeso wie draußen auf dem Lande. Und sogar der ›eingehängte Christkindl-Zweier‹, den Weltkriegs-I-Veteranen nur noch so recht und schlecht beschreiben konnten, werde zumindest wieder probiert. »Und man experimentiert

weiter«, faßte der Professor, der schon seit zehn Jahren in Bayern lebt, nicht ohne Stolz zusammen, »der ganze Reichtum süddeutscher Sexakrobatik kommt wieder zum Tragen«.

Während wir noch in ziemlicher Verwunderung verharrten, ließ das unsere Tischnachbarn aufhorchen. Die vier Männer in ihren Molljankern, die mit den Wirtshaustischen förmlich verwachsen schienen, ließen die Spielkarten kurz sinken, faßten an ihre Hüte, murmelten etwas wie »Saubärn greisliche«, machten dazu aber keine sonderlich bösen Mienen.

Andere Besucher der ›Alten Post‹ in Ipfeldorf, die eher wie Zugereiste aussahen, rückten allerdings merklich von uns ab. Sie konnten natürlich nicht wissen, daß hier ein hochdekorierter Wissenschaftler unter ihnen saß, der die ersten Ergebnisse einer mehrjährigen Untersuchung über die Sexualgewohnheiten der männlichen bayerischen Bevölkerung preisgab.

Der Hunger hatte uns hierher getrieben. »Sehen Sie nur«, Professor Szymaniak rollte seinen Knödel genüßlich durch das saure Lüngerl, »alles ist wahnsinnig erotisch in diesem Lande. Überall diese aufregenden Rundungen. Schauen Sie sich die Kirchtürme an, die Menschen, die Berge, die Autos. Und dann erst die sinnlichen Würste, die Weißwurst in ihrer ungeheuren Symbolik und Omnipotenz«. Dann hob der Professor feierlich eine Brezen aus dem Brotkorb und zeigte die »eindeutig zweideutigen Verschlingungen«.

Leise sagte einer von uns »Saxndi«. Und der Professor nickte: »Jawoll, soixantneuf.«

In diesem Augenblick hämmerte uns Resi, die fesche Bedienung, die Schweinsbraten auf den Tisch. Eine stramme Person, dachten wohl alle. Szymaniak hatte uns beobachtet und unsere Gedanken erraten. Er verwies auf die 69er Statistik, wonach bayerische Frauen eineinhalb Pfund schwerer sind als ihre bundesdeutschen Geschlechtsgenossinnen. »Und diese 750 Gramm sind offenbar richtig verteilt, so daß die männliche Bevölkerung in einem ständigen Klima der Verlockung und Verführung aufwächst.« Deshalb würden die jungen Leute zwischen Chiemsee und Donau auch sehr früh sexuell aktiv. Zum erstenmal treibe es der statistische Jungmann auf der bayerischen Hochebene mit 13,8 Jahren (auf der Bundesebene 15,7). Das Ereignis finde fast immer im Freien und in 38 Prozent der Fälle nach der Maiandacht statt. Nun war uns katholischen Altbayern die lebensbejahende Art der Katholiken kein Geheimnis, so einen engen Zusammenhang zwischen Kirche und Sex hatten wir allerdings auch nicht erwartet. Aber die Zahlen aus dem neuen Forschungsbericht Szymaniaks sprachen für sich.

»Biertrinker, auch das haben unsere Befragungen ergeben, bevorzugen übrigens Cunnilingus und Fellatio«, erzählte der Professor weiter. Sofort drehten sich die Kartenspieler zu uns um.

»Die können doch unmöglich verstanden haben«, sagte einer von uns leise, »weit und breit kein Gymnasium«.

»Doch, die haben«, meinte der Professor, »denken Sie an die Ministranten-Dichte in diesem Gebiet«.

»Ministranten-Dichte?«

»Hierzulande gibt es sehr viele Meßdiener und die lernen schon im Vorschulalter den Umgang mit der lateinischen Sprache«, erklärte uns Szymaniak. Der Zusammenhang zwischen Bier, Cunnilingus und Fellatio freilich ist auch ihm noch ein Rätsel.

Erkenntnis gewonnen hat das Forscherteam allerdings bei der Untersuchung der präkoitalen und koitalen Gewohnheiten, wieso der ›Jachenauer Hirschsprung‹ keine neuen Freunde gewinne, obwohl das traditionelle Geschlechtsleben wieder im Vormarsch sei.

»Die Ursache ist der Mangel an echten, stabilen Bauernschränken. Solche sind ja unabdingbar als Absprungbasis«, verriet uns der Forscher, und es schien, als würden die Kartenspieler dazu nicken. »Diese herrlichen Schränke mit ihrer sagenhaften Vergangenheit als Sexualmöbel stehen heute in schicken Großstadtwohnungen herum und werden dort nicht benutzt. Außerhalb Bayerns fehlt es an Kenntnissen, in München sind Bayern und Preußen gleichermaßen zu verweichlicht, um diese für Mann und Frau ebenso gefährlichen wie lustvollen Sprünge zu tun.« Betroffen schauten wir uns an.

Wenn wir Szymaniak richtig verstanden haben, erfordert der ›Jachenauer Hirschsprung‹, quasi Krönung und Höhepunkt beim Bayern-Sex, eine schier unglaubliche Gelenkigkeit, Spannkraft, Zielsicherheit und tollkühnen Mut. Hochalpine Kletterer wären wohl die Richtigen dafür. Aber die stoßen offenbar lieber in große Höhen vor und verschleudern ihre ganze Energie in kahle Felsen.

Die bäuerliche Herkunft, die ja den Umgang mit Tieren einschließe, habe dazu geführt, daß die Bayern unter den 63 gängigen Positionen die animalischen bevorzögen; so sei die ›Zamperlstellung‹ be-

sonders beliebt: »21 Prozent favorisieren sie hierzulande, in Hamburg sind es ganze 13 Prozent«, las der Professor aus einem Computer-Ausdruck vor.

Da mischte sich der bärtige Kartenspieler vom Nebentisch ein.

Er sprach selbst für Münchner Verhältnisse einen ziemlich kehligen Dialekt, so daß wir erst einmal übersetzen mußten. Der Mann wollte vom Professor wissen, ob er denn auch gefragt hätte, warum so viele »oiso praktisch eanane Madl von hintn packn«.

Als ihm Szymaniak das Tierhafte des a-tergo-Aktes und die weiteren Zusammenhänge erklären wollte, winkte der Bärtige nur ab und meinte grinsend: »Des tuat ma, damit ma koa freundlichs Gschau macha muaß« und wandte sich wieder seiner Tätigkeit zu.

»Manche Bayern sind wahrscheinlich ziemliche Grobiane im Bett«, meinten wir entschuldigend.

Szymaniak schüttelte bedächtig seinen Kopf. »Einerseits schon, andererseits wieder nicht. Wenn man überlegt, daß 16 Prozent im Bett den Hut nicht abnehmen, so erscheint das auf den ersten Blick als ziemliche Grobheit der Partnerin gegenüber. Andererseits ist es sehr fair. Sagt doch die Geste, daß der Mann nicht vorhat, seinen Familienstand zu ändern.« »Vielleicht setzen die Frauen bald auch Hüte auf«, warfen wir besorgt ein.

»Man hält hier sehr viel von alten Bräuchen, und das wird sich nicht so schnell ändern«, klärte uns Szymaniak auf.

Von den Stricheleien des bayerischen Frühmenschen im vorderen Altmühltal bis hin zu den Zeichnungen in den Strohlagern von Alpenvereinshütten hätten die Forscher immer wieder Männchen gefunden, die beim Geschlechtsakt eine Kopfbedeckung trugen.

»Nur weil Sie vorhin von Grobheit sprachen und vielleicht den Eindruck bekommen, ihre Landsleute wären rüde Bettgesellen«, der Professor schob die Reste seines Apfelstrudels zur Seite. »Ein langes phantasievolles Vorspiel ist mit Sicherheit ein Beweis für einen sorgsamen, guten Liebhaber. Und da haben wir festgestellt, daß die präkoitalen Manipulationen eines durchschnittlich 1,76 Meter großen, 28jährigen Kleinstadtbayern genau 42 Minuten dauerten. Solche Zahlen haben wir nur noch in Ostfriesland, wo es sich offenbar aber mehr um Hemmungen als um Vorspiele handelt. Der Rest ist schneller. Köln bringt es auf 18 Minuten, Hamburg

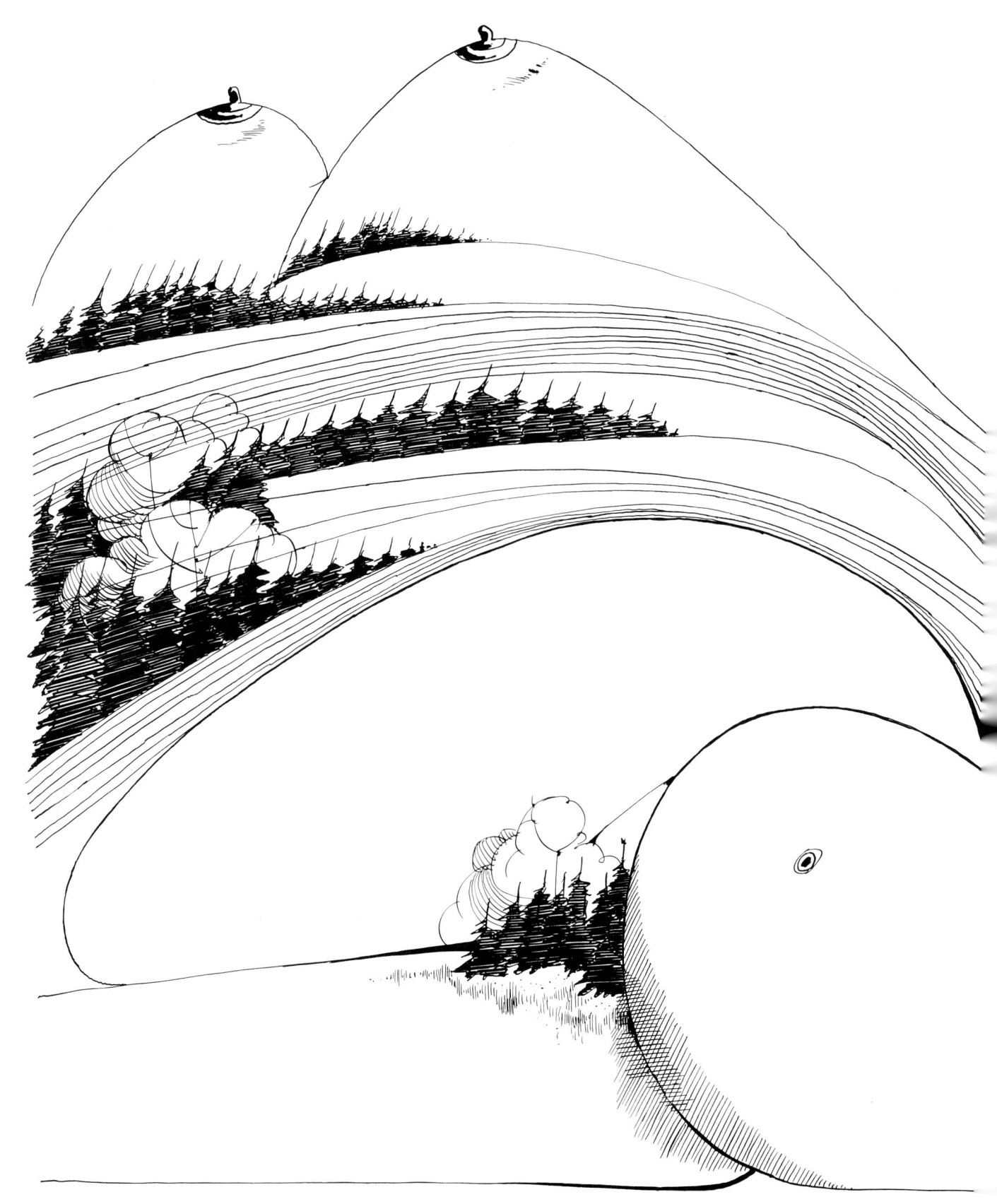

auf 21 Minuten, das überfremdete München immerhin noch auf 30 Minuten.«

Bei dieser Vorspielzeit haben die Wissenschaftler das Fensterln (Abholung der Leiter, Anmarsch, Anlehnen, Hochklettern, Einstieg) noch gar nicht mitgerechnet. Hauptsächlich deshalb, weil die meisten Bayern diese Art der Mühewaltung zur Vorberei-

tung des Geschlechtsaktes nicht mehr auf sich nehmen. »Schade«, meint Szymaniak, »so ein alter Brauch. Das war schon im 8. Jahrhundert unter Theodo geregelt. Immerhin haben unsere Forschungen, bei denen wir natürlich auf die Leiter als Penissymbol hinwiesen, zu einem vorübergehenden starken Wiederaufleben des Fensterlns geführt. Allerdings gab es Auswüchse. Einige besonders protzsüchtige Burschen rückten mit Feuerwehrleitern an, um in Bungalows einzusteigen«.

Anschließend erklärte uns der Gelehrte, daß die Leute hier natürlich durch ihre Trachtenkleidung im Vorteil seien. So würden Gamsbart und Spielhahnfeder, welche die Männer auf ihren Hüten tragen, gerne beim Liebesspiel eingesetzt. »Außerdem ist uns bei den Untersuchungen klar geworden, welche Bedeutung die Lederhose im Südstaat beim Entkleidungsritus spielt. Wir sind hier aber auf seltsame Widerstände und ausgesprochenes Schamgefühl gestoßen«, betonte Szymaniak und kippte den zweiten Obstler.

Er habe dann im Selbstversuch festgestellt, daß das langsame Öffnen des riesigen Hosentürls mit den großen Knöpfen und das anschließende schnelle Fallenlassen sexuell sehr stimulierend wirkt. Auch das langsame Abstreifen und Schnalzenlassen der Träger und das Durchsausen der nicht taillierten Hose nach unten sei sehr effektvoll, wie ihm seine Frau bestätigte, wenngleich sie ihm vom ständigen Tragen einer Lederhose wegen seiner dünnen Waden abgeraten habe.

Nach dem vierten Obstler hatte der Professor plötzlich feuchte Augen. Und er verriet uns, daß er bei der Befragung von Wilderern eine seiner fähigsten und begabtesten Mitarbeiterinnen verloren habe. Sie sei bei der Suche nach den erogenen Zonen bei Wildschützen bis über 2000 Meter Höhe vorgestoßen und seither im Wettersteinmassiv vermißt.

»Mein Gott, die Arme«, entfuhr es uns, »aber vielleicht hat sie ja ihr Glück gefunden«. »Mag sein, wir haben uns jedenfalls gerade davon sehr viel versprochen. Diese Männer umgibt der erotische Hauch von Abenteuer, Freiheit, Mut, Gefahr. Sie haben Beine wie Säulen, Arme wie Dreschflegel, die Augen blitzen wie polierter Stahl, die lawinensicheren Schultern sind breit und wuchtig, gewöhnt, gleich zwei Gemsen auf einmal zu tragen und dann die stählernen Hände, im Gegensatz dazu der butterweiche Abzugsfinger…«. Der sonst so kühle Wissenschaftler kam ganz schön ins Schwärmen. »Tja«, jammerte er schließlich weinerlich, »von den ganz Großen auf der sexuellen Karriereleiter Bayerns werden wir wohl nicht so schnell etwas erfahren. Und deshalb bleiben unsere ganzen Tabellen

und Diagramme einstweilen noch unvollständig.«
»I halts nimma aus! Resi, schlag mir sechs Oar ins Schmalz, i glaub i geh heit no auf Balz«, bestellte nun, mit einem langen Seitenblick auf uns, der älteste unter den Kartenspielern ein Eiergericht. »I glaub, i reiß'n aa no raus«, sagte nun der Bärtige. »Mit dem Gred von dene wirst ja ganz narrisch«.

Szymaniak, der offenbar auch einiges verstanden hatte, drängte nun zum Gehen. Schnell brachten wir noch eine letzte Frage an: »Reizt Sie nicht die Untersuchung der sexuellen Beziehungen zwischen Bayern und Preußen. Es sollen ja zahlreiche solcher Mischehen und Mischverhältnisse ganz gut gehen…«

»Das ist eine sehr interessante Problematik. Vielleicht gehen wir sie im nächsten Jahr an. Ich weiß nur, daß viele bayerische Männer und Frauen in der genannten Situation unter schweren Schuldkomplexen leiden. Aber gerade diese Streß-Lage kann zuweilen die schönsten Ergebnisse hervorbringen.«

»Schnell, erzählen Sie doch«, drängten wir – eher ungläubig.

»Nun, ich bin auf die Spur eines Ehepaares im Raum Kochel gekommen. Sie ist eine Einheimische, er aus Solingen zugereist. Dieses Paar vollzieht den Geschlechtsakt an Sonn- und Feiertagen nach einem ausgesprochen stimmungsvollen Vorspiel mit viel Fichtennadeln und Tannenzapfen in einer betont heimatverbundenen Stellung, die offenbar von ihr initiiert wurde.«

Wenn wir Szymaniaks Äußerungen richtig gefolgt sind, lehnt der Mann dabei am hinteren Bettrand mit dem rechten Oberschenkel auf der linken Gesäßbacke der Partnerin. Die Frau umschlingt ihn mit dem linken Bein von oben, so daß ihm aber Schwungkraft bleibt. Der Kopf ruht halbschräg unter den Votivtafeln, beide stützen sich auf den Ellbogen beziehungsweise an den gedrechselten Masten des Bettes ab. Die Oberarme bilden ein Pluszeichen, die Beine einen 90 Grad Winkel.

»Doch das einzig Entscheidende bei dieser Position, die vielleicht schwierig ist und schmerzhaft sein kann…« – der Professor stürzte noch einen letzten Obstler hinunter – »das Entscheidende ist, daß dieses Menschenknäuel beim Höhepunkt genau so aussieht, wie das benachbarte Herzogstand-Heimgarten-Massiv bei klarer Föhnlage. Das nenne ich Liebe zur Heimat. Und so wird der jungen Frau mit ihrem preußischen Fremdkörper über ihre Probleme hinweggeholfen.«

Ruckartig stand der Professor auf. »Es gibt noch so viel zu tun«, sagte er, »noch ist so vieles unerforscht in diesem Land«.

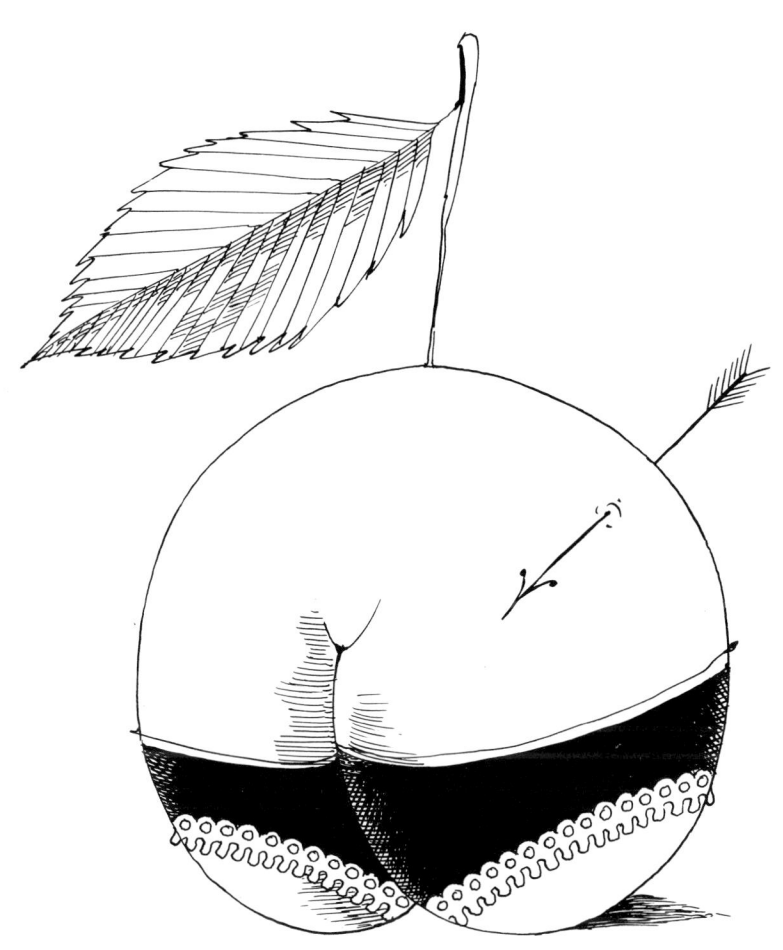

D. Zoologie

Nur für den oberflächlichen Beobachter hat es den Anschein, als ob die Tierwelt in Preußen genau so aussähe wie in Bayern. Abgesehen davon, daß Preußens Fauna um ein paar Dutzend Wildarten ärmer ist – Hirsche, Gemsen, Wolpertinger etc. – und um ein paar Dutzend Wassertiere reicher: Säbelschnäbler, Seepferdchen, Rollmöpse etc. Aber das Entscheidende ist in Wirklichkeit, daß nach neuesten zoografischen Experimenten alle Tierarten sich in Preußen ganz anders entwickeln als in Bayern.

Den empirischen Beweis für die artenspezifischen Metamorphosen der Lebewesen bei Verpflanzung von Bayern nach Preußen oder umgekehrt erbrachte der Zoografiker Josef Blaumeiser. Er hat die wichtigsten Entwicklungsphasen mit dem Stift festgehalten und für die Wissenschaft aufgezeichnet.

Es gäbe viele Objekte, an denen sich das Verwandlungsphänomen nachweisen ließe – vom bayerischen Dackel zum Berliner Teckel oder von der Lüneburger Heidschnucke zum schnuckeligen bayerischen Bätzerl. Davon seien hier drei besonders eklatante Schulbeispiele zur Demonstration herausgegriffen: der bayerische Löwe, der preußische Adler und das stammespolitisch völlig neutrale Kamel. An diesen Tierversuchen wird das unterschiedliche Walten der Natur in Preußen und Bayern deutlich sichtbar.

Zu den Bildern:

a) Ein Kamel (Fall I)

das nur einen Höcker hat, nennt man Dromedar, ein zweihöckeriges dagegen Trampeltier. Aus seiner arabischen Heimat in den Münchner Tierpark gebracht, machte das Kamel einen interessanten Anpassungsprozeß durch. Seine eigenen Eindrücke dabei wurden folgendermaßen festgehalten:

2. »So schlecht is des vielleicht gar net hier. Jedenfalls lassen s' dir dei Ruah. Weit und breit keine Kameltreiber.«

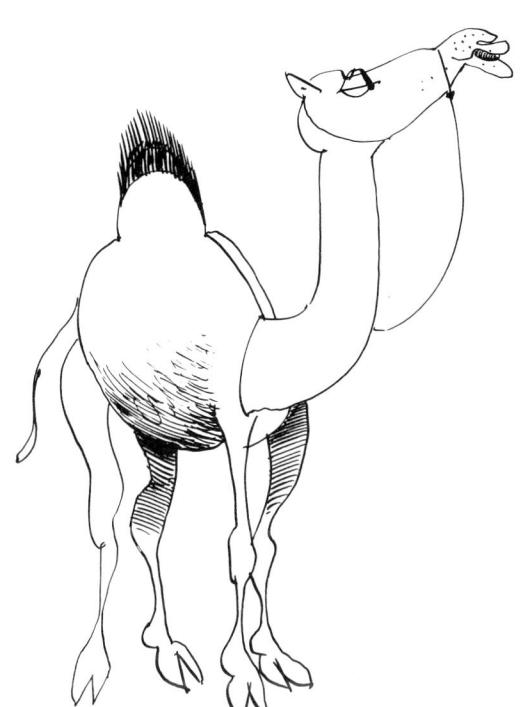

1. »Was soll ich denn hier? Völlig ungeeignete Gegend für edle Dromedare: zu hohe Berge, zu kalter Winter, zu viel Wasser, zu wenige Entbehrungen.«

3. »De halten mi scheints für bläd. Des kommt ma sehr gelegen. Liaba auslacha lassen als wia de andern an Rucksack tragn.«

49

4. »A so a unbandig saftigs Fuatta gibt's da, daß da glei alle Entbehrunga koa Freid mehr macha. Und was da für zwoahöckerige Kamelhaarige vorbeikomma – wenn oan da net da Hafer stechert!«

5. »Schtörrisches Trampeltier mögn de Touristen zu mir sagn! Wenn i dauernd auf alle Berg naauftrampeln und durch jeden See durchstrampeln taat – nacha waar i des gleiche Kamel wia ihr.«

50

6. »Saugrüabig is' da im Münchner Tierpark. Bloß
der Durscht is no genau so groß wia in da Sahara –
aber vui scheener. Weil vorbeugen is besser als hei-
len. I glaub, daß i nie mehr in die Wüste schiff.«

Zu den Bildern:

b) Ein Kamel (Fall II)

kann sowohl als geduldiger Lastenschlepper als auch als schnelles, ausdauerndes Reittier Verwendung finden. Da es nicht nur extrem wasserscheu ist, sondern auch lange ohne Wasser Dürregebiete durchqueren kann, nennt man es auch das Wüstenschiff. Bei der Übersiedlung in den Hamburger Zoo kam es zu folgenden Situationen einer neuen Rollenfindung:

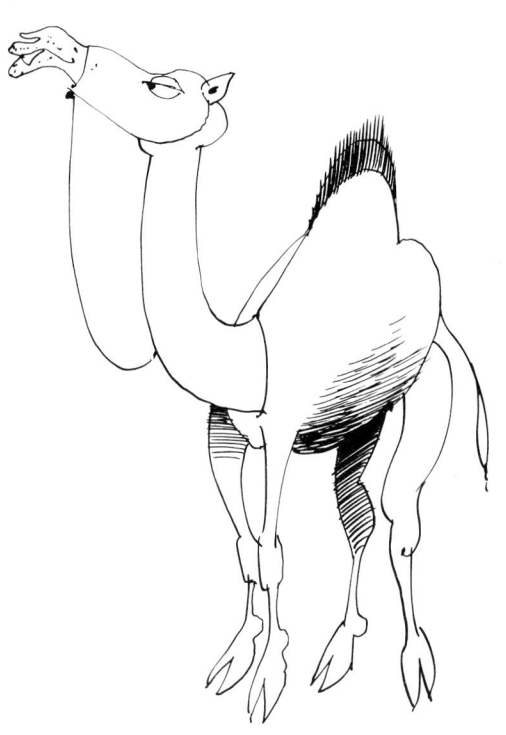 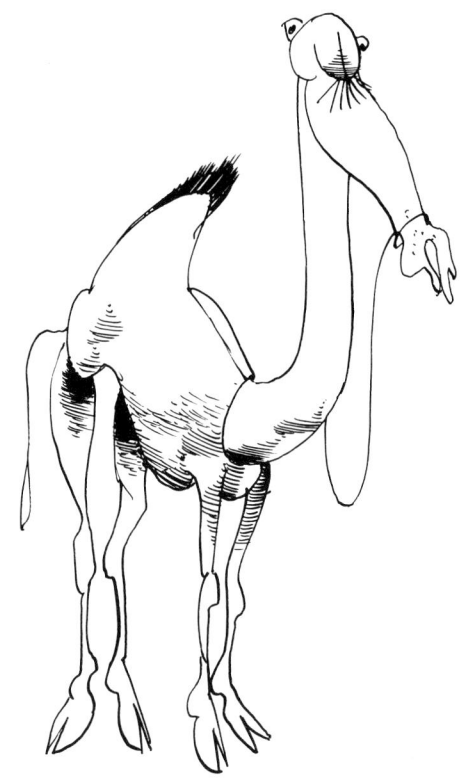

1. »Seltsame Gegend. Schön flach und steppig isses ja, aber was soll unsereiner mit Hafen und Salzwasser anfangen?«

2. »Unfreundliches Volk hier. Nennen ein kostbares arabisches Dromedar frech ein doofes Kamel. Gesellschaftlich werde ich völlig geschnitten.«

3. »Denen imponiert man wohl nur mit gestelztem Benehmen. Werde mir mal durch hochtrabendes Auftreten alten Reiteradel und internationale Handelstradition raushängen lassen.«

4. »Was heißt hier ›versnobtes Reitkamel‹? Wir berittenen Kampfdromedare sind die gefährlichste Kavallerie der Welt! Die Schwielen an allen vier Ellenbogen sollten für Hamburg Empfehlung genug sein.«

5. »Na, endlich. Durchbruch gelungen. In Admiralität und feinsten Reederkreisen bestens akzeptiert. Jetzt begrüßen mich hier alle wie ihresgleichen – als wüsten Schiffer.«

c) Der Löwe

hat einen mächtigen Dickkopf und steht mit allen Vieren fest auf der Erde. Er ist nur schwer aus der Ruhe zu bringen, aber wenn, dann brüllt er furchtbar. Nur bei der Nahrungssuche und der Paarung wird er vorübergehend gereizt und angriffslustig. Dabei entwickelt er gewaltige Kräfte und peitscht drohend mit seinem buschigen Schwanz. Aber im Zustand der Sättigung und Befriedigung bleibt er seßhaft, friedlich und gemütlich. Er schert sich einen Dreck darum, wenn andere sich über ihn aufregen. Da er sich selbst genug ist, ignoriert er in seiner Großmut nicht einmal, was um ihn herum vorgeht. Wegen dieser souveränen Haltung gilt er mit Recht als König der Landtiere. Seine Charakterverwandtschaft mit den Bayern prädestiniert das königliche Urviech von jeher als bayerisches Wappentier.

Zu den Bildern

Wie die Entwicklung des bayerischen Löwen verlaufen wäre, hätte man ihn als Wappentier nach Preußen importiert, geht aus den Aufzeichnungen eines Tierversuchs deutlich hervor:

1. Mißtrauisches Staunen bei der Ankunft in Preußen:

»Oh, mi hamm's ghaut! Was hoaßt da: Herr der Wüste. So a wüste Gegend hätt's aa net braucht.«

2. Erster Tobsuchtsanfall in der neuen ›Heimat‹:

»Ja, kruzitürken überanand, was glaubts denn ihr? Den ganzen Tag soll i für eich 's Mei aufreißen, und z' beißen gaab's nix. No oamoi wennz mir an Labskaus herstelltz oder Sauerbraten mit Weinbeerl!«

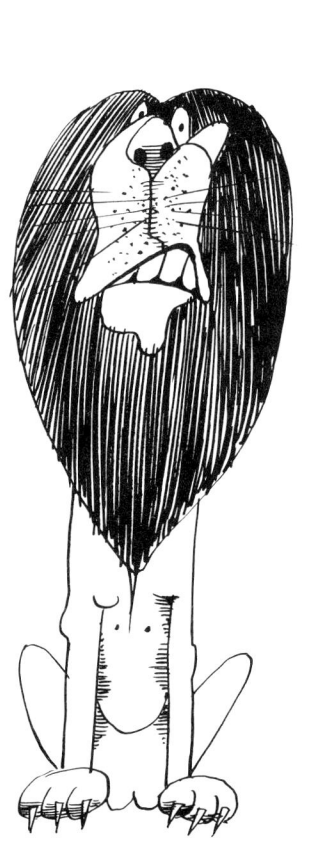 

3. Beginnende Resignation und Sprachanpassung:

»Wat, schon wieder rote Grütze? Mei Liaba, da ziagts da 's Gstell sauber zamm! I mag mir jarnich mehr uffregn. Da kannst ja bloß no dreckert zahna.«

4. Erwachen des Hochmuts und der Herrschsucht:

»Maulhalten dahier! Dat Sagen habe immer noch ick. Es darf jezittert werden, wenn ick Zähne und Pranken zeije. Man ist ja schließlich wer in der Welt!«

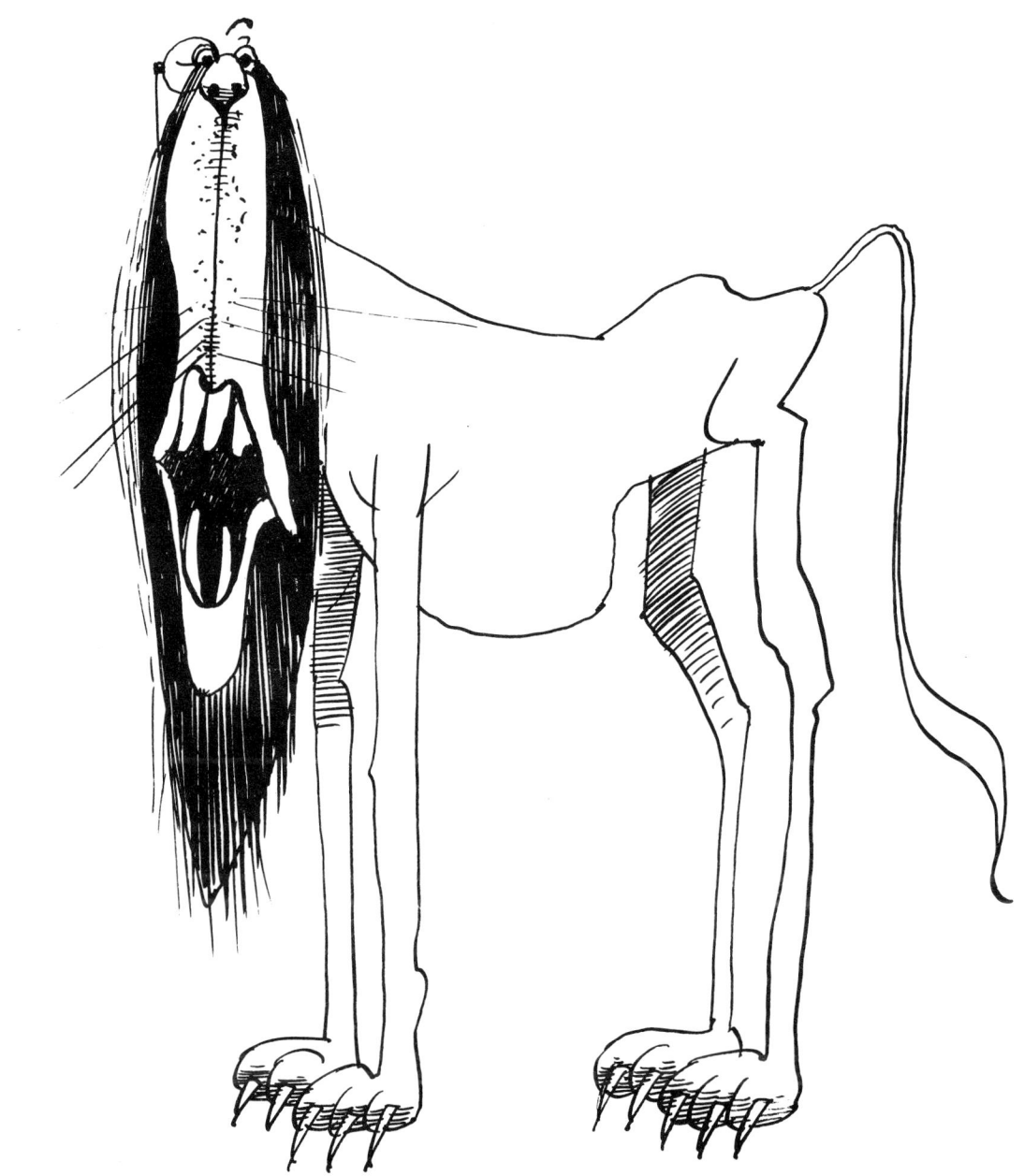

5. Flucht in überhebliches Selbstbewußtsein:

»Jestatten, afghanischer Wind-Löwe von Weltklasse, königlich-preußisches Jeblüt. Unjemein kostbarer Revuekörper. Erwarte von jedermann Bewunderung und Respekt!«

Um dem weiteren körperlichen Verfall und der charakterlichen Verkrüppelung des nach Preußen umgesiedelten bayerischen Löwen ein Ende zu bereiten, wurde das Experiment auf Drängen des Münchner Tierschutzvereins durch Notschlachtung abgebrochen.

d) Der Adler

hat einen großen scharfen Schnabel auf dürrem Hals und kann sein Gefieder mächtig aufplustern. Da er mit seinen starken Schwungfedern, auch Schwingen genannt, sehr schnell und hoch fliegen kann, ist er sehr mobil und schwebt gern über allen Wolken, wobei sein breitgefiederter Schwanz blitzschnell die Richtung ändern kann. Seinen Adleraugen entgeht nichts, was ihm zur Beute werden kann und er hört auch über dem Meer noch geradezu das Seegras wachsen. Wo er sich überlegen fühlt, greift er gnadenlos an. Deshalb ist der König der Lüfte auch nicht gut zu Vögeln. Was er aber einmal in seinen spitzen Krallen hat, läßt er nicht mehr los. Da er seine Adlernase auch in jedes Aas reinsteckt, riecht er meist nicht sehr gut.

Weil er auf festem Boden unbeholfen wirkt und sich in Waldgebieten schlecht entfalten kann, bevorzugt er als Standort Berghänge und Seeufer, wo er eine weite Sicht genießt und von oben herab alles beherrschen kann. Der Adler hat einen ausgeprägten Familiensinn und steckt alles, was er zusammenräubert, in seine Jungen rein. Wo er alleine aufkreuzt, fliegt er meist sehr schnell wieder, aber wenn er einmal ein Terrain erobert hat, holt er sofort weitere Artgenossen nach.

Aus Bewunderung für diese Eigenschaften hat Preußen ihn zum Wappentier erwählt.

Zu den Bildern:

Wie die Entwicklung des preußischen Adlers bei dem Versuch verlaufen wäre, ihn auch in Bayern als Wappentier einzuführen, ist in folgenden Stationen des Experiments festgehalten:

1. Zackiger Dienstantritt:

»Stillgestanden und alle ma herhörn! Ab sofort völ-
lich neues Rejiment hier. Schluß mit dem bayerischen Schlendrian, klar? Wer die Hammelbeine
nicht langmacht, dem reiß ick den Arsch auf – zack,
zack!«

2. Skeptische Verwunderung in der neuen ›Heimat‹:

»Unglaubliches Volk hier. Ignoriert völlig meine Je-
fährlichkeit. Wo ich hinkomme, machn se mich ne
Nummer kleiner. Stecken sich Adlerflaum einfach
an den Hut. Muß wohl Umerziehung langsamer an-
jehn lassen.«

3. Wachsende Frustration und versuchte Sprachanpassung:

»Katastrophale Schrumpfung sämtlicher Waffensy-
steme. Aba dö Vapflechung is net unduft. Vielleicht sollt i mir de Raubvogelallüren janz abje-
wöhn. Jedenfalls laß i mir nimmer nachsachn, daß
ich allem die Krone aufsetz.«

4. Resignation und erwachender Trotz:

»Von wechen: schwing de hoam, Breißenadler! Da werd hocka jebliem und Eier werdn jelegt auf Deifi kumm raus. Als Zuagroasta könn se mir alle am Arsch lecka – Breißen wie Bayan.«

5. Selbstaufgabe um eines höheren Zieles willen:

»Es hat alles koan Sinn ghabt. Net amoi als nordischer Leg-Adler werst voll akzeptiert. Wennst hier geliebt werdn mechst, muaßt di opfern als Brat-Adler. So werd i endlich dem bayerischen Volkskörper einverleibt.«

E. Botanik:
Wie pflanzt man einen Preußen?

Während wir in der Zoologie den Bayern als Urviech kennengelernt haben, ordnen wir den Preußen in der Botanik ein: er gilt zwar nicht als seltene, aber als recht seltsame Pflanze.

Natürlicherweise ist diese Pflanze nämlich im Westen und Norden Deutschlands verbreitet, wo sie auch die reichsten Ernten bringt. Sie hat jedoch eine starke Neigung, durch Wucherungen auch nach Süden überzugreifen und dort sofort Wurzeln zu schlagen. Obwohl den Preußenpflänzchen in Bayern sowohl im Sommer als auch im Winter einiges blüht, bilden sie örtlich starke Auswüchse und entwickeln dann mitunter ungenießbare Früchtchen.

Der Nährwert von Preußengewächsen ist in Bayern sehr umstritten. Viele Bayern behaupten bereits: »Die hab i scho gfressen«, andere können sie nicht einmal riechen. Mit der übereinstimmenden Aussage: »Man kann sie gut melken« wird ihre Eignung als Futtermittel angedeutet, weshalb ja auch die meisten Preußengewächse in den gleichen Alm-Landschaften anzutreffen sind, wo auch Weidehaltung von Kühen üblich ist. Weit verbreitet ist auch die unwissenschaftliche Annahme, die zähe und robuste Preußenpflanze sei schlicht Unkraut, das nicht leicht verdirbt, nur weil es sich gern in die Nesseln setzt. Die Kultivierbarkeit von Preußen für Haus und Garten ist längst erwiesen, sie gilt jedoch als arbeitsaufwendig, weil die Entwicklung zur Zierpflanze nur durch regelmäßiges scharfes Zurückstutzen, durch ständiges Zurechtbiegen mit starker Hand und durch liebevolle Pflege und kräftiges Gießen möglich ist.

Die besten Erfahrungen wurden mit Preußen-Pflänzchen gemacht, wenn man sie frisch vom heimischen Mistbeet weg sofort mit bodenständigen und klimaverträglichen bayerischen Naturwurzen einkreuzt. Die Veredelung in der zweiten Generation erfolgt dann durch natürliche Samenübertragung, die zu jeder Jahreszeit und bei jedem Wetter leicht gelingt. Während diese Praktiken des Kreuzens vor allem in geschlossenen Heimgärten und gut temperierten Wohnungen mit Erfolg und viel Freude betrieben werden, wird bei der Kultivierung von Preußen in öffentlichen Anlagen die Technik des Pflanzens meist bevorzugt.

Wie pflanzt man in Bayern einen Preußen? Man muß dabei immer berücksichtigen, daß es nicht sein naturgemäßer Standort ist. Das Klima ist ihm oft zu rauh, der Wind zu frisch und manchmal wird ihm auch der Boden zu heiß. Deshalb muß die Behandlung ständig wechseln, denn wenn er kalte Füße kriegt, versauert er leicht; wird es ihm aber zu heiß in der Krone, so droht er zu versumpfen. Wenn man Preußen pflanzt, feuchtet man sie zuerst gut an – wobei sich Bier als Nährlösung gut bewährt hat – und schmiert sie dann von allen Seiten an. Dann seift man sie kräftig ein, sonst ist leicht schon von Anfang an der Wurm drin. Sobald man merkt, daß ihnen der Saft zu stark einschießt, läßt man sie in aller Ruhe ein paarmal kühl auflaufen, bevor ihnen der Kopf so anschwillt, daß er zu früh Blüten treibt. Sobald sie sich wieder erholt haben, läßt man sie steigen oder nimmt sie hoch. Wenn man sie zwischen den Stengeln von unten her immer gut auflockert, schießen sie zwar leicht ins Kraut, aber sie lassen sich dafür später viel problemloser entblättern und aufs Kreuz legen.

Aufgaben:

Mache zu Hause Kreuzungsversuche mit Preußengewächsen.

Pflanze Preußen in der Öffentlichkeit.

Vergleiche deine Beobachtungen.

Versuche schriftlich die Frage zu beantworten, warum in Bayern die Pflege von Preußengewächsen noch häufig in Zusammenhang mit »Blühender Unsinn« gebracht wird.

F. Gesundheitslehre

Müssen Bayern schmutzig sein?

Erst kürzlich hat wieder eine Umfrage in der Bundesrepublik ergeben, daß die Deutschen ihre im Süden lebenden Landsleute für fauler, schmutziger und unkultivierter, ja sogar dümmer halten als sich selbst. Allerdings hieß es auch, die Bayern seien uriger, ulkiger und ungezwungener als andere Stämme. Dr. Pettenkofer von der Landeszentrale für Gesundheit, Kultur und Außenbeziehungen stellte sich den Fragen der Autoren.

Herr Professor, wieder hat eine Umfrage zutage gefördert..

Pettenkofer: Viel Schmutz meine Herren! Ich kenne diese Umfragen sogenannter demoskopischer Institute, die fast alle nicht ganz zufällig oberhalb der Mainlinie beheimatet sind. Wir hier in Bayern, die wir unser Ohrwaschl an der Bevölkerung haben, brauchen keine...

Aber nun ist erneut herausgekommen...

Pettenkofer: Ach was, das haben wir nun davon, von unserem ewigen Wohlverhalten, unserer zähen Höflichkeit, unserer Bescheidenheit, unserem Sinn fürs Ganze. Die Preußen dürfen uns ungeniert Deppen, Saubärn und Faulenzer nennen. Dabei ist alles treue Pflichterfüllung und Dienst am Vaterland.

Das verstehen wir nicht ganz, Herr Professor.

Pettenkofer: Ja warum geben wir uns denn dümmer, fauler, dreckiger und unkultivierter als die Restdeutschen? Damit die ihre Freude an uns Feld-, Wald- und Wiesenmenschen haben. Weil wir doch die Lockvögel für die Amerikaner und andere Fernpreußen spielen. Sonst käme doch keiner nach Deutschland. Haben sie schon einmal eine Werbebroschüre gelesen, wo für Deutschland mit Gelsenkirchen, Castrop-Rauxel oder Hamm an der Sieg geworben wurde? Oder der Schönheit der Vordereifel, obwohl es dort auch ganz erträglich sein soll.

Aber Bayern könnte doch zumindest im Punkte Sauberkeit Vorbild sein. Immerhin sind wir das wasserreichste Bundesland und vor allem zur Zeit der Schneeschmelze...

Pettenkofer: Meine Herren, Sie verstehen mich nicht. Zum Image eines Naturvolkes, und als solches werden wir draußen verkauft, gehört auch Heimaterde am ganzen Körper. Außerdem sind wir eben ein Agrarland – nach wie vor. Sollen sich unsere Bauern nach jeder verzogenen Zuckerrübe die Hände waschen wie ein norddeutscher Zahnarzt? Und daß wir Dreck an den Händen haben und unter den Fingernägeln, darf doch niemand wundern, wenn wir die letzte bayerische Heimaterde zusammenkratzen, damit sie nicht auch noch von ein paar Neureichen aus Hamburg oder Düsseldorf aufgekauft wird.

Aber was die Hygiene betrifft, hat einer ihrer bayerischen Vorfahren ganz anders geredet, Herr Professor Pettenkofer.

Pettenkofer: Damals war auch die Bedeutung der Nah- und Fern-Preußen als wichtigster Rohstoff der bayerischen Fremdenverkehrsindustrie noch nicht voll erkannt. Trotz aller Probleme mit den nicht zu vermeidenden Umweltbelastungen muß der Rohstoff Preuße weiterhin für Bayern gesichert bleiben. Und eben dieser Preuße ist am besten durch das nun einmal gegebene Bayern-Bild zu locken. Viele in Oberbayern und anderen besonders heimgesuchten Gegenden verstecken doch Seife und Zahnbürste und springen nur mal ganz klammheimlich in die Badewanne. Sie lassen die teuerste Bodylotion im Schrank und reiben sich dafür mit billigstem Fichtennadelpulver ein – damit ja das Holzhacker-Image nicht verduftet.

Auch blöder sollen die Bayern sein als die anderen..

Pettenkofer: Viele versaufen doch ihren Verstand, damit die Fremden eine Freude haben, oder sie fressen sich eine Wampe an, nur weil es typisch ist. Die Dorfdeppen werden ja schon lang von arbeitslosen Schauspielern und Kommunikationswissenschaftlern gespielt, weil die wenigen richtigen den hohen Anforderungen der Fremden einfach nicht mehr genügen. So sieht es aus, meine Herren, alles für den Fremdenverkehr. Unsere vielen bayerischen Nobelpreisträger reden nicht viel, damit nichts auffällt. Und unseren Gymnasiasten mit den überragenden Abiturnoten werden wir schon noch beibringen, was wir unserem Ruf als depperte Gaudiburschen der Nation schuldig sind.

Den Ruf der Unkultiviertheit muß man dann halt hinnehmen, meinen Sie.

Pettenkofer: Natürlich sehen wir ein, daß wir Lodenmenschen ständig Radi fressen müssen, obwohl uns ein Coq au vin oder ein Sirloin-Steak viel lieber wären, aber »nix Kultura« heißt der Auftrag. Wir sind ja sogar auf Kommando grob zueinander und raufen für unsere Gäste, auch wenn schon mancher Kamerad in treuer Pflichterfüllung zu Grabe getragen werden mußte. Wir wissen halt, was Folklore von uns verlangt. Wir schieben zentnerweise Schnupftabak in unsere geplagten Nasen, werfen mit Maßkrügen, obwohl es sehr gefährlich ist, wir fensterln, obwohl auch bei uns die Häuser immer höher werden, und jodeln, bis daß der Kehlkopf bricht. Für was: Alles damit die Mentalität noch ein bisserl stimmt.

Ja, Herr Professor, gibt es denn gar keine guten Seiten dieser künstlich erhaltenen Bayern-Mentalität?

Pettenkofer: Nun gut, was die Sauberkeit angeht, so ist erwiesen, daß durch häufiges Waschen, Duschen, Baden usw. die Haut dünn wird. Bei Preußen ist diese Dünnhäutigkeit ja sehr verbreitet, das können sie jeden Tag hier in unserem Lande oder aber auch bei der Betrachtung der Geschichte der Preußen gut feststellen. Uns ist durch unsere Dickfelligkeit einiges erspart geblieben. Durch ihren übertriebenen Reinigungstrieb fehlt den Preußen auch eine gewisse Patina, die den Bayern anhaftet, auch der angenehme Stallgeruch, der sogar im Ausland noch für ein starkes Zusammengehörigkeitsgefühl sorgt. Während der anderwärts verbreitete Geruch von Kernseife die Leute ja eher auseinandertreibt, übt die bayerische Ausdünstung eine gewaltige Anziehungskraft aus.

Wenn das so ist – dann können wir ja mit der Nachrede weiterleben, daß wir dümmer, dreckiger, fauler sind als die anderen.

Pettenkofer: Natürlich, wo es doch für Deutschland geschieht.

Nun hat aber der Preuße auch seine Verdienste um die Erhaltung bayerischen Brauchtums, beispielsweise der Trachtenmode.

Pettenkofer: Zugegeben. Und um die Verantwortung um Tracht und Sitte nicht völlig den Fremden zu überlassen, lassen wir Bayern schon mal den bequemen Kordanzug und die Samtjacke im Schrank und schmeißen uns lieber in den derben Lodenmantel oder die Lederhose, wo durch das Hosentürl der Wind so unverschämt pfeifen kann. Diesen Einsatz für die Heimat lassen wir uns von den Preußen nicht abnehmen. Noch nicht.

Herr Professor, wir danken für dieses Gespräch.

3. Naturwissenschaften

A. | Wir zählen |

B. | Wir rechnen |

C. | Wir experimentieren |

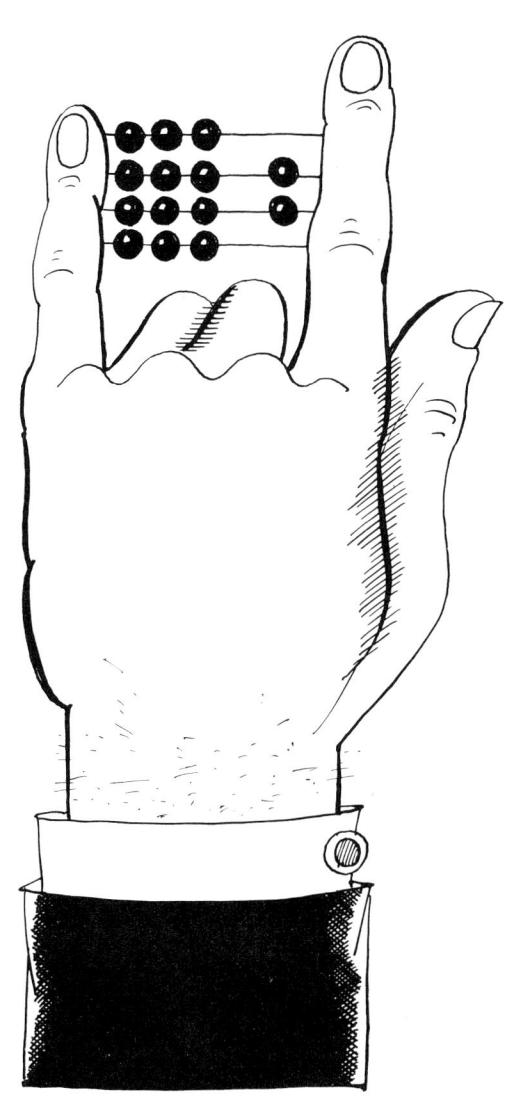

Mathematik, Physik und Chemie haben wir bereits in den vorangegangenen Klassen durchgenommen. Wir wiederholen hier nur einige Aufgaben, in denen wir das Gelernte auf unser heutiges Spezialthema anwenden:
die Preußen (im Vergleich mit den Bayern).

A. Wir zählen:

Die echten Bayern sind bereits gezählt. Überblicke zur Übung deinen Freundeskreis und zähle die echten Bayern nach; nimm notfalls die Finger der zweiten Hand zu Hilfe. Merke dir diese Freunde: auf sie kannst du zählen.
Die Preußen sind nicht zählbar. Erstens, weil sie nie lange genug ruhig an einem Platz bleiben können, zweitens, weil es unzählige von ihnen gibt. Unterscheide nun zwischen den unzähligen und den überzähligen Preußen, die du kennst und subtrahiere von Unendlich.

B. Wir rechnen:

Während Bayern im allgemeinen völlig unberechenbar sind, kann man mit Preußen überall und jederzeit rechnen. Preußen gelten auch selbst als sehr berechnend. Vor allem rechnen sie jederzeit mit Unbekannten, während der Bayer nur mit Bekannten rechnet, weil er ständig fürchtet, daß ihm jemand ein X für ein U vormacht.
Für Algebra dagegen ist der Bayer nicht zu gebrauchen, weil er alles, was über seine gewohnten vier Buchstaben hinausgeht, für eine gefährliche Rechnung ohne den Wirt hält. Wer einen Bruch macht, gilt in Bayern wie in Preußen als Ganove. Der Preuße geht darum lieber gleich aufs Ganze. Der geschäftstüchtige Bayer achtet beim Bruchrechnen vor allem darauf, was er unter dem Strich hat, weshalb sich ein bekannter bayerischer Spitzen-Fußballer auch nicht mit einer Gewinnbeteiligung von einem Drittel der Einnahmen zufriedengab und sofort ein Viertel forderte.

C. Wir experimentieren:

Je enger das Verhältnis zwischen Bayern und Preußen wird, desto mehr physikalische Gesetze werden bei ihnen wirksam und desto leichter läßt sich die Verbindung, die sie eingehen, auch chemisch nachweisen. Um das Übungsprogramm auf wenige anschauliche Beispiele zu beschränken, verzichten wir auf die Berechnung der Redegeschwindigkeit von Preußen und Bayern, auf die Messung des längeren Hebels und auf die Freisetzung, Spaltung oder Fusion des guten Kerns in jedem.

Beispiel a) Wie schließt man ein Nordlicht an?

Als Versuchsanordnung haben wir auf einem bayerischen Volksfest im Bierzelt einen großen Tisch mit lauter Bayern besetzt. Einer von ihnen sieht ein herumirrendes Nordlicht ohne Anschluß und ohne Platz. Er winkt es her und stellt es den anderen vor als »Preiß, der wo auf Draht is«, weil man Nordlichtern, die bereits auf Draht sind, viel leichter Anschluß geben kann. Nachdem die anderen kurz elektrisiert sind, ist der erste Kontakt hergestellt. Am Tisch wird ein Platz zum Anbauen freigemacht, der Stromkreis geschlossen und der Preuße mit der Formel »Sitz di her und zahl a Maß für jeden!« als Energiespender genutzt. Falls das Nordlicht jetzt keine lange Leitung hat, verspürt es den abnehmenden Widerstand im Kreis und die durch ständige Reibung wachsende Spannung. Das Nordlicht leuchtet auf und zapft die Energiequelle voll an – ohne Rücksicht auf die Stromrechnung.

Beispiel b) Wie bringt man einen Bayern zum Verduften?

Die Versuchsanordnung entspricht der von Beispiel a), nur mit dem Unterschied, daß ein Bayer im Bierzelt an einem Tisch mit lauter Preußen vorbeikommt, die er alle gut kennt. Sie fordern ihn mit an Nötigung grenzender Freundlichkeit auf, sich zu ihnen zu setzen und stellen ihm eine frische Maß Freibier hin. Der Bayer findet daran wachsendes Wohlgefallen und steigert automatisch beim Zuprosten und Schreien seinen Flüssigkeitsgehalt. Plötzlich wird ihm von den Preußen mitgeteilt, daß die nächste Runde Bier auf seine Rechnung geht. Daraufhin muß der Bayer sofort auf die Toilette, wo er zuerst die aufgetankte Flüssigkeit absondert und – nachdem sich sein Wohlgefallen aufgelöst hat – sofort verduftet, ohne etwas zurückzulassen.

Hausaufgabe:
Stelle eine ähnliche Versuchsanordnung auf, mit der man die Gasentwicklung von Bayern und Preußen a) jeder für sich b) gemeinsam messen und vergleichen kann. Kalkuliere die mögliche Energiegewinnung aus Abgaswärme und Druck.

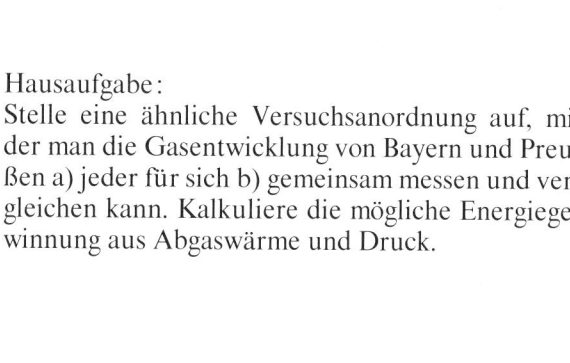

4. Ernährungslehre

Auf den rückwärtigen Flächen bayerischer Kraftfahrzeuge kann man in letzter Zeit häufig folgendes Inserat lesen:

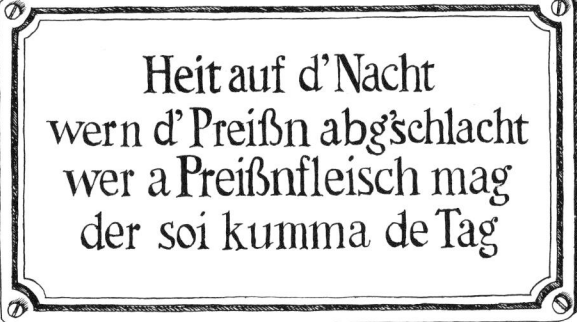

Heit auf d'Nacht
wern d'Preißn abg'schlacht
wer a Preißnfleisch mag
der soi kumma de Tag

Der Hinweis verdient eine genauere Untersuchung. Im Rahmen des Hauswirtschaftsunterrichts soll nicht die ethisch-moralische Seite der Angelegenheit behandelt werden, obwohl klar sein dürfte, daß auch sie Anlaß zu erheblichen Bedenken gibt, zumal da hier möglicherweise sogar ein strafbares Handeln annonciert wird (siehe dazu auch: Bayer. Verordnung über »Schwarzschlachten«).

Interessanter weil bezeichnender in unserem Zusammenhang ist die verbraucherkundliche und ökotrophologische Seite des Problems, bei deren Betrachtung sich herausstellt, daß die Anzeige, so wie sie überall zu lesen ist, in hohem Maße irreführend, ja nachgerade verantwortungslos ist. Lest bitte dazu den Auszug aus folgendem Zeitungsartikel (»Jolanthe, 26. Jahrgang, Nr. 9, Seite 42), in dem ein ausgezeichneter Fachmann, Innungsobermeister Josef Hackl, diese Stellungnahme abgegeben hat:

Falsch ist schon einmal der in der Werbung angegebene Zeitpunkt. Geschlachtet wird in bayerischen Metzgereien – egal, um welches Schlachtgut es sich handelt – grundsätzlich nur am frühen Morgen, weil einige Produkte der Schlachtung (Brät, Innereien, Leber) ja noch am gleichen Tag frisch zur Verwendung kommen sollen. Weiterhin gibt auch die Bezeichnung des Schlachtgutes in der zweiten Zeile der Anzeige zu Zweifeln Anlaß: Zumindest in der augenblicklichen Fassung der EG-Schlachtgutmarktordnung vom 16. 3. 77 (Ausführungsverordnung im Bundesgesetzblatt, Bd. 79, Blatt 1002 ff.) ist der Sammelbegriff »Preiß« nicht enthalten, womit im Grunde bereits den weiteren Zeilen der genannten gewerblichen Ankündigung der legale Boden entzogen ist. Davon abgesehen muß aber noch besonders betont werden, daß die Auslobung von »Preißnfleisch« in Verbindung mit dem Terminus »de Tag«, m. a. W. frischen Fleisches der genannten Spezies völlig unsinnig ist. Wie jeder Fachmann weiß, eignet sich das erwähnte Rohmaterial wegen seines etwas zähen, faserigen Materials, dessen Beschaffenheit vermutlich noch immer mit dem alten deutschen Mast-Ideal (»zäh wie Leder, hart wie Kruppstahl«) zusammenhängt, in keiner Weise für den alsbaldigen Verbrauch. Denkbar wäre demgegenüber allenfalls eine Verwendung in der deutschen Plockwurst, allerdings nur nach einer längeren Pökelzeit, die aber ihrerseits wieder sehr schwer zu bewerkstelligen ist, weil der Preuße be-

kanntlich sehr schwer ruhig zu halten ist. Alles in allem dürfte es sich bei den genannten Annoncen um eine gewissenlose, aus gutem Grund völlig unpräzise Bauernfängerei handeln: Man erfährt nicht, wann genau überhaupt geschlachtet wird, wohin exakt man sich wenden soll.
Offenbar will man hier gewisse Aversionen der einheimischen Bevölkerung unter Umgehung der gesetzlichen Schlachtordnung zu schamloser Geschäftemacherei benutzen und ein ehrbares Handwerk durch illegale Hausschlachtungen unter Konkurrenzdruck setzen.

Aufgabe:
Denke nach, was hinter der Angelegenheit noch stecken könnte.
Überlege andere Beispiele für die Verrohung der Sitten durch unseriöse Werbung.

5. Erziehungslehre

Im Gegenzug mit Liebe

Die Erziehung des Preußen ist schwer. Nicht, weil er von Haus aus zu den Schwererziehbaren gehörte, sondern vor allem, weil die Erziehung so erfolgen muß, daß er es nicht bemerkt. Da er sich nach seinem Rollenverständnis dazu berufen und verdammt fühlt, die Bayern zu besseren Menschen zu machen, würde ihn schon der leiseste Verdacht, daß er selber erzogen werden soll, zutiefst in seinem Selbstbewußtsein treffen und psychisch verwirren. Der Bayer dagegen ist erstens die Erziehungsversuche der Preußen schon gewohnt und hält sich zweitens bereits für einen so guten Menschen, daß er mit Recht von seiner Unverbesserlichkeit überzeugt sein kann.

Somit ist also der Preuße der aktive Erzieher des Bayern, wogegen der Bayer durch unterschiedlich dosierten Widerstand – mal nachgiebig, mal trotzig – passive Erziehungsarbeit am Preußen leistet. Die Reaktionen des Bayern auf preußische Beeinflussung wirken auf den Erzieher als Erfolgs- oder Mißerfolgserlebnisse zurück wie Lob und Tadel.

Die Erziehungsversuche der Preußen am Bayern sind zwar wegen der Untauglichkeit des Objektes zum Scheitern verurteilt und sie sind auch selten gut, aber sie sind immerhin gut gemeint. Darum muß die Erziehung des Preußen im Gegenzug mit Liebe erfolgen – ein bewährtes pädagogisches Mittel, das vorwiegend in den zahlreichen Mischehen und in ähnlichen erotisch geprägten zwischenmenschlichen Verhältnissen eingesetzt wird. Die wichtigsten pädagogischen Ziele bei der Erziehung der Preußen lauten:

Bayern erziehen ihre Preußen so, daß diese ihren Führungsaufgaben in der bayerischen Ehe, Wirtschaft oder Verwaltung in Milde nachkommen, ohne anzuecken oder zu verzweifeln;

sie bestätigen das Bewußtsein der Überlegenheit bei den Preußen, damit diese – von Mitleid und Hilfsbereitschaft für die dummen Bayern erfüllt – ihnen viel Arbeit abnehmen;

sie stärken den Leistungswillen der Preußen durch scheinheilige Bewunderung, damit diese zum Unterhalt der Bayern ihre letzten Kräfte einsetzen;

sie lassen die Preußen immer ein wenig nach ihrer vollen Anerkennung zappeln, damit ihnen das Zusammenleben mit Bayern immer als Ehre erscheint.

Als bewährtes Mittel der passiven Erziehung an preußischen Lehrmeistern gelten unter anderem folgende:

Nie widersprechen:

Widerspruch müßte dem Preußen als Zweifel an seiner Unfehlbarkeit und Kommandogewalt erscheinen und ihn zu Streit und Prestigekämpfen herausfordern. Zustimmung – ohne zu reagieren – jedoch befriedigt sowohl das Prestigebedürfnis des Preußen wie das Bedürfnis des Bayern nach Ruhe und Frieden.

Wenn beispielsweise ein Bayer mit seiner preußischen Gattin im Wirtshaus sitzt und sie ihn mahnt: »Jetzt ist es aber wirklich Zeit, Süßer, daß wir gehen. Komm, trink aus und mach dich fertig!«, dann wird der kluge Bayer nie protestieren: »Kommt nicht in Frage, ich bleibe, solange es mir paßt, verstanden!« Er wird vielmehr sofort zustimmen: »Ja freili, glei pack ma's, Schatzerl. Grad des oane Bier no, weil i's scho so guat wia bstellt hab.«

Dann ist sie zufrieden, und er denkt gar nicht daran, aufzubrechen, bevor sich dieselbe Szene mehrmals wiederholt hat. Beim letzten Mal sagt er etwa: »Na, dann geh halt scho endlich, Schatzerl. I sag doch scho die ganze Zeit, daß man jetzt glei genga. Wia lang soll i denn no auf di warten!«

Nie etwas besser wissen:

Daß ein Bayer irgendetwas besser wissen könnte, läßt sich mit dem Weltbild des Preußen nicht vereinbaren. Jedes Auftrumpfen mit seinem Wissen könnte den Bayern in den Geruch bringen, ein Aufständischer zu sein und den Haus- oder Burgfrieden zu gefährden. Der feinfühlige Bayer behält deshalb sein Wissen zurück, auch wenn er sich hundertprozentig sicher ist, daß er recht hat – außer wenn es darum geht, unmittelbaren Schaden von sich selbst abzuwenden. Ansonsten läßt der Bayer den Preußen auf bessere Erkenntnisse selber draufkommen.

Eine Bayerin stellt einen Topf mit kochendheißer Suppe auf den Tisch und warnt ihren preußischen Mann: »Paß auf, die is noch a bisserl heiß.« Er weiß nicht, daß große Fettaugen das Dampfen verhindern und belehrt sie: »Ach Quatsch, wenn sie heiß wäre, würde sie ja noch dampfen.« Sie sagt nur: »Wennst meinst...« und auf seinen Aufschrei: »Auaaahh! Himmelarschundzwirn, die Suppe kocht ja fast noch!« erwidert sie ganz ruhig: »Ja, i glaub, da hast recht. Hast di brennt, gell?«

Immer nur staunen und bewundern:

Da die Preußen sehr sozial zu den Bayern sein wollen, halten sie ihr Wissen nie so eigennützig zurück wie die Bayern, sondern lassen bereitwillig alle anderen teilhaben. Im Überschwang ihrer Freude, sich gerade in Bayern schon so gut auszukennen, und in ihrer lehrmeisterlichen Begeisterung kommt es schon hin und wieder vor, daß sie den Bayern etwas beibringen, was für diese nicht mehr ganz so neu ist.

Wenn etwa in einem Wirtshaus ein Preuße den Einheimischen von seiner Bergtour erzählt und so richtig stolz auf sich ist, werden sie ihn nicht barsch zurechtweisen: »Des is ja garnix!« oder »Geh, Manderl, des stimmt ja erstens net und zwoatens wissen mir des seit dreißig Jahr.« Sie werden ihm vielmehr mit freundlichem Lächeln zuhören und ihm mit anerkennenden Worten dabei helfen, sich auf die Schulter zu klopfen.

Wenn der Preuße beispielsweise erzählt: »Janz schöner Schlauch, so ne jewaltige Bergtour. Habe heute den Herzochstand jemacht«, dann werden sie ihn bewundernd mustern und interessiert fragen: »Z' Fuaß oder mit'm Radl?« »Was, ganz nauf? Bis zum Gipfe?« »In zwoa Tag oder bloß in oam?«.

Und wenn der Preuße ihnen dann von seiner herrlichen Aussicht erzählt und ihnen ihre Heimat erklärt: »Unjeheures Panorama heute. Zugspitze zum Greifen. Konnte mit Blicken spazierengehen bis zum Watzmann«, dann werden sie staunen: »Mei liaba, da muaß oana Augn habn!« »Und so a Kraft. So weit schaugn!« »Und wia er nur grad alles so kennt.« »Da werd er ja d' Eiger-Nordwand gwiß aa gsehgn habn.«

Nie etwas mit Argumenten begründen:

Der Bayer weiß, daß er in der Beredsamkeit mit den Preußen nicht mithalten kann. Eine Diskussion mit logischen Argumenten könnte er meist nur mit der Notbremse beenden: »Geh, dann leck mi doch am Arsch!« oder »So muaßt du daherreden, du Saupreiß, du siemgscheiter!«

Solche Worte werden sehr leicht als Unhöflichkeit mißverstanden. Darum läßt sich der friedliebende Bayer besser gleich nicht auf Debatten zur Sache ein, sondern bleibt in seinen Handlungsmotiven rätselhaft. Er verhält sich gegenüber den preußischen Argumenten skeptisch bis ungläubig und bringt dadurch den Preußen in Unsicherheit und ständigen Beweiszwang.

Für solche Situationen hat der Bayer ein ganzes Arsenal von passenden Wendungen, mit denen er allzu penetrante Belehrungsversuche, erdrückende Tatsachenbehauptungen oder Aufforderungen zum Handeln abwehrt: »Wenn i mögn taat scho« »Geh, des glaubst ja selber net!« »Wia wuist denn des beweisen?« »Des werdn ma nacha scho sehgn« »Des muaß si erst no rausstelln« »Des sagst du!« oder »Ja, des sagt no garnix!«.

Den stärksten erzieherischen Eindruck erzielt der Bayer beim Preußen allerdings durch sein letztes Mittel der Notwehr: die entwaffnende Ehrlichkeit. Je größer die Empörung beim Preußen ist, wenn er seinem bayerischen Erziehungsobjekt einen starken Vorwurf macht, desto schockierter ist er, wenn der Bayer einfach alles zugibt. Das klassische Beispiel dafür ist die Antwort auf die Frage: »Hier stinkt's, Mensch, haben Sie vielleicht in die Hose geschissen?« – »Ja, warum?«

6. Heimatkunde

A. | Preuße, wo ist deine Heimat? |

B. | Der Preuße im Jahreslauf |

A. Preuße, wo ist deine Heimat?

Die meisten Preußen verstehen sich selbst nicht als Preußen oder wollen es nicht glauben. Ja, viele wissen es nicht einmal, daß sie welche sind. Sie kennen nur ganz sachliche Verwaltungsgrenzen sogenannter Bundesländer. So kann natürlich in ihrem Herzen auch keine Liebe zu Preußen wachsen. Deshalb hat der Preuße meist keine Heimat. Und wenn er fern von zu Hause ist, fühlt der Preuße auch Heimweh nicht als Schmerz.

Die dem Menschen von Natur angeborene Heimatliebe ist beim Preußen meist unbefriedigt und ziellos. Seine Heimatgefühle liegen brach und können deshalb nicht wie die der Bayern geschäftlich genutzt werden. Seine ungestillte Sehnsucht nach Heimat ist so groß wie die eines Gespenstes nach erlösender Grabesruhe. Das macht den Preußen so ruhelos, unseßhaft und geradezu gierig nach Heimat. Ein oft unbewußter, aber unaufhaltsamer Drang zieht deshalb die Preußen dorthin, wo Heimatgefühl im Überfluß produziert wird und die Überschüsse kommerziell feilgeboten werden: nach Österreich, Bayern, Südtirol und in die Schweiz. Auch stark heimathaltige alpenländische Exportprodukte wie Heimatromane, -filme und -lieder, die durch viel Schmalz besonders haltbar werden, finden auf dem preußischen Markt reißenden Absatz.

Vor allem den Urlaub braucht der Preuße nicht nur für Ruhe und körperliche Erholung. Außer Sauerstoff muß er viel Gefühl auftanken, um sein Defizit an Heimat auszugleichen. Darum müssen die bayerischen Urlaubsorte viele Heimatabende anbieten, bei denen soviel Heimatliebe ausgeschenkt wird, bis jeder davon voll ist. Eine große Gefahr ist dabei jedoch nicht zu übersehen, nämlich daß sich preußische Touristen in Bayern nicht nur heimisch fühlen, sondern schließlich wirklich glauben, sie seien hier daheim. Man muß ihnen daher mit jeder Portion bayerischer Heimat auch immer einen Schuß preußisches Bewußtsein einimpfen. Denn nur in Bayern können sie Preußen noch als feste Größe erleben und nur solange sie hier sind, bleiben sie sich ihrer Rolle als Preußen bewußt. Sie erkennen auch, daß Bayern ohne seine Preußen nicht auskommen kann.

Ein völlig falscher, aber in letzter Zeit zunehmend verbreiteter Weg für heimatlos in der Welt herumirrende Preußen ist der Versuch, sich Heimat nicht jährlich frisch vom Erzeuger zu kaufen, sondern als Grundbesitz auf Dauer zu erwerben. Sie wollen sich ein paar tausend Quadratmeter bayerischer Heimaterde im Grundbuch als Rechtsanspruch auf Heimat sichern lassen. Da aber die Fläche Bayerns nicht als parzelliertes Heimatland für alle Preußen reicht, führt diese Praxis zum sogenannten »Ausverkauf der Heimat«. Zielsetzung der bayerischen Heimatbewirtschaftung muß es deshalb sein, den Preußen Bayern nicht als Landbesitz, sondern nur als geistige Heimat zu verkaufen.

B. Der Preuße im Jahreslauf

a) Im Frühling

Im Frühling (wie auch sonst) ist der Preuße erheblich weniger müde als gewöhnliche Menschen, was ihn zu einem unangenehmen (und unfairen) Mitbewerber in den Angelegenheiten der Liebe macht, die traditionellerweise ja ebenfalls im Frühling ihren Anfang nehmen. Ein Preuße aus Münster zum Beispiel ist im März 1974 nach und nach insgesamt 423 Kilometer durch den in der Nähe seines nunmehrigen Wohnsitzes befindlichen Truderinger Wald gelaufen, nur um seinen von Natur aus eher zum Fettansatz neigenden Körper auf Kosten eines

Konkurrenten aus dem bayerischen Oberland ein wenig zu stählen, was prompt eine sportliche junge Dame aus Lorsch an der Bergstraße dazu bewog, ihn mit anderen Augen anzusehen. Ihr erster gemeinsamer Abend endete mit dem Besuch eines Münchner Luxusrestaurants, in welchem der fleißige Mitvierziger sich und der jungen Dame mit großem Erfolg je eine Radlerhalbe bestellte. Dies deshalb, weil er herausgefunden hatte, daß er in Bayern mit der Formulierung ›Alsterwasser‹ nicht weit kommen würde. – Der Bayer blieb beim Märzen-Starkbier und mußte die beiden laufen lassen.

Was übrigens die angesprochene Dynamik angeht, so sind auch immer wieder Fälle bekannt geworden, wo sich Preußen durch ihre Frühlingsgefühle zu einem überdimensionalen Ausstoß an einschlägigen Gedichten, Briefen und Blumensträußen haben hinreißen lassen. Ein Preuße aus Osterrode wurde dabei ertappt, wie er im März 1979 ein und derselben Dame seines Herzens in einer einzigen Woche gleich zwei Veilchensträuße überreichte. Allerdings konnte dabei nie ganz geklärt werden, ob es sich nicht doch beim zweiten Angebinde um den ersten Strauß gehandelt hat, den er in einem unbewachten Augenblick aus der Vase nahm, um ihn der betreffenden Dame, nun in ein anderes Papier gewickelt, noch einmal auszuhändigen. Eine gewisse Wahrscheinlichkeit spricht durchaus für diese Version: Der Preuße ist nämlich nicht nur dynamisch, sondern auch ökonomisch, beides zu allen Jahreszeiten.

b) Im Sommer

Daß der Preuße in Preußen wie in der ganzen Welt zuhause ist, zeigt sich vor allem im Sommer, wenn er verreist. Was den Preußen zu den häufigen Ortsveränderungen besonders befähigt, ist seine Gewißheit, daß es nirgendwo sehr viel anders sein kann, als da, wo er persönlich her ist – und wenn doch, umso schlimmer für diese Gegend. Ein Preuße aus Dortmund, der im Frühsommer 1976 die italienische Stadt Lignano aufsuchen wollte, war zum ersten Mal in seinem Leben leicht irritiert, als er auf dem Wege dorthin – die Stadt Montebelluno durchfahrend – in einer bestimmten Straße plötzlich nur Autos auf sich zukommen sah und zwar viele davon sogar auf seiner Straßenseite, wohingegen kein einziger Wagen hinter ihm herfuhr. Der Preuße meisterte die Situation aber, indem er das Fenster herunterkurbelte und die wild hupenden Entgegenkommer mit einem energisch an die Stirn gepreßten Zeigefinger darauf hinwies, daß dies ausweislich des vorne angebrachten Verkehrsschildes die Straße nach »senso unico« sei, wohin sie doch unmöglich alle wollen könnten, wo diese Ortschaft doch nicht einmal auf der Landkarte verzeichnet sei. Diese Erklärung, in seiner Muttersprache vorgetragen, hatte – wie sich zeigte – durchschlagende Wirkung, weil die anderen Automobilisten ihm danach nicht mehr widersprachen, sondern einander nur noch betroffen ansahen.

Lästiger wurde es für einen preußischen Gourmet aus Düsseldorf, der sich im gleichen Jahr bis nach Sizilien durchgeschlagen hatte, was ihn aber nicht weiter beunruhigte, weil er die italienische Speisekarte aus der Düsseldorfer Altstadt schon völlig im Griff hatte. Wie verwundert war der Herr daher, als er in einem kleinen Ristorante in der Nähe von Palermo feststellen mußte, daß dortselbst keine »Pizza con Schinken und formaggio und dem scharfen grünen Zeugs, na Sie wissen schon, was ich meine« angeboten wurde, sondern überhaupt keine Pizza. Alternativangebote des Kellners, insbesondere die eilig in die Karte hineingeschriebenen »Wurstel con Krauti« lehnte der Gast mit dem Hinweis ab, daß diese nur an der Adriaküste gegessen würden, in Sizilien aber nicht heimisch seien, nicht ohne seiner mitgekommenen Freundin zu erklären, wie tragisch er es finde, daß die Deutschen immer wieder den Italienern alles erklären müßten.

Weil er aber ein Weltmann war und niemandem weh tun wollte, bestellte er anschließend ein »cotoletta a la milanese« und gab seiner Freundin nur ganz versteckt prustend einen kräftigen Tritt ans Schienbein, als der dumme Ober ein Wiener Schnitzel brachte.

c) Im Herbst

Wenn die Blätter fallen, ist der Preuße in einer nicht ganz einfachen Situation, deren genauer Schwierigkeitsgrad sich im wesentlichen danach richtet, in welcher Entfernung von München er wohnt, wo alljährlich das wichtigste Fest für jeden Preußen stattfindet, das weithin bekannte Oktoberfest. Ein Preuße aus Emscher/Westfalen, der seit 21 Jahren in einem kleinen Ort 30 Meilen away von Phoenix/Arizona wohnt, behalf sich im Jahre 1973 damit, daß er in seinem neuen Heimatort einen deutschen Club gründete und in Paragraph 1 der Satzung als einzigen Vereinszweck die jährliche Abhaltung eines Oktoberfestes festlegte, das der besseren Witterung wegen im Mai stattzufinden habe. Die Idee erwies sich insofern als tragfähig, weil es im Umkreis von 50 Meilen weitere 32 solcher Oktoberfeste gab, so daß das weltberühmte, garantiert tiefgekühlte Würzburger Oktoberfestbräubier aus Chikago, in rationellen Großcontainern nach Arizona gebracht werden konnte, ebenso wie die drei »Donauschwalben« aus Lüneburg, Ampfing/Inn und Cleveland/Ohio, die sich vor einigen Jahren zusammengetan und für das Jahr 1974 den Vorsatz gefaßt hatten, nun auch noch den Erzherzog-Johann-Jodler im Disco-Sound ins Programm zu nehmen.

Ein wenig einfacher als der erwähnte Herr in Amerika hat es der Preuße da schon, wenn er in München oder einem der zahlreichen Münchener Vororte wie Hameln und Bad Pyrmont wohnt. Im ersteren Fall ist er ohnehin täglich »auf der Wiesen«, wie er das Oktoberfest launig zu nennen pflegt, weil er dort soviele Landsleute trifft, weshalb er auch jeden Abend einen anderen seiner zahlreichen Bekannten aus Bad Pyrmont oder Hameln hinführen muß, die extra zu diesem Zweck ihn besuchen gekommen sind. In diesem zweiten Fall ist der Preuße also nur kurzfristig auf dem Oktoberfest und begibt sich oft genug schon nach dem Genuß des dritten oder vierten ›Mo-aßls‹ auf die Suche nach einem zünftigen bayerischen Dirndl, von denen man ja weiß, daß sie auf der Alm in und rund um München koane Sünd net kennen.

Eine überraschende Erfahrung machte in diesem Zusammenhang im Jahre 1975 ein Preuße aus Gelsenkirchen-Buer, der an einem kalten Dienstagabend auf die entsprechende Frage nach einem feschen Kindl, das mal mit einem lebenslustigen norddeutschen Burschen was Richtiges erleben wolle, von einem freundlichen, ihm aber unbekannten ›Herrn Nachbar‹ aus dem Löwenbräuzelt den Geheimtip für eine Adresse in der Nähe des Festgeländes bekam, wo immer »pfundige Muckerl, gor koane traurign« anzutreffen seien. Der Herr, dem schon das zünftige Wort ›Muckerl‹ sein Blut und alles andere unglaublich in Wallung brachte, tat, wie ihm geraten. Er fand an der angegebenen Adresse in der Tat freundliche Aufnahme und auch ein Maderl vor, dessen fröhliche offene und zuvorkommende Art seinen Vorstellungen von einem frischen Lan-

78

deskind sehr nahekamen. Was ihn ein klein wenig wunderte, war zwar die Aufforderung des herzigen Mädls, das Finanzielle doch bitte gleich zu erledigen, eine Bitte, die er aber dann dahingehend interpretierte, daß man hinterher gemeinsam mit dem Riesenrad fahren wolle und er schon mal das Fahrgeld hinterlegen solle. (Er fand es allerdings, ehrlich gesagt, ein bißchen hoch, kannte sich in solchen Dingen aber nicht so aus.)

Schon mehr irritiert wurde der Gast, als ihn das goldige Gschpusi, nachdem sie vier Minuten was Tolles hatte erleben dürfen, eindringlich bat, ihr Kämmerlein schnell wieder zu verlassen, weil ihr Freund unten im Löwenbräuzelt, so wie sie ihn kenne, gerne möchte, daß sie mit noch viel mehr netten norddeutschen Herren was Richtiges erleben solle. Richtig ärgerlich aber wurde der Preuße erst, als sein kurzfristig erobertes bayerisches Herzl seinen fröhlichen Hinweis auf die vereinbarte Gaudi auf dem Riesenrad mit der Vermutung beantwortete: »Bist wohl total bekloppt, wa, wie man bei uns in München sagt.«

Der Preuße aus Gelsenkirchen-Buer ließ im nächsten Jahr seine Reise nach München ausfallen und beschloß ein Jahr später, diesmal das Löwenbräuzelt zu meiden und lieber bei den Armbrustschützen Ausschau zu halten. Der Preuße ist nämlich sehr lernfähig und mobil.

d) Im Winter

Der Winter kommt dem Preußen insofern zustatten, als es sich dabei um eine Jahreszeit handelt, in der nur abgehärtete Menschen zurechtkommen, Leute, die körperlich-geistig-seelisch überdurchschnittlich qualifiziert sind und sich nicht scheuen, darüber auch zu reden. Ein bevorzugtes Tätigkeitsgebiet ist in diesem Sinne der sogenannte Wintersport, der auch noch den Vorteil hat, daß die dafür benötigten Erhebungen nicht die schöne westfälisch-lüneburgische Landschaft verunstalten, sondern zu jedermanns freier Verfügung im bayerisch-österreichischen Raum herumstehen, wo sonst ohnehin nichts besonderes los wäre.

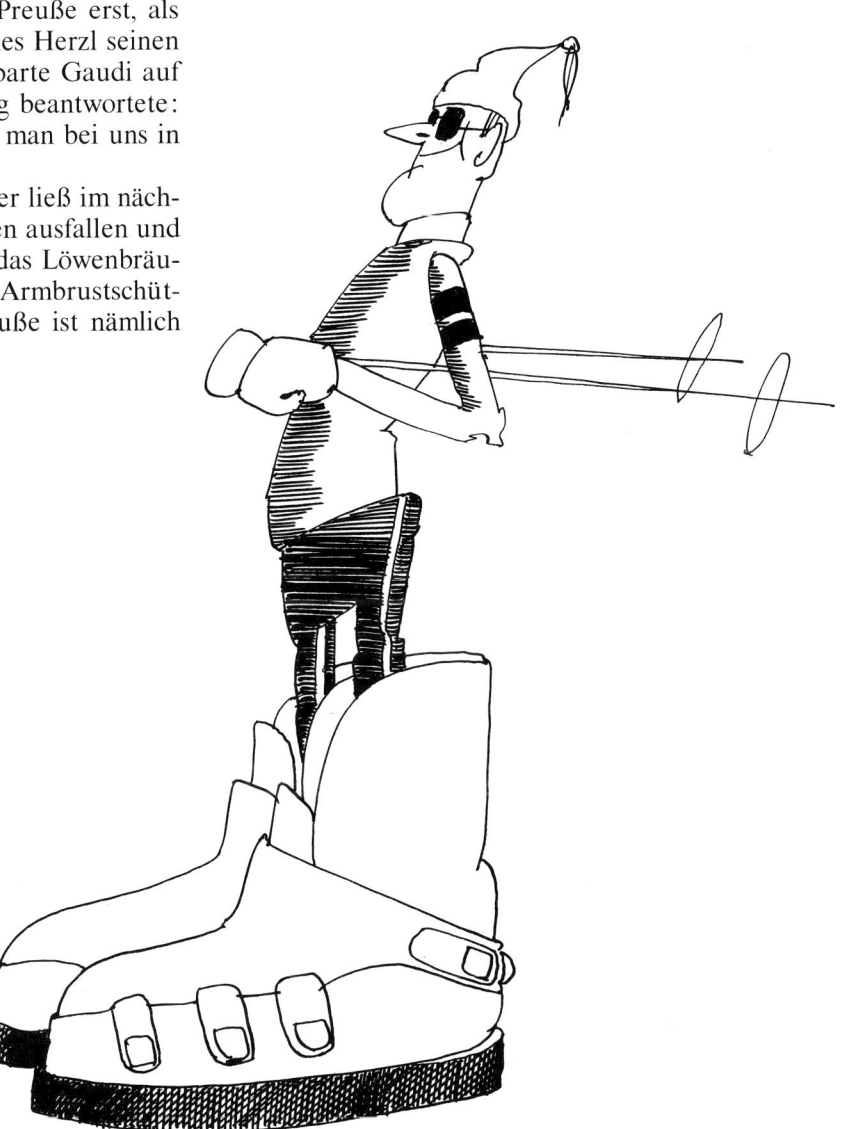

Manchmal unterlaufen zwar kleine Irrtümer. Ein Preuße aus Erkenschwick beispielsweise fuhr sechs Jahre hintereinander mit seiner Gattin Irene in das Tiroler Gebirgsdorf Kitzbühel, bestieg jeden Tag unten an der Talstation zum Hahnenkamm die Gondel, verließ sie an der Bergstation wieder, lehnte seine Ski und die seiner Frau zu den vielen anderen Skiern an die Wand der dortigen Jausenstation, nahm – bei gutem Wetter im Freien, sonst im Saale – eine ausführliche Mahlzeit ein, die er mit mehreren Schnäpsen abschloß, bevor es dann wieder langsam Zeit wurde zur Rückfahrt, die er regelmäßig gegen 16 Uhr 10 zusammen mit der Gattin und den Skiern antrat, so daß er jeweils gegen 17 Uhr erschöpft aber glücklich seine Pension zu einem kurzen Erholungsschläfchen aufsuchen konnte. Wer beschreibt sein Erstaunen, als ihm am vorletzten Tag seines sechsten Skiurlaubs im intimen Gespräch im Gasthof Krone ein Einheimischer beiläufig anvertraute, daß von derselben Bergstation aus, die er so gut kannte, noch diverse weitere Lifte errichtet waren, die auf Berge hinaufführten, die man hinterher wieder mit den Skiern herabfahren konn-te, genau übrigens wie die Strecke vom Hahnenkamm hinab nach Kitzbühel.

Repräsentativ ist dieser Fall einer Täuschung vermutlich aber nicht, weil ein ganz erheblicher Teil der Preußen doch großen Wert auf seine körperliche Ertüchtigung legt und weiß, daß ihm dabei keinerlei Grenzen gesetzt sind. Bekannt geworden ist der tragische Fall eines Preußen aus Hannoversch-Münden, der im Laufe einer Debatte in dem bayerischen Gebirgsdorf Oberstdorf die Wette einging, so weit wie der einheimische Springer »Leitner, die Flasche« springe er noch jeden Tag über die im Ort errichtete Skischanze. Er schnallte auch tatsächlich die Bretter an, sprang beherzt in die Spur – und wurde nie mehr gesehen. Dafür schmückt nun ein Marterl die Stelle, wo sich sein einheimischer Wettpartner beim dreitägigen Warten auf den unzuverlässigen Hannoversch-Mündener Schuldner beinahe seinen linken kleinen Zeh erfroren hätte.

Der Mann mußte leider die Feststellung machen, daß der Preuße sich gerne von seinen Verpflichtungen drückt.

IV. Geschichte

1. Die kleine bayerische Königskunde

Die nachfolgende kleine Königskunde befaßt sich vor allem mit den bayerischen Königen, da für sie gleichermaßen ein dauerhaftes Interesse von bayerischer und preußischer Seite besteht; ein Interesse, das nicht einer gerade aufkommenden Mode unterworfen ist. Preußische Herrscher sind echten Bayern schon deshalb reichlich egal, weil ihnen jede Einmischung in innere Angelegenheiten anderer Völker zutiefst zuwider ist. Da sich außerdem die diversen Wilhelms und Friedrichs vorwiegend als Krieger hervortaten, was auf die friedfertigen Bayern naturgemäß wenig Eindruck machen konnte, ist das Desinteresse an Preußen-Königen verständlich.

Die Wittelsbacher-Herrscher waren, wie ihre Untertanen, den schönen Dingen des Lebens zugeneigt, und wenn sie schon in einen Krieg verwickelt waren, schauten sie zu, daß sie am Ende wenigstens auf der richtigen Seite waren; das gelang ihnen aber nicht immer, weil sie beim Schauen nicht immer die Schnellsten waren.

Die Bayern pflegen ein eigenartiges Verhältnis zu ihren Monarchen. Sie sind zwar gute Republikaner, haben 1918 noch vor den Preußen ihren Regenten davongejagt, hängen aber dafür noch heute einer verschämten Königsliebe nach und verbieten sich gerade in diesem Bereich Einmischungen von außen. Vor allem Besserwisserei könnte für den Newcomer schädlich, Despektierlichkeit sogar gefährlich sein. Das wichtigste für Preußen in Bayern: Viel Verehrung, nicht zu viel Wissen.

Es waren übrigens genau fünf Könige, was hierzulande weithin unbekannt ist, weil der letzte ganz im Gegensatz zum preußischen Wilhelm II. so furchtbar unauffällig war. Deshalb begrüßte das bayerische Kultusministerium unlängst auch wärmstens die Eigeninitiative eines Hilfsreferenten, der den für alle Schulkinder des Landes so dienlichen Reim zu Papier brachte:

Beim Schaffkopfa sans vier hohe Trümpf,
von de Bayern-König aber warns glei fünf.

Gehen wir am besten chronologisch vor und beginnen wir mit

Max I. (1806–1825).

Als ausreichendes Wissen für Preußen gilt: Max I. war ein guter Mann, beliebter Herrscher, was auf Bayrisch ungefähr so zu übersetzen ist: *Ja, ja da Maxl, des war scho oana, a Aufrechta, der hot se sei nagelneie Königswürde net raushänga lassn.* Von ihm hätte gut und gern der Satz »Jeder kann nach seiner eigenen Façon selig werden« stammen können, aber den hatte ihm schon ein preußischer Kollege weggenommen.

Bemerkungen wie: Der Mann soll ja zwei höchstschöne Ehefrauen gehabt haben, europäische Spitze, verraten sympathische Kennerschaft. Äußerungen wie: Soll ja blindlings jedem Rock nachgelaufen sein, stehen einem Nichtbayern nicht zu. Daß sein Denkmal gleich vor der Oper steht, ist aber gut zu wissen und kann sowohl vom Einheimischen als auch vom Zugereisten beim eleganten Pausengespräch günstig eingesetzt werden, wenn man bei verschleppten Tempi und ähnlichem nicht so recht mitkommt.

Auf Max I. folgte
Ludwig I. (1825–1848).

Es reicht, wenn ein Preuße weiß, daß er ein kunstsinniger Herrscher war, ein großer weitschauender Baumeister, der München zum Isar-Athen machte, den Anschluß Münchens an Schwabing schuf (Ludwigstraße) und für viele Parkplätze (Königsplatz) sorgte. Es ist überhaupt nie falsch zu vermuten, daß etwas von Ludwig I. gebaut wurde, mit Ausnahme vielleicht von Neuperlach, den Königsschlössern und dem Olympiastadion. Aus dem privaten Bereich bietet sich eine Formulierung an wie: Soll ja ein exzellenter Liebhaber gewesen sein.

Bayerische Ansichten wie: *Er war scho a rechter Feinspinner, hot ois zuabaut und des Künstler-*

gschwerl a bisserl stark hochkemma lassn oder: *Sakrischer Weiberhengst, edler Saubär*, sollte der Nicht- oder Neubayer auf keinen Fall ungeschützt nach- oder gar vorplappern, da nur gelernte Bayern den dabei unerläßlichen anerkennenden Unterton fertigbringen. Kritische Töne zum reichen Geschlechtsleben des Landesvaters bringen im übrigen weder in besseren noch in katholischen Kreisen etwas ein. Merke: Ein gut entwickelter Sexualtrieb gereicht in Bayern niemandem zur Schande.

Das mußte auch ein preußisches Nachrichtenmagazin schon leidvoll erleben, das einen bekannten bayerischen Vollblut-Politiker in die Nähe des amerikanischen Busenstars Jane Mansfield rückte. Die vorherrschende, im prüden Norden unerwartete Reaktion war hierzulande eine Welle der Solidarität, die in ebenso neiderfüllten wie respektvollen Aussprüchen wie: »A Hund is a scho« oder »Hoffentlich hot a an scheena Gruaß mit neigschobn« gipfelte. Ganz zu schweigen davon, daß das alles natürlich von den Preußen erstunken und erlogen war.

Sollte sich ein Neubayer wirklich auf dem zuletzt gestreiften Sektor hervortun wollen, so ist allenfalls eine dezent und lückenhaft erzählte Anekdote von Ludwig und Lola erlaubt. Fachmännische Einflechtungen über den Tod des Königs in Nizza oder die Grabstätte der Montez in Kalifornien sind für Preußen absolut überflüssig und übertrieben, da sie in der Regel alles übersteigen, was die Bayern über ihre Könige wissen und überhaupt wissen wollen. Solche Anspielungen sind also für Annäherungsversuche bei Einheimischen nicht zu gebrauchen; wie überhaupt der Preuße in Sachen bayerische Geschichte im Höchstfall als schüchterner Stichwortgeber auftreten darf. Merke: Bayern machen ihre Geschichten selber. Außerdem ist hier durchaus bekannt, wie dreist sich Preußen in die Weltgeschichte drängte, nachdem man es nur gelassen hatte.

Nach Ludwig I. kam wieder – wie nicht anders zu erwarten war – ein Max. Diesmal
Max II. (1848–1864).

Die Bayern hielten sich ausnahmsweise an die preußischstrenge Durchnumerierung. Als ausreichendes Wissen für den Fremden gilt: Max II. war ein Freund der Wissenschaft, holte Gelehrte aus ganz Deutschland nach München, wo sie erst rich-

tig zur vollen Verstandesreife gelangten (siehe auch ›Nordlichter-Lexikon‹). Auf Bayrisch gesagt: *Der Mo war net unrecht, hat nix higmacht, bloß a weng vui preißische Oarköpf hat er einalassn, ois wenns bei uns koane gscheiten Leit geben hätt, aber d'Hauptsache is, er hat de Preißn zur Arwat oghalten.*

Seinen größten Fehler beging er damit, daß er, naiv wie er war, eine preußische Prinzessin heiratete. Aus dieser Mesalliance entsprangen zwei Knaben, der spätere Ludwig II. und Prinz Otto, die ob der grandiosen Mischehe ihrer Eltern immer mehr in Verwirrung gerieten, was niemanden verwundern darf. Es spricht für die souveräne bayerische Art, daß man diesen eklatanten Fehltritt Max' II. nicht nachträglich ständig an die große Glocke hängt. Aber erwähnenswert ist es schon und duldet auch keinen Widerspruch. Im Gegensatz dazu wirkte sich für den preußischen Hof die Einheirat einer bayerischen Prinzessin ganz und gar positiv aus.

Auf Max II. folgte wieder ein Ludwig. Diesmal
Ludwig II. (1864–1886).

Hier handelt es sich um ein durchaus delikates Kapitel, was die Fremden aber zumeist wissen und sich auch danach richten. Jedenfalls erfordern Gespräche von Preußen mit Bayern über Ludwig II. besonders viel Feingefühl. Bei unsensiblem Verhalten könnten vor allem Amerikaner und Gebirgler sehr unwirsch reagieren. Als ausreichendes Wissen für Preußen gilt: Ludwig war der schönste Monarch, den es je gab, der unvergleichliche Wagner-Mäzen, der märchenhafte Erbauer fabelhafter Schlösser, der weitsichtige Herrscher, der den Andrang von deutschen und überseeischen Preußen lange voraussah. Als Dank dafür wurde er von Bismarck ins Reich geholt.

Bemerkungen wie: Der Monarch war ja wohl nicht ganz richtig im Kopf, bißchen arg behämmert, sind unschicklich und stehen Ausländern nicht zu. Und Anspielungen, er sei andersrum gewesen sind gar nicht ratsam, da man so etwas im Oberland einfach nicht komisch finden kann. Bayern einigte sich inzwischen auf die Formel: *Er hat ja nix dafür kenna, der Kini, er war halt seiner Zeit voraus. Is unverstanden gwesn.* Außerdem sind bestimmte Anzüglichkeiten leicht mit dem immerhin mehrere Monate dauernden Verlöbnis des jungen Königs mit Romy Schneider zu entkräften.

Zurückhaltung hat sich der Nichtbayer auch bei

Diskussionen über die Todesursache aufzuerlegen. Ob der Märchenkönig beim Schwimmkurs im Starnberger See verunglückt, einem politischen Attentat zum Opfer gefallen ist, ob er mit präparierten See-Renken vergiftet, mit 5er Schrot erschossen oder aber vielleicht durch ein tollkühnes U-Boot-Unternehmen doch noch gerettet wurde, ist eine ausschließlich innerbayerische Angelegenheit, der die besten Geister des Landes immer noch gern mit geradezu kriminellem Eifer nachspüren. Preußische Ludwig-II-Verehrer mögen sich also keine Sorgen machen.

Bleibt noch
Ludwig III. (1913–1918).

Er war ein begnadeter Bauer und Viehzüchter. Als Regent fiel er nicht sonderlich auf, galt aber als vorzüglicher Ausspieler beim Schaffkopfen. Im November 1918 hatte er allerdings ausgespielt, da jagten ihn die Revolutionäre in die Berge. Inzwischen hat ihn längst dasselbe Schicksal ereilt, wie die letzten SPD-Kandidaten bei der Ministerpräsidentenwahl. Ihnen allen sagte man auch nach, sie seien doch diejenigen, von denen jeder wisse, daß sie keiner kenne.

Ob mit Ludwig III. die bayerische Königsgeschichte ein für allemal zu Ende ist, wagen wir nicht zu entscheiden, da man bekanntlich nie genau sagen kann, was FJS noch mit sich vor hat.

Ein paar Fragen zum Überprüfen des Gelernten

Wer hat das Maximilianeum errichten lassen?

☐ 1. Kronprinz Ruprecht

☐ 2. Maxl Graf

☐ 3. Franz Josef Strauß

Was bedeutet Kini?

☐ 1. Exotische Frucht

☐ 2. Oberpfälzisch für ›Kenn ich‹

☐ 3. Stallhasenart

Wem verdanken die Münchner die Ludwigstraße?

☐ 1. Ludwig Ganghofer

☐ 2. Ludwig Thoma

☐ 3. Josef Schörghuber

Was versteht man unter Wittelsbacher?

☐ 1. Räumkommando an Gebirgsbach

☐ 2. Pferderasse

☐ 3. Bayerisches Geschlechts-Teil

2. Gedichte zum Geschichtsverständnis

A. | Ode an die Preußen |

B. | An mein Herz |

»Ode an die Preußen«

Alles dankt ihr eurem eigenen Werte,
Ihr, des Schlachtengottes Lieblingskinder,
Lorbeerstolze Völkerüberwinder,
Alles, alles eurem Heldenschwerte;
    Laßt nicht rosten eure Waffen,
    Nicht in Selbstzufriedenheit
    Euren Mannessinn erschlaffen,
    Bleibt ihr Preußen, die ihr seid!

Bangte nicht in Hellas' Heldentagen
Vor Athen das ganze Morgenland,
Da ein männlich Wagen, freudig Schlagen
Ging mit Herrscherweisheit Hand in Hand?
    Asiens Völkerwogen fanden
    An den Griechen Damm und Wehr,
    Xerxes' Hoffart ward zuschanden,
    Und zunicht' sein Riesenheer.

Doch im Schatten ihrer großen Taten
Schossen alle Laster geil ins Kraut,
Recht ward schnöde für Gewinn verraten,
Feigheit ward im Rat der Männer laut;
    Längst war ihre Wehrkraft worden
    Kleiner Niedertracht ein Raub.
    Und der neue Held vom Norden
    Warf sie lachend in den Staub.

Mag der Blitzstrahl auch das Auge blenden,
Der das tiefe Schwarz der Nacht zerreißt,
Wenn durch Finsternisse allerenden
Seine jähe Flammenfährte gleißt –
    Ach, ein Augenwink nur trennet
    Werden und Vergehn zu Nichts;
    Eh' der Blick ihn recht erkennet,
    Schwand das Wunder seines Lichts.

Bleibt auch ihr, ihr Preußen, kraftbeständig,
Laßt die Sonne euch ein Vorbild sein,
Wahrt den jungen Waffenruhm lebendig,
Nicht auf halbem Wege haltet ein;
    Lehrt's den Zweifler und Verächter;
    Ehre bleibt nicht kinderlos,
    Rechte Tugend trägt Geschlechter
    Neuer Tugenden im Schoß!

»An mein Herz«

Gefühlvoll Herz, sehnst dich nach Liebe,
Die stets dein Inneres durchwühlt.
Der edlen, besten, schönsten Triebe
Erwied'rung wirst du immer fodern,
Bis deine Glut die Erde kühlt,
Empfindend Herz, bis du wirst modern.

Nie wird Erfahrung dich belehren,
Daß Liebe sey betörend Spiel,
Nach Liebe gehet dein Begehren,
Und sollt' Erfüllung es nicht krönen,
Vergeht doch niemals das Gefühl,
Mag auch die Welt dasselbe höhnen.

Betrogen kannst du nicht betrügen,
Nur Wahrheit geb' das Aug' zurück,
Die Wahrheit nur soll in mir siegen,
Aufrichtig wird mein Herz es halten,
Blos was es fühlet sag' der Blick,
Die Offenheit soll in mir walten.

Der Jugend Frohsinn mag verwehen,
Vernichtet seyn, was mich erfreut,
Nur in der Liebeglut Bestehen
Kann sich das Leben mir bewahren,
Zu lieben niemals mich gereut,
Ich lieb' in jung und alten Jahren.

Ein paar Fragen zu den Gedichten

1. Vergleiche die beiden Gedichte

2. Was fällt dir dabei auf?

3. Wenn dir nichts aufgefallen ist, zähle einmal die Ausdrücke, die von Liebe und ähnlichem handeln und addiere sie für jedes Gedicht einzeln!

| Gedicht Ludwig I. Liebe und ähnliches: | Anzahl: ( ) | Gedicht Friedrich II. Liebe und ähnliches: | Anzahl: ( ) |

4. Zähle die Ausdrücke, die von Soldatentum, Mannesehre und ähnlichem handeln, und addiere sie für jedes Gedicht einzeln!

| Gedicht Ludwig I. Soldatentum, Mannesehre und ähnliches: | Anzahl: ( ) | Gedicht Friedrich II. Soldatentum, Mannesehre und ähnliches: | Anzahl: ( ) |

5. Mache dir Gedanken über die beiden dichtenden Herrscher!

6. Mache dir Gedanken über ihre Völker!

7. Behalte deine Gedanken lieber für dich!

3. Kriegstagebuch 1866

Ich, der Drexler Kajetan, bin der älteste Sohn vom Drexler Kajetan, Bauer aus Kirchdorf, bin vom Jahrgang 1845 und werd bald 21 Jahr alt. Wie der Vater krank gewesen ist, hab ich schon ein halbes Jahr lang den Hof regiert. Die Oberhofer Zenz dahier und ich sind uns versprochen, aber ich hab in den Krieg gegen die Preußen müssen. Sie wollen aus uns Bayern Deutsche machen, was wir und die Österreicher nicht mögen. Und jetzt sollen wir schnell den Bismarck auf sein vorlautes Maulwerk schlagen, wie der Herr Pfarrer gesagt hat. Und dann wird Hochzeit gemacht. Ich gehör zu der 8. Kompanie vom 4. Ersatzbatallion im 1. Infanterieregiment, wo immer schon bekannt war für ihren Mut und Tapferkeit. Am 25. Mai 1866 bin ich eingerückt in München, wo ich auch garnisoniert gewesen bin.

Hinter Nürnberg, am 13. Juni

Bis jetzt ist der Krieg ganz gut zum Aushalten. Wir sind zwei Tag mit der Eisenbahn gefahren und dann marschiert, immer nach Norden, wo Berlin liegt. Seit zwei Wochen warten wir im Biwak auf den feigen Feind, aber die Preußen trauen sich nicht. Der Hauptmann von Rothammer warnt uns immer, wir müssen scharf obacht geben, weil zu denen ihrem Charakter auch die Falschheit und neugierige Hinterlist gehört und sie dadurch viele Spione vorausschicken. Das Bier ist gut und bekommt auch jeder Mann zum Kaffee eine Semml, zum Mittag eine warme Suppen, Schweinernes oft und mit Gemüse und zum Nachtmahl reichlich Bier und zwei Pfund Brot am Tag.

Vor Bamberg, am 17. Juni

Die Mutter daheim in Kirchdorf wird schön schimpfen, wo wir schon wieder gemütlich im Biwak liegen und die Preußen nicht jagen und daheim ist das Heu noch nicht ganz herin und das Holz liegt noch im Holz. Der Krieg strengt nicht so an wie die Arbeit. Der Hauptmann hat wieder gesagt, wir

müssen auf die preußischen Agenten, wo keine Uniform nicht tragen, sakrisch aufpassen. Aber wir können sie leicht an der preußischen Sprach erkennen, hat er gesagt.

Zwischen Bamberg und Schweinfurt, am 20. Juni

Der geschneckelte Secondelieutnant Gilbert Feichtinger aus München hat sich einen halben Dukaten bei mir geliehen. Er ist immer müd, weil er fast jede Nacht zum Kundschaften unterwegs ist. Wir sind in ein neues Biwak avanciert und vier Stunden lang marschiert. Das nennt man militärisch einen Flankenlauf und bekommt man Seitenstechen davon, aber nicht vom feindlichen Bajonette sondern von der eigenen Rippen. Hab oft an die Oberhofer Zenz denken müssen, weil sie den Xaver aus Untermoos nicht eingezogen haben indem daß er zu schwach ist. Und wer weiß, während wir die Preußen umlegen, was er mit der Zenz tut. Dafür ist er nicht zu schwach.

Vor Schweinfurt, 22. Juni

Gute Stimmung in der Kompanie. Der Wolf Hermann aus Miesbach und ich haben drei Agenten verhaftet. Sie sprechen kein Wort von unserer Sprach und sind bestimmt Preußen. Morgen früh kommt der Hauptmann aus dem Regimentsquartier zurück und dürfen wir mit Belohnung rechnen. Es regnet gar viel und die Luft ist dämpfig. Der Secondelieutnant Feichtinger ist wieder auf Nachtaufklärung gewesen und ganz zerkratzt worden. Er hat als erster Feindberührung gehabt hat er gesagt und sich wieder einen halben Dukaten geliehen. Die Aufklärung ist das teuerste am Krieg, glaub ich.

Vor Schweinfurt, 23. Juni

Der Hauptmann hat unsere Agenten wieder laufenlassen. Sie wären keine gewesen, hat er gesagt. Er ist sehr blamiert gewesen und hat viel geschimpft, weil wir den Apotheker, seinen Gehülfen und den Lehrer von hierorts, wo allesamt Franken sind, eingefangt haben. Es gibt auch keine Belohnung für das Fangen von Franken.

23. Juni, auf einem Feld immer näher bei Berlin

Gestern nacht haben wir zum erstenmal richtig geschossen. Eine Kugel ist durch meine hölzerne Feldflasche gegangen bei dem Kampf an unserem Biwak. Nach zwei Stunden hat es dann geheißen, daß es wieder keine richtigen Preußen gewesen sein sollen, sondern Württemberger oder Hessen, wo eigentlich Verbündete wären. Aber wir haben sie nicht erkannt und sie uns auch nicht. Die anderen haben vier Verwundete weggetragen, wir keine, obwohl unser Leutnant nicht da war. Er war wieder bei der Aufklärung. So hat es nicht als Sieg gegolten, aber meine Feldflasche ist hin und habe ich nichts beim Marschiern.

29. Juni, im Feindesland

Der Krieg ist nimmer schön. Wir müssen ständig umeinander marschieren und kommen gar nicht zum Abkochen. Und die Offiziers streiten sich herum. Im Biwak gibt es kein Lagerstroh und auch kein Brennholz nicht. Das Wasser aus dem Bach wäre für das Vieh nicht recht, aber wir müssen es trinken und die Pomadetiegel im Hauptquartier saufen vielleicht einen franzesischen Schlammpannjer oder kriegen am End gar das gute Bier. Viele haben schon die Scheißerei. Es wäre schlecht, wenn jetzt der Feind käm. Aber so schnell schießen die Preußen nicht. Vom Secondelieutnant bekomm ich schon drei Dukaten; hoffentlich erschießt ihn der Feind nicht, wo er immer auf Nachtstreife ist. Der Hauptmann hat gesagt, daß er bald Landkarten bekommt, wo er feststellen kann, wo wir sind. Er sagt immer, ihm wär der Krieg in der Nähe von Straubing lieber gewesen, weil er sich da auskennt wie in seiner Hosentaschn. Was wird nur werden, wenn wir in Berlin angreifen? Wo keiner von uns weiß, wie es dort ist?

1. Juli, weit im Feindesland

Heut haben wir die ersten Preußen gesehen. Wir haben gleich vor Freud in die Luft geschossen und

gesungen: »Wenn das die armen Preußen wüßten, daß sie jetzt gleich sterben müssen«. Aber die verstehen keinen Spaß. Haben gleich aus 600 Schritt zurückgeschossen. Und direkt auf die Leut. Und viel schneller als wir können. Es ist das berühmte Zündnadelgewehr, sagt der Hauptmann. Es ist aber nichts passiert, weil wir uns in den Dreck geschmissen haben. Das darf ich daheim nie erzählen, sonst lachen sie im Wirtshaus, weil es keine Tapferkeit nicht ist. Und die Zenz rennt vielleicht wegen der Schand zum Xaver.

2. Juli, bei Neustadt

Die Preußen sind wieder wie vom Erdboden verschluckt. Sie kennen sich hier bei ihnen im Norden heroben viel besser aus wie wir. Aber wehe, wenn sie nach Straubing oder zu uns nach Kirchdorf kommen. Der Hauptmann hat heute Landkarten gekriegt. Sie sind aber von der Bamberger Gegend, wo wir vor zwei Wochen gelegen sind und Berlin ist nicht drauf. Aber es hat eine moralische Wirkung. Ich hab dem Secondelieutnant vorgeschlagen, er soll nach Wilderern fragen, wenn es solchene da gibt, die könnten uns den Weg weisen. Aber er hat nur gelacht und sich wieder einen halben Dukaten geliehen.

4. Juli, Biwak im Wald

Müssen jetzt nah bei Berlin stehen. Der Krieg ist nicht mehr so schön wie am Anfang. Drei Tag lang kein Bier und es fehlen Socken. Die Preußen lassen sich auch nicht blicken, haben aber gerade bei Hünfeld unsere Reiter vom Prinzen Taxis in die Flucht geschlagen mit ihren Kartätschen. Es wird viel gelacht über die stolzen Kürassier, die immer auf dem hohen Roß sitzen und davongelaufen sind vor den dummen Preußen. So wird dem Krieg nie ein End. Ach Zenz.

5. Juli, Waldstück

Heute nachmittag sind wir den Preußen zwei Stunden lang Aug in Auge gegenübergelegen. Weil sich nicht viel gerührt hat, haben wir uns eine schöne Kriegslist ausgedacht. Dem Schmieder Sepp und mir ist eingefallen, daß die Preußen alle Emil mit dem Vornamen heißen und wir haben einfach »Emil« hinübergeschrien und prompt hat einer

»hier« gerufen und ist aus der Deckung herausgesprungen. Da haben wir ihm eine hinaufgebrannt. Kurz darauf wollten sie uns hereinlegen und haben immer »Sepp« gerufen. Da hat der Sepp zurückgerufen: »Ja Emil, bist es du«. Und da ist der Emil wieder hervorgesprungen, und wir haben ihm noch eine hinaufgebrannt. Wir haben eine Mordsgaudi gehabt, aber das hat der Feind nicht erleiden können und haben sie die Artillerie geholt und eine Stunde lang herübergeschossen. Gefährlich war es schon, aber das war uns der Gschpaß wert.

6. Juli, irgendwo seitlich von Berlin

Der Unteroffizier schimpft immer, weil wir noch keine schöne Schlacht haben. Er sagt, erst muß noch das silberne Geschirr und das Porzellan vom Generalstab kommen und die fahrbaren Scheißhäusl und der Friseur vom Prinzen Karl, wo unser Feldherr ist. Mir wär es recht, wenn der Krieg zu End wär. Aber der Herr Feldkurat sagt, die Entscheidung steht bevor und wir müssen uns nicht fürchten. Die himmlischen Heerscharen sind auf unserer Seite, weil die anderen den falschen Glauben haben. Bis jetzt hat sich aber keiner von den seinigen blicken lassen.

7. Juli, nicht mehr so weit im Norden

Der Schmieder Sepp aus dem Nachbardorf hat einen preußischen Essenholer getroffen. Er hat ihm gleich die Stiefel ausgezogen. Ich wollt bloß die Socken. Aber er hat gemeint: Schieß dir selber einen. Es ist wenig Kameradschaft in unseren Reihen.

8. Juli, vor Kissingen

Der Leutnant reitet immer zur Aufklärung. Es heißt, in der Stadt sind edle Frauen und holde Jungfrauen aus viele Länder, die wo sich dort der Kur hingeben. Die Preußen haben angegriffen. Wir haben sie nicht gleich gesehen, weil es endlich wieder Bier gegeben hat. Die Kugeln sind dahergesaust wie die Maikäfer und ganz wild hat es gepfiffen. Und sie haben mit einer Acht-Pfünder-Kanone geschossen. Das hat vielleicht gepumpert und mir das Herz auch. Sie haben viel lauter Hurra geschrien wie die unsrigen, aber wahrscheinlich vor lauter Angst. Wir sind retiriert, aber nicht weit und nicht schnell. Sie nehmen den Krieg furchtbar ernst und sind wie Ma-

schinen, hat der Hauptmann gesagt. Es macht keinen Spaß mehr und ich möcht jetzt heim. Oder einen anderen Feind. Die Arbeit ist doch schöner wie der Krieg mit den Preußen. Dabei hat der Apotheker in Miesbach immer gesagt, das soll ein Bruderkrieg sein. Saubere Brüder sind das. Mit denen möchte ich nicht im Schlaf verwandt sein.

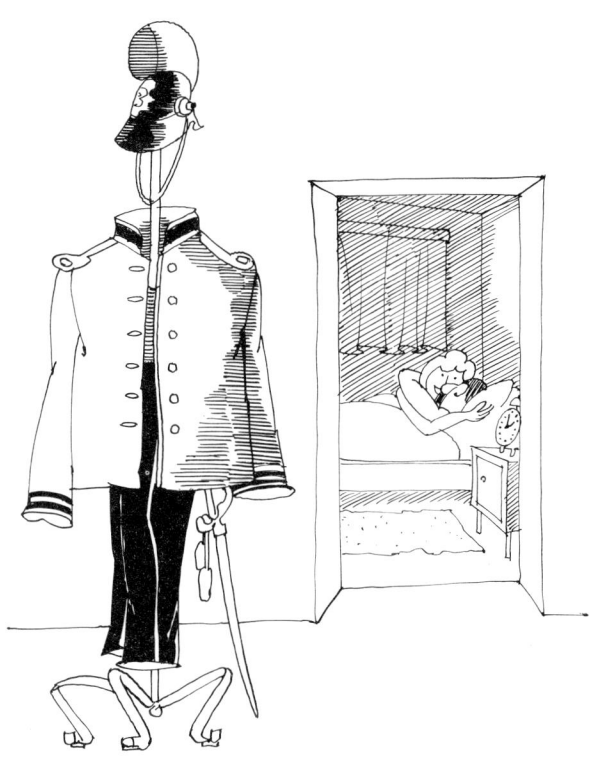

9. Juli, vor Kissingen

Gestern haben die Preußen um vier Uhr in der früh attackiert. Ihnen ist nicht einmal die Nachtruhe heilig. Es hat getan wie eine Karfreitagratschn. Aber wir weichen nicht. Alle haben jetzt eine große Wut im Bauch. Arme Preußen!

Nürdlingen, hinter Kissingen, 12. Juli

Zwei Tage lang hab ich nichts aufgeschrieben, weil ich so müd und zerschlagen gewesen bin. Wir haben unsere Schlacht gehabt und sie hat teilweise im Saal stattgefunden, was von Vorteil für uns gewesen ist, weil da hat uns keiner auskommen können. Wir haben gekämpft wie die Löwen, zuerst an der Saale-

Brücke, im Kurgarten und dann in den schönen Hotels, wo allerlei beschädigt worden ist. Aus dem »Bayerischen Hof« haben wir die Preußen hinausgeschmissen. Im Nahkampf ist unsere Kompanie am besten. Es ist wie vor drei Jahren beim Oberwirt in Ebersberg gewesen bei der großen Schlägerei um die Kathi vom Bürgermeister, was sogar in der Zeitung gestanden ist. Wir sind drückend überlegen gewesen im Kampf Mann gegen Mann. Jeder hat seinen Preußen im Schwitzkasten gehabt und wir haben sie hin- und hergebeutelt. Grad schön wars. Und der Secondelieutnant Feichtinger, den haben wir befreit aus dem Zimmer 21 im zweiten Stock, wo er eine ausländische Dame beschützt hat. Ihr Gwand war schon ganz herunten vom Nahkampf. Wir haben nicht geschossen, aber die Fäuste und die Kolben fliegen lassen, obwohl die Preußen ganz schön zurückgeschlagen haben. Aber es hat ihnen nichts genützt, sie haben zwar Schädel wie aus Eisen, aber nicht hart genug für uns. Viele haben sich ergeben und ganz dantschig geschaut. Sie haben doch kein Herz aus Stein, wie der Herr Pfarrer immer behauptet. Und jetzt kommt es: Wir haben sie mordsmäßig geschlagen und trotzdem haben die Offiziers Order zum Rückzug gegeben. Jetzt liegen wir wieder draußen vor Kissingen. Das ist doch kein gescheiter Krieg, wo man zuerst seinen Feind herhaut und dann doch nicht gewinnen darf. Und zurück muß in die Schanz. Da stecken bestimmt die Bolidischen dahinter. Der einzige Trost ist, daß ich sowieso keinen Lorbeerkranz gar nicht anziehen kann, weil mir der Schädel noch so weh tut, von dem Gewehrkolben, den mir der Schmieder versehentlich hinaufgehaut hat. Aber ich darf ihm nicht bös sein, weil es war im Kampfesrausch und er hat seinen Schwung nicht mehr derbremsen können.

Geroldshofen hinter Schweinfurt, 14. Juli

Den ganzen Tag haben wir auf den Angriff der Preußen gewartet. Es gibt immer noch welche, obwohl wir in Kissingen so aufgeräumt haben. Wir waren so schön verschanzt, aber sie sind einfach vorbeigezogen.

Bei Würzburg, 26. Juli

Sind viel marschiert. Sie geben keine Ruhe. Die Preußen müssen schon besonders greisliche Weiber daheimhaben und keine Arbeit auf dem Hof, weil sie nicht aufhören. Vom Secondelieutnant Feichtinger krieg ich jetzt schon acht Dukaten. Es wird von Waffenruh geredet, trotzdem daß wir jetzt wieder weiter weg sind von Berlin als am Anfang. Ach Zenzi.

München, 8. August

Zurück in der Kaserne. Fast zwei Monat hat der unselige Krieg gedauert und der Hauptmann sagt, wir hätten verloren, obwohl wir in Kissingen so gesiegt haben. Ich glaub, daß sie uns beschissen haben. Acht Dukaten kostet mich der Krieg, weil der Secondelieutnant Feichtinger ist vermißt und von einer Aufklärung in einem Würzburger Lyzäum nicht zurückgekommen. Der Hauptmann hat jetzt viele Landkarten, aber er braucht sie nicht mehr.

Daheim in Kirchdorf

Die Mutter hat furchtbar geschimpft, weil die Ernte schon begonnen hat und ich keine Gefangenen für die Arbeit mitgebracht hab. Der Vater redt nix mit mir, weil wir verloren haben. Im Wirtshaus lästern sie immer, ich soll was von den Berliner Jungfrauen erzählen, die jetzt keine mehr sind. Und die Zenz hat den Xaver genommen. Mir tut alle drei Tag der Kopf scheußlich weh von dem Schlag vom Schmieder Sepp. Ich zieh nie mehr gegen die Preußen ins Feld. Das bringt keine Ehr. Sie können nicht verlieren. Müssen immer den letzten Schuß haben. Und wenn sie uns hundertmal zu Deutsche machen wollen. Ich bleib halt heimlich ein Bayer.

V. Deutsch und Bayerisch

1. Sprachprobleme der Preußen

A. | Preußen mißachten die Sprachlogik |

B. | Preußen gebrauchen den Genitiv |

C. | Preußen gebrauchen das Imperfekt |

Was schon in anderen Lehrfächern erläutert wurde, gilt auch für den Bereich der Sprache: der Preuße ist an sich recht begabt, es kommt nur darauf an, was man aus ihm macht. Von seinen Sprechwerkzeugen her ist der Preuße bestens ausgerüstet, weshalb er auch meist sehr gerne, sehr viel und sehr schnell spricht.

Aber mit den Sprachkenntnissen steht es nicht zum Besten: Deutsch sprechen viele Preußen sogar recht ordentlich, wobei sie aber auch ihren eigenen Dialekt meist irrtümlich mit Hochdeutsch verwechseln. Wenn sie statt »nein« einfach »nö« oder »nee« sagen, halten sie das ganz selbstverständlich für hochdeutsch und amüsieren sich über den Dialekt der Bayern und Schwaben, weil diese »naa« oder »noi« sagen.

Davon werden aber gottlob die zwischenmenschlichen Beziehungen im Fremdenverkehr kaum belastet, weil die Preußen sowieso nie »nein« sagen. Und wenn ein bayerisches Madl die Form der verstärkten Verneinung gebraucht: »Ohnaanianet«, dann versteht der Preuße dies sicher als moralische Ermahnung und damit fälschlicherweise als Aufforderung zum Duett.

Während viele Bayern sich bemühen, auch deutsch als erste Fremdsprache zu lernen, können die meisten Preußen überhaupt nicht bayerisch. Ja, viele Preußen sind des Englischen und Französischen leidlich mächtig, haben aber mit dem Bayerischen die größten Schwierigkeiten, weil es in den Preußischen Schulen nicht gelehrt wird.

Was jedoch den Preußen im bayerischen Fremdenverkehr als erster Sprachunterricht angeboten wird, ist ebenfalls höchst unzulänglich. Denn mit den Begriffen »Oachkatzlschwoaf« und »Loabitoag« kommt man im Alltag nicht weit und im Liebesleben kann ihre Anwendung allenfalls zur Beleidigung führen. Auch die noch so oft geübte Konjugation von »Wenn i an Schmei hätt, schnupfat i'n« führt in einer intimeren Konversation kaum weiter. Die Verständigung des Bayern mit dem Preußen klappt ohnehin am besten, wenn der Preuße nicht versucht, ein Gastarbeiter-Bayrisch zu radebrechen, sondern wie der Bayer so spricht, wie ihm von Natur aus der Schnabel gewachsen ist – gleichgültig, ob hessisch, rheinisch oder friesisch. (Siehe dazu auch die Kapitel über ›Originalpreußen‹ und ›Bavareußen‹.)

Die sogenannten ›Saupreußen‹ und die ›Trachtenpreußen‹ (siehe dort) versuchen aber immer wieder, die natürlichen Sprachbarrieren zu überspringen und bayerische Sprachkenntnisse vorzutäuschen. Dies ist aber leicht zu entlarven, weil daraus meist nur eine Dialekt-Imitation wird – ohne Kenntnis der bayerischen Sprachlogik und der bayerischen Grammatik (ausführlich dargestellt in dem Lehrbuch: 999 Worte Bayrisch von Johann Lachner, Südd. Verlag).

Wie erkennt man nun die Versuche preußischer Redakteure, bayerische Originalzitate zu erfinden, oder die Tricks preußischer Werbetexter, mit folkloristischen Reklamesprüchen bayerische Käufer aufs Kreuz zu legen, sofort als Fälschungen? Dazu nur ein paar einfache Hinweise, die einen gründlichen bayerischen Sprachkurs nicht ersetzen können.

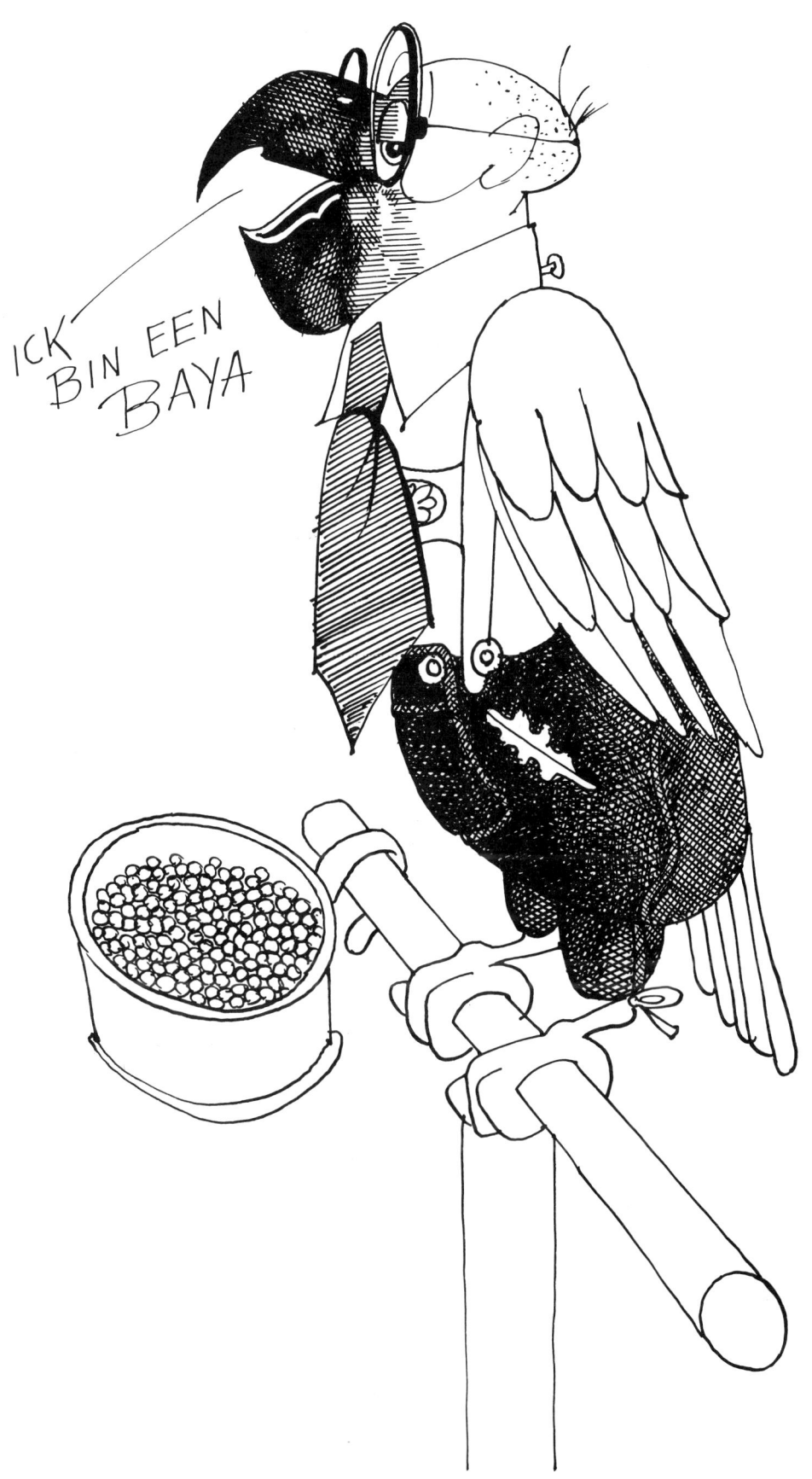

A. Preußen mißachten die Sprachlogik:

Dies wird am deutlichsten im Bereich der Gastronomie. Wer etwa Schweinebraten, Rinderbraten oder Schweineschnitzel sagt, ist ein Preuße. Der Bayer kann sich nämlich ein Schnitzel oder einen Braten gar nicht so groß vorstellen, daß man dafür Fleisch von mehreren Schweinen oder Rindern bräuchte; deshalb sagt er logischerweise Schweinsbraten, Rindsbraten, Schweinsschnitzel. Umgekehrt ist ein Semmelknödel etwas Unmögliches, weil man aus einer Semmel keinen Knödel, geschweige denn mehrere machen kann. Folglich heißt es Semmelnknödel(n). Strenggenommen hieße es demnach auch Kartoffelnknödeln, aber hier ist auch ›Kartoffelknödeln‹ möglich, weil der Bayer zwischen einem ›Kadoffe‹ und zehn ›Kadoffe‹ in Einzahl und Mehrzahl keinen Unterschied macht.

B. Preußen gebrauchen den Genitiv:

Wenn jemand einen bayerischen Satz imitiert, in dem ein Genitiv oder ein Relativsatz im Genitiv (deren, dessen) vorkommt, so handelt es sich um einen Preußen. Denn der Bayer gebraucht keinen Genitiv, weil er ihn nicht braucht. Er kann die damit ausgedrückte Zuordnung mit der Präposition ›von‹ oder dem besitzanzeigenden Fürwort plus Dativ genauso erzielen. Damit wird nämlich gleich das Wesentliche der Zuordnung festgehalten, nämlich die Besitzverhältnisse.

Beispiele:

Es heißt nicht »die Frau des Bäckers« oder gar »Müllers Kuh«, sondern »dem Bäcker seine Frau« und »dem Müller seine Kuh«, desgleichen »der Resi ihr Mo« oder »der Susi ihr Verflossener«; »Fischers Fritze« – ist in Bayern »dem Fischer sein Fritzerl«. (Nebenbei eingeflochten: die Verkleinerungsform -chen im Preußischen und -le im Schwäbischen heißt im Bayerischen -erl: Süppchen, Süpple, Supperl.)
Entscheidend ist, daß sprachlich klar hervorgeht, wer wem gehört und wem für was Eigentumsrechte oder Verantwortung zukommen, etwa: »Dem Huber sein Kater hat der Meierin ihren Kanari gfressen.« Beim Relativsatz ist es ähnlich: »Der Huber, dem sein Kater den Kanari von der Meierin gfressen hat, läßt ihr ausrichten, daß sie die Federn von ihrem Vogel jederzeit unter de Bäum von seim Garten aufsammeln kann.« Die Wörter ›deren‹ und ›dessen‹ sind überflüssig.

C. Preußen gebrauchen das Imperfekt:

Bayerische Sätze, in denen ein Imperfekt vorkommt, sind ebenfalls sofort als preußisches Imitationsprodukt entlarvt. Der Bayer ›wußte‹ nie etwas, ›sagte‹ auch nichts und ›ging‹ noch nie irgendwohin. Er lebt vielmehr voll in der Gegenwart und hat die Vergangenheit bereits so bewältigt, daß sie für ihn perfekt abgeschlossen ist. Darum verwendet er für alles Vergangene das Perfekt: »I hab ja glei gsagt, daß de a guats Bier habn, weil i's gwußt hab, und drum bin i higanga.«
Das Perfekt bringt auch zum Ausdruck, daß der Bayer einmal getroffene Entscheidungen für endgültig und nicht mehr revidierbar hält: »Was i gsagt hab, des hab i gsagt und was kauft is, des is kauft.«
Die Feinheiten der bayerischen Sprache sind damit natürlich noch keineswegs erschöpfend dargestellt, denn es geht hier ja nur um die einfachsten Erkennungsmerkmale für dialektnachahmende Preußen. Dazu gehörte eigentlich auch noch der komplizierte bayerische Konjunktiv (»Hunger hätt i«) oder die Männlichkeit der bayerischen Zahlen. Der bayerische Soldat steht nämlich nicht ›wie eine Eins‹, sondern – falls er nicht sitzt – ›wiar a Oanser‹ und ein bayerischer Schüler hat im Zeugnis niemals ›eine Sechs‹, sondern höchstens ›einen Sechser‹.
Doch selbst wenn man die wichtigsten Regeln der bayerischen Grammatik und die bayerische Sprachlogik tatsächlich schon beherrschen sollte, kommt es dann im Umgang zwischen Bayern und Preußen vor allem darauf an, die Sprache auch psychologisch richtig anzuwenden: das heißt, das rechte Wort am rechten Platz. Davon handelt das nächste Kapitel.

2. Sprachlehre: Rede und schreibe ich richtig?

A. | In der Autokolonne |

B. | In einem bayerischen Wirtshaus |

C. | Wir entschuldigen uns |

D. | Beim Liebeswerben |

E. | In der Telefonzelle |

Entscheidend für die Beziehungen zwischen den beiden Völkern ist vor allem die sprachliche Verständigung, die in beiden Richtungen noch stark im Argen liegt. Unsere Beispiele aus dem täglichen bayerischen Leben und seinen Streß-Situationen richten sich daher wechselweise an bayerische wie an preußische Schüler, in der sicheren Erwartung, daß beide aus allen Exempeln einiges lernen können.
Wir machen fünf Übungen.

A. In der Autokolonne

Die Situation:
Wir befinden uns in einer fast stehenden Autokolonne bei Erding, ein Wagen mit norddeutschem Kennzeichen versucht, sich an uns vorbeizudrängen. Wir haben dem Autolenker vermittels Handzeichen höflich angedeutet, daß er nach unserer Meinung einen Vogel haben müsse, was dieser mit der Bemerkung kontert: »Wat kann denn ick dafür, daß Ihr Bayern so transusig seid?«

> **Aufgabe:**
> Versuche herauszufinden, was der Herr damit gemeint haben könnte, übersetze es für dich und gib dann eine passende Antwort. Achtung: Es eilt!

Interpretationsmöglichkeiten:
Im wesentlichen bieten sich zwei Interpretationsmöglichkeiten an. Die Bemerkung des Herrn könnte als Beleidigung gemeint sein, etwa im Sinne von »lahmarschig«, »mit einer langen Leitung ausgestattet« oder so etwas ähnliches heißen. Wir über-

prüfen diese Möglichkeit, schließen sie aber aus, weil in diesem Fall – und angesichts der vielen Erdinger Autos in der Kolonne – der Mann verrückt sein müßte, was aber undenkbar ist, wo er doch einen so schönen Wagen fährt.

Naheliegender ist vielmehr die folgende Erklärung: Der Herr hat gemeint, er könne nichts dafür, daß er ganz schnell zu seiner bayerischen Susi müsse, an der einiges dran ist oder bei der er heute noch – wie er sich in einem mißglückten bayerischen Dialektversuch ausdrückt – »was drahn« (drehen, bewerkstelligen, fummeln) wolle.

B. In einem bayerischen Wirtshaus

Situation:
Ein Mann kommt in ein Passauer Wirtshaus, bestellt einen Liter Bier samt Rettich und Butter und findet an dem Gebrachten etwas auszusetzen. Überlege, wie er sich ausdrücken muß, wenn er weiterhin bedient werden will. Denke nach, wie die Kellnerin auf die verschiedenen Versuche reagieren wird.

1. Versuch:
Der Herr sagt: »Fräulein, dieser Krug ist nicht korrekt eingeschenkt und die Butter hat leider einen Stich.«

Lösung:
Die Kellnerin sagt: »Des mog i scho: a Preiß! Dahoam haun sa ses Mei ans Tischeck hi und kaum sans im Ausland, führn se se recht auf.« Sie nimmt den Krug mit und bringt ihn eine Viertelstunde später wieder. Der Krug ist nicht voller, dafür ist das Bier jetzt schal.
(Der erste Versuch ist also eindeutig falsch.)

Lösung:
Wir bedeuten unserem Ansprechpartner höflich, aber bestimmt mit einem schnellen Halbsatz, daß es sich für einen Menschen seiner Abstammung nicht gehört, sich an bayerischen Landeskindern zu vergreifen. In der Langfassung müßte unsere Antwort lauten: »Das ist ja sauber, wenn Sie schon wieder bei der Susi dran sind, Sie Draufgänger, Sie preußischer!« Wegen der gebotenen Eile deuten wir den Satz nur in bayer. Stichworten an: »Saubär, preußischer!« oder gebrauchen die landesübliche Kurzfassung: »Saupreiß!«

2. Versuch:
Der Herr sagt: »Zenzi, erklärns doch bittschön a moi eanam betrügerischen Wirt, daß ma aus oam Bier höchstens sechs Hoibe macha derf und net an Hektoliter. Außerdem is der Butta dermaßn ranzig, daß i den ned amoi ois Romadur megn dat und der belzige Radi geat vielleicht ois Nudelholz, bestenfalls.«

Lösung:
Die Kellnerin antwortet (leicht beiseite): »A so gscherter Ramme, so a Saupreiß, a ungarischer preißischer.« Nimmt alles mit und läßt sich die nächste Dreiviertelstunde nicht mehr blicken. (Der zweite Versuch ist ebenfalls nicht empfehlenswert.)

3. Versuch:

Der Mann sagt: »Bitte, liebes Frollein, hier haben se mal fünf Märker Trinkgeld für Ihre Dingens, ihre Mühe, nidawa, und jetzt bringse mir bitte nochmal so ein frisches Maß und so einen schönen weißen Rettich. Nich wahr, – der dufte Geschmack von der Butter, der is mal wieder typisch, so wat jibt es nur in Bayern!«

Lösung:

Die Kellnerin antwortet: »Jawoi, liaba Herr, aber freili, lassen Ses eana nua schmecka, unsere bayerischen Schmankerl, gellns! (leicht beiseite:) So was Freindliches, und wiara se scho perfekt auskennt bei uns, is ebn a besserer Herr, a Auswärtiger.«

> Merke: Ob einer ein Bayer oder ein Preuße ist, hängt davon ab, wie er sich gerade benimmt!

C. Wir entschuldigen uns

Situation:

Wir sitzen in einem Lokal neben einer vornehmen fremden Dame. Als wir dem Ober die über den Tisch gereichte Suppentasse abnehmen wollen, kommt sie uns aus und fällt unglücklicherweise der fremden Dame in den Schoß.

Aufgabe:

Bilde verschiedene Sätze, wie sich der feine Bayer in dieser Situation aus der Affäre zieht. (Merke: Die Formulierung »hoppla«, wie sie der Preuße in solchen Fällen gerne anwendet, ist für den bayerischen Gastgeber zuhause ungebräuchlich und nur anwendbar, wenn der Bayer in Norddeutschland auftritt, zum Beispiel einem Passanten auf die Zehen.)

Lösungsmöglichkeiten:

a) Die sachlich-verbindliche Lösung:

»Hoaßteifi! Des werd Eana jetzt zwider sei!« (Hier wird die Ursache für das Mißgeschick erklärt und Verständnis für die peinliche Situation der bekleckerten Dame gezeigt.)

b) Die knapp-elegante Lösung:

»Jessas!«
(Eine stärkere Form, die größeres Bedauern ausdrücken würde, wäre »Jessas, na, oh mei, oh mei!« Sie ist daher nur bei wirklich gravierenden Vorkommnissen zu empfehlen, etwa wenn man versehentlich einen Polizisten an einer Kreuzung umgefahren hat. Im gleichen Sinne wie »Jessas« wird auch »oha« verwendet – stärkere Form: öha, sagi; der besseren Verständlichkeit wegen allerdings hauptsächlich im innerbayerischen Entschuldigungsbetrieb.)

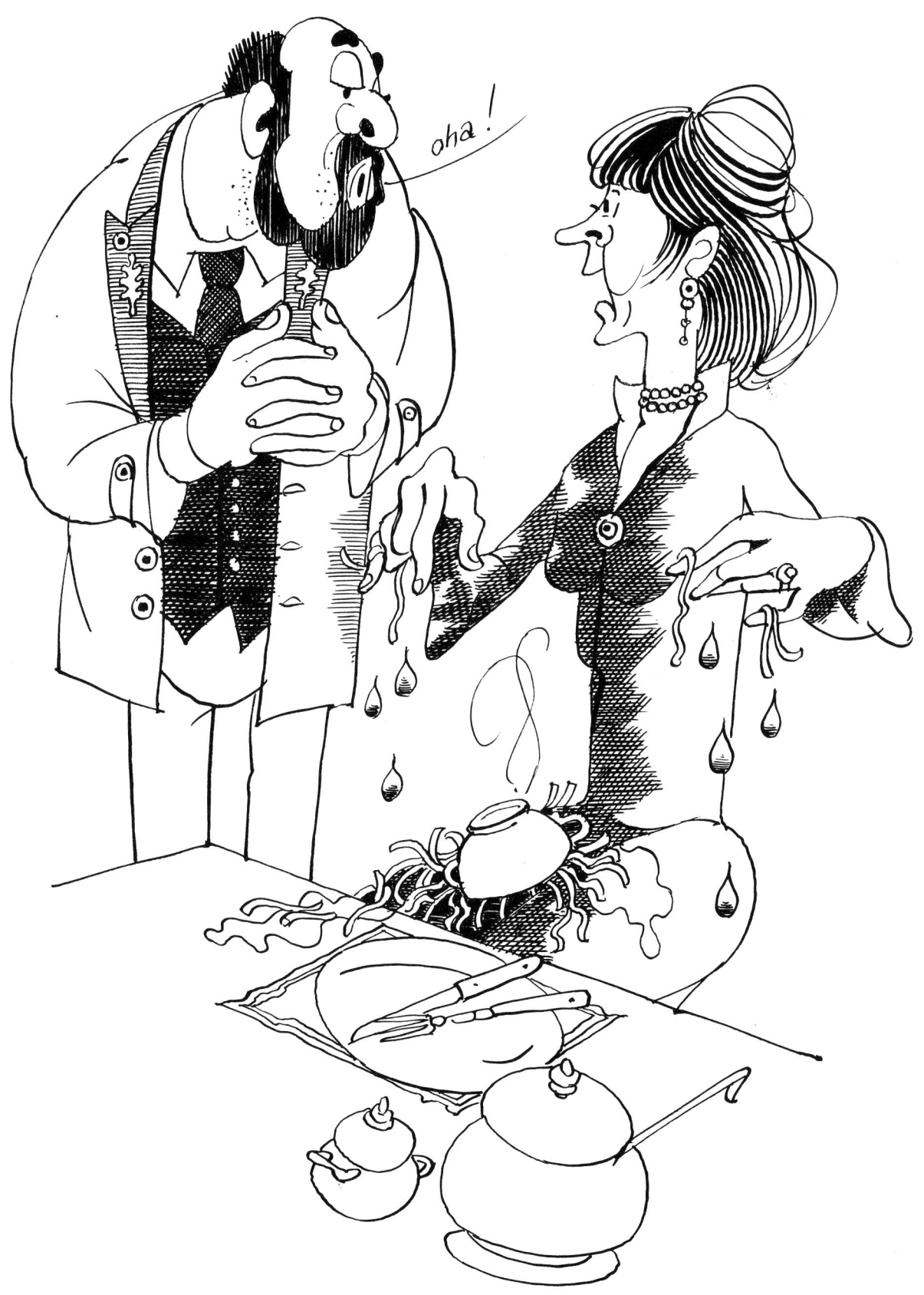

106

c) Die eloquent-elegante Lösung:

»Mensch, is de verdammte Tassn hoaß, gehns Herr Ober schauns her, wos da ogricht ham. De Nudln komma ja fast nimmer verwenden. Jetzt bringas aber sofort a neie Suppn.« (Die Lösung hat den Vorteil, daß man mit ein paar anschließenden Bemerkungen über den erlittenen Verlust und die Unzuverlässigkeit des heutigen Dienstpersonals zwanglos mit der betreffenden Dame ins Gespräch kommt. Das Angebot, sie dürfe jederzeit umsonst von den Nudeln auf ihrem Kleid kosten, »i mags eh nimmer« oder – im Falle einer Goulaschsuppe – eine leutselige Warnung vor deren Schärfe, wird die Atmosphäre endgültig entspannen.

d) Die spontan-offene Lösung:

»Mei Scheiße, Fräulein, des hab i net wolln. Derfans ma oane runterhaun!«
(Wenn die Aggressivität des Betroffenen durch die Demutsgeste der angebotenen Wange unterlaufen ist, empfiehlt sich sofort die Umdeutung des Unglücks in einen relativen Glücksfall, zum Beispiel: »Guat, daß' eh nimmer hoaß war« oder »Gottseidank war's koa Spinat, da daten's sauber ausschaugn.«)
Die Lösung besticht durch ihre Spontaneität und Herzlichkeit, birgt allerdings die Gefahr, daß die so

um Entschuldigung Gebetenen – speziell Männer! – von dem Angebot spontan Gebrauch machen. Daher nicht sinnvoll, wenn anzunehmen ist, daß diese symbolisch gemeinte Einladung den eigenen Vorstellungen des Betroffenen von der Behandlung eines peinlichen Zwischenfalls stark nachkommt.
Beispiel: Man wird vom tobenden Ehemann bei dessen Gattin angetroffen. Riskiert man dieses Modell der Entschuldigung trotzdem, empfiehlt sich nach prompter Ausführung der zur Mäßigung mahnende Nachsatz: »Oane hab i gsagt!«

e) Die zweifelhafte Lösung:

»Mei, tuat ma des leid, so a guats Supperl, war gwiß no recht schee hoaß gwen, weils gar so dampft.« (Anfangs gut, weil gewisses Bedauern andeutend. Die Fortsetzung ist noch verbesserungsfähig, weil nicht ganz verständlich. Zur Erläuterung müßte mindestens noch hinzugefügt werden, daß in Bayern die Suppen gewöhnlich lauwarm serviert werden, so daß es besonders schade ist, wenn eine endlich einmal richtig auf den Tisch gekommene Suppe so unsinnig verschleudert werde.)
Merke im übrigen grundsätzlich: Allzu devote oder deutlich erkennbare Entschuldigungen gelten in Bayern als unmännlich.

D. Beim Liebeswerben

Die Situation:

Du willst einer bayerischen jungen Dame erklären, daß du nicht ganz verstehen kannst, warum sie deinem mit der Aufforderung »Pack ma's?« ebenso gutgemeinten wie dringlichen Liebeswerben so reserviert gegenübersteht. Du brauchst eine treffende landesübliche Anrede, die einerseits deiner Verwunderung über ihr Zaudern beredten Ausdruck verleiht, andererseits aber dein heftiges Verlangen unterstreicht.
Benutze nun dein gewohntes hochzivilisiertes Vokabular, verwende aber der verblüffenden Wirkung halber die folgenden Anredewörter:
Krampfhenne (bayerisch für epileptisches Huhn)
Zwiderwurzen (bayerisch für unwirsche Wurzel)
Heigeing (bayerisch für Heugeige = getrocknete Gras-Violine)

Aufgabe:

Setze die Anreden richtig in Sätze ein, in denen du folgendes zum Ausdruck bringen willst.
1. Du wüßtest wirklich nicht, weshalb sich ausgerechnet eine solche ... so ziere, wo man doch allgemein höre, daß gerade sie sonst auch nicht so sei.
2. Leider sei es so, daß du halt auf diese ... reingefallen seist, weil eben sonst gerade niemand in der Nähe gewesen sei!
3. Im übrigen sei ohnehin noch gar nicht klar, ob dir eine leidenschaftliche Liebesbeziehung mit einer solchen ... wie ihr überhaupt zuzumuten sei.

Sprich nun die Sätze in direkter Rede, übersetze sie ins Bayerische und bilde eigene weitere Beispiele.

Steigere nun die Wirkung der Anredewörter durch
folgende Adjektiva:

greißliche

oide

zammazupfte

Überlege, welche Adjektive zu welchen Hauptwör-
tern passen. Entnimm die Antwort dem rechts stehenden Diagramm:

108

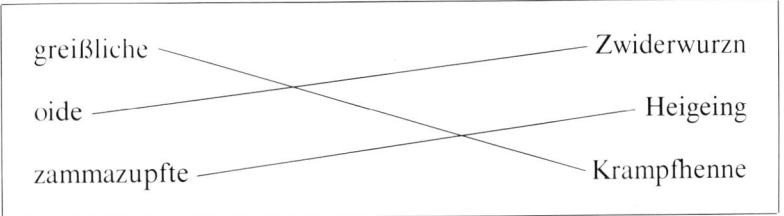

greißliche	Zwiderwurzn
oide	Heigeing
zammazupfte	Krampfhenne

Achtung:

Das Wort »Heigeing« ist unabhängig davon zu gebrauchen, ob sich der Vorfall im Heu abspielt. Er ist vielmehr allegorisch zu verstehen, auch wenn sich im Heu nichts geigt: die Dame erweist sich als Klangkörper, der auch für einen geübten Streicher nicht bespielbar ist.

Zusatzaufgabe:

Sende diesen Problemfall unter dem Stichwort »Lustobjekt« zur Beratung an die Zeitschrift ›Emma‹ ein mit der Anfrage, ob du etwas falsch gemacht hast, etwa besser den Ausdruck »Ziefern verschrobne« hättest gebrauchen sollen oder ob es sich eventuell um das in Bayern sonst noch kaum verbreitete Frauenleiden »emanzipatio feministica« handeln könne.

E. In der Telefonzelle

Die Situation:

Du befindest dich auf der Heimfahrt von einer Dienstreise von Füssen nach München. Du hast dich zuhause zum Mittagessen angesagt – Sauerbraten mit Kartoffelknödel – und versprochen, von unterwegs anzurufen, damit deine Frau genau weiß: jetzt in zehn Minuten ist das Knödelwasser aufzusetzen. Um 11.20 hältst du vor einer Telefonzelle bei Schongau und stellst fest, daß die Zelle besetzt ist. Du kalkulierst dein Risiko: entweder deine Frau legt die Knödel auf gut Glück zu früh ein, dann sind sie verkocht; oder sie wartet bis du heimkommst, dann reicht deine Mittagszeit nicht mehr, bis sie fertig sind. Dein Anruf ist also wichtig und unaufschiebbar. Trotzdem wartest du ruhig und diszipliniert geschlagene dreißig Sekunden und sondierst die Lage. Dabei mußt du leider feststellen: die Dame trägt eine rüschchenbesetzte Trachtenbluse aus einer Oberland-Boutique und kann somit nicht aus der Gegend stammen; sie hat deshalb auch nichts Wichtiges, dieses aber sicherlich lang zu besprechen. Außerdem ist sie etwa Mitte Dreißig, wirkt selbstbewußt und macht nicht die geringsten Anstalten, dich zur Kenntnis zu nehmen oder gar freiwillig aufzuhören. Du beschließt deshalb sofort zu handeln.

Aufgabe:

Überlege nun die verschiedenen Möglichkeiten und ihre Folgen. Bilde geeignete Sätze, mit denen du die Dame bewegen kannst, die Zelle ganz schnell – wenn auch nur vorübergehend – frei zu machen. Beachte: Es handelt sich um eine norddeutsche Dame, womöglich sogar um einen zahlenden Urlaubsgast, also ist besonders feinfühliges Verhalten angebracht. Die Anwendung von Gewalt ist unstatthaft, außer wenn es sein muß. Aber auch bei vorbeugender Notwehr empfiehlt sich die gegenüber Damen gebotene Delikatesse.

Lösungsmöglichkeiten:

a) Die preußisch-militärische Lösung.

Du ziehst plötzlich dein Schlüsseltäschchen heraus, hältst es auffällig ans Ohr und dann an den Mund wie ein geheimes Mini-Walky-Talky. Dabei reißt du die Tür zur Telephonzelle auf und rufst laut, ohne die Dame zu beachten: »Achtung Blautanne, Achtung Blautanne. Alles verstanden. Großmutter hat keine Gelbsucht mehr. Telephonische Weitergabe an Manöver-Hauptquartier erfolgt umgehend. Ende.« Dann steckst du dein Funkgerät geheimnisvoll ein, drückst mit der anderen Hand ganz selbstverständlich vor den Augen der verwirrten Dame die Gabel nieder und machst dabei einen verschwörerischen Gesichtsausdruck.

Bevor sie noch Worte der Empörung oder Fragen herausbringt, legst du den Finger auf den Mund und fragst halblaut: »Sie sind doch Deutsche, hoffe ich?« Wenn sie nickt oder nur staunt, legst du die rechte Hand zu einem militärisch-knappen Gruß an die rechte Stirnhälfte und weist ihr streng sachlich die Tür mit dem Satz: »Gestatten, kurze Unterbrechung, Vorausabteilung zivile Aufklärung. Bedanke mich namens des Bataillons für Verständnis.« Wenn sie immer noch zögert, die Zelle zu verlassen, laß dich auf keine weiteren Auskünfte oder Diskussionen ein: In diesem Fall gibst du ihr vielmehr nach den Worten »Bedanke mich« die Hand, schüttelst sie kräftig, schiebst sie energisch hinaus und schließt die Tür. Falls sie die Türe nochmals öffnet oder sonst auffallend horcht, gibst du auch deiner Frau »verschlüsselte« Anweisungen: »Achtung, Küchenbulle, motorisierter Spähtrupp steht vor Schongau. Knödelkanone sofort vorheizen, erste Einschüsse um 11. 40. Roger. Neue Parole verstanden: erhöhte Vorsicht wegen Trunkenheit am Steuer.«

Dann gibst du mit zackigem Nicken in Richtung Dame wortlos die Telefonzelle frei und hältst nur wieder warnend den Finger vor den Mund.

Vorteil: Militärisches autoritäres Auftreten verfehlt Preußinnen gegenüber seine Wirkung nie. Und nationale Sicherheit hat Vorrang.

Nachteil: Durchschlagender Erfolg nur in schnarrendem Befehlston. Bei zuviel gemütlicher süddeutscher Sprachfärbung kann das Mannöver wegen mangelnder Glaubwürdigkeit ins Auge gehen.

b) Die charmant-bayerische Lösung:
Du schaust die Dame zuerst durch Glastüre und Fenster von allen Seiten liebevoll an, blinzelst ihr zärtlich zu und bedeutest ihr dein wachsendes Interesse, indem du die Musterung ihrer Figur mit anerkennendem Nicken und passenden Gesten begleitest. Dann gehst du wie selbstverständlich in die Zelle und zwängst dich neben sie.

Entweder sie versucht nun, dich zu ignorieren, dann fängst du an, verträumt lächelnd mit ihren Blusenknöpfen zu spielen und ihr leise was ins Ohr zu flüstern, etwa: »Geh, ruck no a bißl, Schatzerl, drauß ziagts so greißlich. Oder is am End was Wichtigs?« Oder sie unterbricht das Gespräch sofort und fährt dich barsch an: »Was wollen Sie hier,

machen Sie, daß Sie sofort rauskommen!« Dann strahlst du sie entzückt an und sagst leise: »Mei, so a siaß Gschmacherl, so a dantschiges und so feirig!«

Sie tut natürlich, als verstehe sie kein Wort und fragt nochmals nach: »Was ist los, was wollen Sie?« Das ist der Moment, wo du schnell die Gabel niederdrückst und lächelnd sagst: »Geh, du Dummerl, des konn i doch net sagn, solang der andere mithört. Aber guat bist beinand – ehrlich.«

»Sind Sie etwa hier eingedrungen, nur um mir das zu sagen?« wird sie entrüstet fragen. Nun darfst du dich nicht zu grober Erwiderung hinreißen lassen, sondern mußt ihren Zorn durch unverschämten Charme entwaffnen, etwa: »Wenn i halt amoi so a mollig's Preißnweibi siehg, so a herzigs, dann bin i nimmer zum halten.« Haut sie dann nicht gleich empört ab, sondern stammelt vielleicht schon milder gestimmt: »Aber Sie können doch nicht einfach...«, dann hast du schon die Oberhand und sagst: »Freilich konn i. Aber erst amoi gehn ma schee essen. I bstell glei a schnuckligs Platzerl in meinem Lieblingslokal.«

Vielleicht verschlägt es ihr angesichts solch bayerischer Schmeichel-Dynamik vorübergehend die Stimme, dann kannst du zu deiner Frau am Telefon schnell sagen: »Griaß di Gott, Chefin, laß a paar Knödel vom Stapel und reservier uns a schöns Platzerl. Ich bin nämlich net alloa.«

Die säuerliche Frage deiner Frau, warum du »schon am Vormittag wieder einen Affen heimbringst«, mußt du, falls die Dame sie mithören konnte, danach mit dem lustigen Hinweis abfangen, »so sans eben unsere bayerischen Wirtinnen, rauh, aber herzlich.«

Dann kommt die Minute der Entscheidung, in der du die Situation mit der Frage »oiso, was is jetzt?« erst einmal vorsichtig testest. Es gibt nämlich nun voraussichtlich drei Möglichkeiten:

1. Die Dame läßt dich kühl oder scharf abblitzen und bleibt am Telefon, dann verabschiedest du dich gekränkt: »Dann iß i eben dahoam!«

2. Die Dame ist von deinem Charme überwältigt und will mit zum Essen, du aber willst das nicht. Dann mußt du schnell Zeit für die Flucht gewinnen, etwa mit dem Hinweis: »Solltest vielleicht doch anstandshalber den Herrn von vorhin noch amoi anrufn, daß er sich koane Sorgen macht wegen der Unterbrechung...« Irgend jemanden wird sie mit ziemlicher Sicherheit anrufen, um Bescheid zu sagen – und schon bist du weg.

3. Die Dame will dein Angebot annehmen, und du hast auch nichts mehr dagegen. Dann mußt du in spätestens zehn Minuten nochmals zuhause anrufen und die Knödel abbestellen, z.B. »weil der Scheißkarrn schon wieder Zicken macht« und unbedingt in die nächste Werkstatt muß. Andernfalls muß dir später der Eheberater einen Tip geben, wie man derart verkochte Knödel wieder auflockern kann.

Vorteil: Die mit Abstand eleganteste und charmanteste Lösung und absolut erfolgssicher, vor allem bei betont bayerischer Einfärbung der Kosewörter. Aber nur, wenn die Dame sicher eine Preußin ist.

Nachteil: Die Methode ist zeitraubend und gefährlich, falls man einen Begleiter der Dame in deren Auto übersehen hat. Und deine Frau wird dich eventuell zur Rede stellen – wegen des Affen!

111

c) Die bayerisch-gscherte Lösung:

Du schaust ihr ein Weilchen zu, dann betrittst du die Zelle und sagst hilfsbereit: »Geht's net gscheit?« Dann nimmst du den Hörer, verabschiedest mit einem »Moment, Herr Nachbar, da stimmt was net,« den Gesprächspartner und sagst dann mit der sachlichen Überlegenheit des Handwerkers: »Erlauben's amal, gnä Frau, des hamma glei.«
Läßt sie sich nicht überrumpeln und will wieder nach dem Hörer grapschen, mußt du sie scharf rügen: »Ja, wia hammas denn! Sehn's net, daß i's erst amoi ausprobieren muaß?« Mit dem scharfen Kommando »Warten's derweil draußen« hältst du ihr höflich die Türe auf und wählst deine Nummer für die Knödeldurchsage.
Danach hältst du ihr wieder die Türe auf und sagst triumphierend: »Da, schaun's: geht schon wieder. Bitte!« Sollte sie nach preußischer Art noch nachmaulen und etwa sagen: »Das ging doch zuvor auch tadellos!« dann brummst du im Weggehen streng: »Was? Heraußen hat ma jedenfalls koa Wort verstanden. Undankbares Frauenzimmer, breißisches!«

Vorteil: Insgesamt wohl die glücklichste, weil zeitsparendste Lösung. Hat wenig Risiken und wirft außerdem ein günstiges Licht auf die weltmännische und hilfsbereite Art des Bayern.

Nachteil: Es könnte ein preußisches Schimpfwörter-Magazin hinter dir leer geschossen werden. Aber das bestärkt nur dein Bewußtsein, als Bayer ständig verkannt zu werden und Unrecht zu erleiden.

3. Der Preuße in der bayerischen Literatur

In der Tradition des Schriftstellers Ludwig Thoma, der die Briefe des Landtagsabgeordneten Filser Josef sowohl in die bayerische Politik wie Literatur eingeführt hat, steht der wöchentliche ›Brifwäxel‹ zwischem dem Erben Schdatrad Filser Max jr. und dem Altenerdinger Gemeinderat Weidinger Schorsche im Münchner Stadtanzeiger. Filsers Ausführungen über ›Die Breissen‹ sind ein klassisches Beispiel dafür, wie sich ein Bayer auch trotz unzulänglicher sprachlicher Mittel der geistigen Auseinandersetzung mit dem Phänomen Preußen nicht entziehen kann:

A. ┌─────────────────┐
   │   Filserbrief   │
   └─────────────────┘

B. ┌─────────────────┐
   │   Märchen   │
   └─────────────────┘

C. ┌─────────────────┐
   │   Lesestück   │
   └─────────────────┘

A. Filserbrief

Liber Schbäzi!

Bedreß: Die Breissen

Drozdem der Breiß im Leben von einem Baiern eine
so wichdige Rollen schbühlt wie die Kaz für den
Hund, wird er bei uns in der Schul nichd durch –
genommen. Aber man muß sie gud schdudieren,
damit man sie bekämbfen kann und gegen ihnen
überlebd, indem daß sie die mehreren sind. Nirgens
gibd es so viele Breissen wie im Url Uhrlaub, wo
sie Haufen bilden. Da kann man sie gud
schdudieren und had Zeid, sich zum ärgern,
wie ich jezd grad in Iddalien.

Das Allervaregdesde an den Breissen ist, daß sie immer früher aufschdehen als wie mir, indem daß sie alles warrisch ernst nähmen, auch den Gschbaß. Sie können nähmlich von nix genug kriegen, auch von der Erhohlung nichd, drum raggern sie sich dafier rechd ab. Also, du gehsd in der Friehe an den Schrand von Iddalien, und wer isd schon da wie der Schwein-igel vor dem Hasen? Der Breiß und seine Jungen. Und auch der kleinsde Breiß woiß schon, daß er der Größde isd, die Grohne der Schölpfung oder gwasi ein Adam-Super, und reißd inschdinktiv das Mei auf.

Das Schöne an dem Breißen isd, daß er nichd verdruggd ist, sondern allen gleich offen sagd, wie bläd daß sie sind, und gibd er ganz ährlich zu, daß er der gscheidere Mendsch isd, wo nichd blos alles kann, sondern viel besser. Und grad zwegen dieser Aufrichdigkeid mögen mir hinter-fozzigen Baiern ● die Breißen nichd. Bewun-dern muß man sie auch, weil sie so schneidig sind und kein Schamgefiehl niehd haben, aber nicht was du denxd, sondern daß sie nicht märken, wenn sie sich blamiern und unscheniérd weiderlöben. Zum Beischbiehl fahren sie ohne einen Dunzd Wasserschi, daß es sie einmal auf das Mei firi und einmal auf den Arsch hindere haud, so lang, bis sich alle anderen K kaputt-ddgelachd haben, aber bloßlich gehd es und sie können angeben, was ihnen das Liksde isd. Mir Baiern aber scheniern uns, wenn mir es nicht können, denn mir möchden es heimlich lernen, wenn die Breissen weg sind, und darauf warden mir bis zum jünxden Tag.

Dasselbige isd es mit der Schbrache, dem Ausländisch. Die Breissen globsen schon im Vadderland eine gefozzerde Mudderschbrach runder und behaubden fräch:» Det isne Hochdeutsch, wa? Nich sone doofe Dialechd wie die Baierns!« Und erst, wenn sie auswärz reden! Da, wo mir Baiern uns vielmalz entschuldigen, weil mir so schlächd

116

iddalenisch kennen, und liber nix als wenig sagen, da legen die Breissen einpfach los, und wenn die Iddalener es nichd verschdehen, sind sie selber schuld. Dann werden sie schdreng ermahnt: »Diese Affenmenschläng, olla amigo! Mal ohrndlich iddaliano parlare, kapisko!« Dann schamen sich die Iddalener für ihr schlächdes Einheimisch — wie mir Baiern auch für unsere Schbroch. Zwegen diser düchdigen Mendalität mögen viele Ausländer die Deutschen nichd und mir die Breissen.

Der Breiß isd geat geografisch nichd zum paggen, und eine Raß isd er auch keine, sondern ein Karakder, wo überall vorkommen kann und sogar unter den Baiern selbsd hin und wider auch manchmal der Fall isd. Der Breiß had einen heifigen Glauben an sich und gehd immer hin und lähret alle Völker, was zwar aufenbolidisch schädlich ist, aber wirdschafdbolidisch isd er der wichdixde Rohschdoff für den Fremdenverkehr in Europa.

Mir Baiern missen deshalb die Zähn zammbeissen

118

und sehr froh sein über die Preissen. Denn indem
daß mir sie nichd mögen, schweißen sie uns zusammen und wenn mir sie nichd hätten, wäre auch
keine Einigkeid in Baiern nichd, weil mir Ald-
baiern, Schwaben und Frangen uns gegenseidig auch
nichd mögen, vor allem die Frangen. Außerdem kañ
man gegen die Preißen sowieso nix machen,
hördens aufheuraten, was sie meisdens mildert. Uns
Baiern heuraten sie sowieso am liebsden, weil mir
keine Voruhrtheule nichd gegen ihnen haben, indem
daß mir kaddolisch sind und unsere Feinde
lieben missen.
Dises winschd auch dir dein

Filser Max
Schdadrad

B. Märchen

Der süße Breiß

Es war einmal vor langer Zeit ein armes frommes Bäuerlein in der Gegend von Ruhpolding, das lebte mit seiner Frau und seinen sieben Kindern in einer kleinen Hütte in der Mitte von einem hohen Berg, und jedes Jahr, wenn der Winter kam, hatten sie nichts mehr zu essen, weil dann ja auf dem kleinen Acker des armen Bäuerleins nicht mal mehr ein Gräslein wuchs. Eines Tages, als es ihnen wieder sehr schlecht ging, ging das Bäuerlein traurig hinaus in den Wald und seufzte schwer. Plötzlich begegnete ihm eine alte Frau, der er den Grund seines Kummers gar nicht mehr sagen mußte, denn sie wußte ihn schon. Deshalb redete sie auch nicht lange mit ihm, sondern gab ihm nur ein Töpfchen, zu dem sollte er sagen: »Töpfchen, koche süßen Brei«, so werde es süßen Brei kochen, daß alle davon satt würden. Wenn er aber wollte, daß es aufhören sollte zu kochen, so sollte er ein bestimmtes Zauberwort sagen und »Töpfchen steh«. Sogleich würde dann das Töpfchen Pause machen. Das Bäuerlein dankte der alten Frau, nahm den Topf und ging fröhlich nach Hause.

Nun war aber unser Bäuerlein ein bißchen schwerhörig und kannte außerdem das Wort »Brei« nicht, weil man in der Ruhpoldinger Gegend zu diesem Gericht immer »Mus« sagte. Was es dagegen gut kannte (und deshalb auch verstanden hatte) war das Wort »Breiß« – und obschon es sich wunderte, daß man Breißn auch kochen kann und nicht genau wußte, was er mit einem Breißn anfangen solle, schon gar mit einem süßen, dachte es sich, daß es schlimmer als jetzt auch nicht mehr werden könne und daß sich die alte Frau vermutlich schon was gedacht habe mit ihrem Topf.

Das Bäuerlein ging also nach Hause, stellte den Topf auf den Ofen, sagte: »Töpfchen, koche süßen Breiß« und sogleich stand ein freundlicher Herr in der Wohnstube, leistete eine Anzahlung auf's Übernachten und ging dann vors Haus, um den Berg daraufhin zu betrachten, ob man ihn auf Brettern herunterrutschen könne. Wie sich zeigte, konnte man das. Dem Bäuerlein gefiel das alles über die Maßen, vor allem die Anzahlung und es hieß den Topf gleich noch ein paar Breißn kochen. Als diese aber erst mehrere waren, gingen sie schnell daran, einen Apparat zu bauen, der sie den Berg hinaufzog und weil es der Acker des Bäuerleins war, gaben sie ihm ein Stück Geld dafür, was nicht weiter schlimm für sie war, weil sie noch viel mehr Geld von all den anderen Leuten einnahmen, die nun auch den Berg hinaufgezogen werden wollten. Das Bäuerlein aber und seine Familie waren ihres Hungers ledig und wann immer sie in Zukunft etwas benötigten, kochte ihnen der Vater einfach einen süßen Preußen.

Einmal im Februar aber war das Bäuerlein für ein paar Tage in die Stadt gefahren, während die Kinder daheimblieben und untereinander sagten: »Jetzt wäre ein schönes Stück Schinken zum Brot recht. Warum holen wir uns nicht das Töpfchen und kochen uns einen Breißn, der es uns bezahlt?« Der älteste Sohn stellte also, wie er es vom Vater gesehen hatte, das Gefäß auf den Herd und sprach zu ihm »Töpfchen, koche süßen Breiß«. Schon brodelte das Töpfchen – und wie immer stand gleich ein nett anzusehender Herr in der Stube und fragte mit schwer verständlicher Zunge, ob er schon mal eine Anzahlung für das Gästezimmer leisten dürfe.

Er durfte natürlich, danach aber – vor allem weil dieser Breiß mangels weiterer Gelegenheiten ohnehin schon auf dem Flur schlafen mußte – wollte der Sohn, daß das Töpfchen wieder aufhören sollte zu kochen. Er wußte aber das Zauberwort nicht.

Jetzt war guter Rat teuer. Das Töpfchen kochte fort und fort, ein Preuße nach dem anderen stieg heraus, sie machten zuerst das ganze Haus voll, dann gingen sie heraus, suchten in anderen Häusern der Umgebung Quartier, liefen auf die Straßen, bestiegen die Berge, bauten immer neue Heraufziehautomaten, verführten die Mädchen des Ortes, verstopften jeden Winkel und jede Gasse, bevölkerten die umliegenden Ortschaften, das ganze Land und wurden immer mehr, bis es gar nicht mehr lustig war. Das Bäuerlein aber, als es endlich zurückkam und sah, was der Topf angerichtet hatte, fiel vor Schreck tot um.

Was man sagen muß, damit der Topf aufhört, ist deshalb bis heute ein Geheimnis geblieben. Wer es wirklich wissen wollte, müßte schon in den Wald gehen und nach der alten Frau suchen. Es würde aber nichts nützen, weil dieselbe von der bayerischen Fremdenverkehrszentrale mit einem hohen Monatsgehalt bestochen worden ist, damit sie das Zauberwort nicht verrät.

C. Lesestück

Ein Münchner im Himmel
oder
Der zweite Tod des Alois H.

Der Anfang der Geschichte ist bekannt. Da war einmal ein Dienstmann am Münchner Hauptbahnhof namens Alois Hingerl. Den traf der Schlag. Er kam in den Himmel, wollte sich aber dort ums Verrecken nicht ans Manna-Essen und ans Halleluja-Singen gewöhnen. Da hatte der Herr ein Einsehen und schickte die arme Seele zurück in die geliebte Heimatstadt – für einen kurzen Auftrag. Der bayerischen Staatsregierung sollte der Engel Aloisius (das war Hingerls himmlischer Name) die göttlichen Eingebungen überbringen. Aber der ungehorsame Himmelsbote ging einer alten Gewohnheit folgend ins Hofbräuhaus und trank eine Maß, dann noch eine Maß und noch eine. Bis er friedlich einschlief.

Für die Ewigkeit, aus der er kam, war es nur ein kleines Nickerchen gewesen; für irdische Verhältnisse aber hatte der Hingerl doch ganz schön lang geschlafen – ein gutes halbes Jahrhundert nämlich. Er rieb sich jedenfalls umständlich die Augen und fragte seinen Nachbarn, den er vorher am Stammtisch noch nie gesehen hatte: »He, Schpezi, wieviel werd's denn heit scho sei?« Worauf ihm dieser immer wieder auf die Schultern hieb und dazu so etwas ähnliches wie »Ei ähm from Dschordscha, Dschordscha Juäsäi« in die Ohren brüllte. Noch etwas verschlafen, aber leicht mißtrauisch sagte der Hingerl nur: »Hingerl, Hingerl Alois«. Die Uhrzeit verriet ihm der Schorsche aus Amerika dennoch nicht; bis sich endlich ein Mann in einem feinen Trachtenanzug erbarmte und freundlich Auskunft gab: »Et is kurz vor zwölfe, waarn ja janz schön einjepennt. Mann. Tja, unser bayerischet Bier zieht eenem schon mal de Beene wech«.

»Draam i oder spinn i«, murmelte der Hingerl und rief ungeduldig nach der Kathi. Aber es kam eine jüngere Bedienung, die hieß Elke, was er erst einmal sorgfältig nachsprechen mußte, aber immerhin verstand sie ihn und brachte ihm eine frische Maß. Vorsichtig rückte der Hingerl seine Dienstmütze ins Genick, dann wischte er sich mit dem Handrücken säuberlich den Mund ab – aber genau in dem Augenblick als er, die Augen genießerisch geschlossen, den Krug ansetzen wollte, stießen der amerikanische Schorsche und seine Freunde rings um ihn wie narrisch mit ihren Krügen gegen den seinigen und der Hingerl war richtig froh, wenigstens nicht am Kopf getroffen worden zu sein.

Als der Münchner endlich ungeniert den ersten langen Zug machen konnte, stürzten junge Männer mit ziemlich verkniffenen Augen herbei und hielten photographische Apparaturen, die Hingerl schon von seinem Dienst am Hauptbahnhof her kannte, vor ihre fremden Gesichter. »Ja, mi leckst«, entfuhr es ihm. Er rief nach der Elke – es klang ein bißchen wie ein Hilferuf – und kramte in seinen Taschen nach ein paar Pfennigen. Aber der amerikanische Schorsche zahlte sofort für ihn. Der Hingerl war ganz froh darüber, denn er merkte, daß sein Kleingeld nie und nimmer gereicht hätte. »Drei Mark sechzge, da muaß i ja ganz schee wos weggsuffa ham«, wunderte er sich. Er war noch keine zehn Schritte aus dem Hofbräuhaus draußen, da sprach ihn eine geschminkte Frauensperson an. Sie trug hohe Lederstiefel, grad wie die Schwollischäh, und fragte ihn, ob er Zeit habe. »Ja, für was denn nachat?«, fragte der Hingerl etwas ruppig, aber doch neugierig zurück. »Ja, Mausilein, über-

123

leg doch mal rasch, da war doch noch was, oder?«, kicherte die Frau und er begriff. »Sauber, sauber, am hellichten Tag und mitten auf der Straßn«, sagte der Hingerl kopfschüttelnd und stolperte vor zur Maximilianstraße, wo ihn fast der Schlag getroffen hätte.

Links und rechts der Straße standen eng beieinander Automobile, aber, was noch schlimmer war, von allen Seiten brausten noch viel mehr davon in einem mörderischen Tempo heran »Ja, mi leckst am Arsch«, entwich es dem Hingerl – diesmal in voller Länge, obwohl er zeitlebens nur »mi leckst« gesagt hatte - und allmählich bemerkte er auch den gräßlichen Gestank, der in der Straße hing. Die Leute rannten wie aufgescheuchte Hühner herum, einige liefen förmlich durch den Hingerl hindurch – wie auf einem Bahnsteig. Und als er sich immer noch entgeistert und zunehmend mißmutiger umschaute, ging sein Blick hinauf zum Maximilianeum und da fiel es ihm wieder siedendheiß ein: »Jessas, der göttliche Auftrag!«

So schnell er konnte, tastete sich der alte Münchner an den Häuserwänden und Schaufenstern entlang weiter, bis er an eine breite Schneise kam, wo man all die vornehmen Häuser, die hier einmal gestanden hatten, einfach radibutz weggerissen hatte, ganz offensichtlich um den lärmenden und stinkenden Blechkisten Platz zu machen.

Der Hingerl stand da am Ufer des großen Autostroms, wie einer, der nach dem Fährmann Ausschau hält, und er winkte, damit sie endlich eine Furt ließen, aber keiner beachtete ihn. Da stürzte er sich entschlossen auf die Straße, schrie: »Aufhören!«, »Stehbleibn« und: »Laßt's doch d'Leit durch« und rannte taumelnd zwischen den wild hupenden Automobilen umher. Plötzlich ergriff ihn ein starker Luftzug und er wurde auf den grasbewachsenen Streifen in der Mitte der breiten Fahrbahn geschleudert. Noch während der Hingerl sich benommen aufrappelte, brüllte ihn ein junger Mensch mit einem arroganten Menjou-Bärtchen aus einem besonders flachen und roten Auto heraus an: »Du alte Pfeife, paß doch gefälligst auf, sonst fährste noch mit 100 Sachen zur Hölle« – »Erstens war i im Himmel und zwoatens fangst glei oane...« rief der Hingerl und rannte humpelnd dem davonfahrenden Auto nach; aber es war viel schneller als er und erschöpft zog er sich wieder auf den Rettungsstreifen zurück.

Irgendwie erreichte er doch noch das andere Ufer, wo ein kleiner Bub auf ihn zusprang und vorlaut krähte: »Opi, du mußt immer unter der Straße durch, gell.« – »Freile, verkriacha werd i mi no in

meiner Heimatstadt«, schimpfte Alois Hingerl, »ja wo lebn wir denn? Bin i vielleicht a Maulwurf oder a Kanalratz?«

Nach einer längeren Verschnaufpause auf einer Anlagenbank kam er schließlich zum Maximilianeum, wo sie neben den bayerischen Musterknaben auch die Parlamentarier beherbergen.

Ein Pförtner hielt ihn auf.

»Wohin?«

»I hob an Brief von oben, ganz pressant.«

»Wird nicht so eilig sein, was aus Bonn kommt«, winkte der Mann ab.

»Was hoaßt da aus Bonn, der is von höchster Stelle...«

»Höchste Stelle? Aber der Herr Landtagspräsident ist doch zu einem Arbeitsessen weggefahren.«

»Nix Landtagspräsident«, meinte der Hingerl mit reichlich Ungeduld in der Stimme, »der Brief is von ganz oben, vom Allerhöchsten«. Und gereizt und stolz zugleich fügte er hinzu: »Vom lieben Gott persönlich!«

»Aber mein lieber Herr, der Herr Ministerpräsident ist heute selbst hier im Hause«, sagte der Mann im grauen Anzug ungerührt, »er verkündet gerade der Fraktionsführung das Wochen-Evangelium und dann muß er gleich wieder rauf, damit die droben keinen Unsinn machen«.

Es dauerte eine Weile, bis sich der Hingerl wieder fing.

»A so is des nachat«, sagte er leise, mehr zu sich selbst, »Bayern regiert er jetzt selber. Sakra, bin i im Hofbräuhaus lang hängabliebn« – und zum Pförtner hingewandt moserte er: »Vielleicht können s'eam ausrichten, er soll amoi was unternehma gegen de gscherten Autofahrer, da vorn.«

»Versuchen Sie es doch selbst, da kommt er gerade.« – Über die Stufen schritt ein Mann im dunkelblauen Anzug, umgeben von ein paar Zivilisten und einer halben Kompanie Polizei.

»Sovui Schandi! Hot er was ausgfressn?«, fragte der Himmelsbote den Pförtner, der einen großen Diener machte. Dann schaute der Hingerl noch einmal genauer hin. »Aber des is er doch gar net. Des muaß a Verwechslung sei. Der liebe Gott hat zwar dem sei Statur, durchaus, aber er hot koa so a Gnack net und so an Belli hot er a net auf.« In diesem Moment war dem Hingerl klar, daß der Mann im dunkelblauen Anzug gerade verhaftet wurde, weil er sich für den lieben Gott ausgegeben hatte.

Doch ehe er genauer nachfragen konnte, waren die Leute schon vorbei und fuhren in Autos mit blauen Lichtern und Sirenen davon. »Ja , ja wos tua i jetz bloß«, fragte er sich ratlos. »A Bolidischer, oana vom Ballament, is da a koana da?« wandte er sich erneut an den Türwächter, der jetzt wieder kommod dastand.

»Heute is sitzungsfreier Tag. Die Herrschaften sind in ihren Wahlkreisen bei ihrer Bevölkerung. Es tagt lediglich der immerwährende Ausschuß für die Erhöhung der Sitzungsgelder.«

»I hob allaweil gmoant, des waar sozusagen zwecks der Ehre, so wia mia umasonst frohlockn miaßn und Halleluja singa…«

Der Mann an der Pforte verstand nichts.

»Da Filser Josef kummt a net?«, probierte es der alte Münchner noch einmal. Der Pförtner meinte, ein Abgeordneter dieses Namens sei ihm völlig unbekannt und verwies den Hingerl an den Abgeordneten Schmielcke, der gerade des Weges kam.

»Wia hoaßt der?« fragte der Hingerl ungläubig und nahm sich ein Herz. »Sie, Herr Dings«, begann er, »i hob an wichtigen Briaf, was kennen mir da macha?«

»Petitionsausschuß«, sagte der Abgeordnete kurz angebunden.

»Schmarrn, der is doch vom lieben Gott.«

Der Abgeordnete warf einen kurzen Blick zum Pförtner, der zuckte entschuldigend mit den Schultern und fast ein bißchen zu milde sagte er: »Ich glaube, dann sind Sie beim Erzbischöflichen Ordinariat an der richtigen Adresse.«

»Nix da«, erwiderte der Hingerl, »seit wann hätten denn wir im Himmel mit dem Ordinariat was z'toa. Des kennt doch bei uns drobn koana. Für d'Regierung is des, mir san doch in Bayern, oder?«

»Das stimmt leider«, sagte der Abgeordnete überspannt und ging weiter. Die Glastür schlug zu.

»Saubande, gscherte, i kimm wieda«, schimpfte der Hingerl draußen vor der Tür und machte sich auf den Rückweg.

Da kam die Trambahn daher, die quietschte so schön wie immer und ganz glücklich stieg er ein. Aber es war kein Schaffner da. »Zuaständ reißn da ein! Aber dann kost's halt nix, a net schlecht. Wird's doch no a guata Tag«, beruhigte er sich wieder. Aber urplötzlich standen zwei ältere Frauen mit großen Handtaschen vor ihm und verlangten den Fahrschein. »Ja, wia soll i denn a Billettl ham, wenn koa Schaffner net da is«, wurde der Hingerl laut. »Und überhaupt geht des Ihnen garnix an!«

Die Damen zeigten Ausweise. »Da hätten Sie sich halt an den Automaten halten sollen.«

»Wia hoaßt der«, fragte der Hingerl argwöhnisch zurück, »den kenn ich glei gar net.«

Die Auseinandersetzung spitzte sich zu. Die anderen Leute rückten zur Seite und schließlich brüllte

der Hingerl, es sei überhaupt eine Frechheit, »wenn zwei so hergelaufene Krampfhennen, wo keine Schaffnerinnen nicht sind«, einen echten Münchner derartig grob kontrollieren dürften. Überhaupt ließe er sich von Frauen schon gar nicht kontrollieren, »des hob i bei meiner Oidn selig a net duldn kenna«.

Daraufhin kündigten ihm die zwei Handtaschen-Frauen eine Ordnungsstrafe von 40 Mark an. »Seid's narrisch worn, des is ja mei Monatsverdienst«, entsetzte sich der Hingerl und rief nach der Polizei. Die könne er haben, sagten die zwei Frauen triumphierend.

Bei der übernächsten Station stand wie ein Wunder eine Funkstreife neben der Tram. »Hallo, Schutzmann«, schrie der Hingerl und winkte. Da zogen ihn schon zwei Beamte in Lederjacken recht rasant in ihren Wagen. Der alte Münchner wehrte sich kaum, er schaute nur ängstlich um sich, denn er fürchtete, ein Bekannter könnte die unwürdige Szene sehen.

Zum erstenmal in seinem Leben hatte es ihm die Stimme verschlagen. Er griff sich mehrmals ans Herz, zwickte sich während der Fahrt im Polizeiauto in den Arm, weil er dachte, er träume, aber es zwickte zurück.

Auf dem Revier berichtete der Hingerl gefaßt, obwohl der Beamte, der ihn verhörte, ein furchtbar lätschertes Fränkisch sprach. Er habe sein Leben lang keine Scherereien mit der Polizei gehabt, und wenn ein Schaffner dagewesen wäre, wie es Vorschrift sei, wäre nichts passiert, außerdem habe er bei der Eisenbahn immer seinen öffentlichen Dienst zur vollsten Zufriedenheit verrichtet.

»So etz wolln ma amol härn, aus welchem Aldersheim dä Ald-Rogger do ausbrochen is«, fragte der Polizist unbeeindruckt. Da protestierte Alois Hingerl: Er sei doch kein Spitaler, sondern nur kurz vom Himmel heruntergeschickt worden und habe einen Brief vom lieben Gott an die Regierung abzugeben. Nur die »Lackeln im Maximilianeum« hätten nichts begriffen.

Da flüsterten die Polizisten miteinander und bleckten alle ganz fürchterlich ihre Zähne. Wenig später kamen greisliche Gestalten daher. Die fragten ihn ganz unverschämt aus, auf preußisch und so schnell, daß er kaum antworten konnte. Auch Fotografen tauchten auf und ein wahres Gewitter von blitzenden Lichtern ging auf den überrumpelten Münchner nieder.

Die fremden Leute riefen sich zu: »Aufmacher-Geschichte«, »Bayerns Münchhausen« oder: »Der Mann ohne Gedächtnis« und einer sagte sogar,

127

»der Alte is ja riesig«, obwohl Hingerl seine geringe Körpergröße genau kannte. Und so schnell wie sie gekommen waren, verschwanden sie wieder.

Immerhin ließen ihn die Gendarmen nach dieser Prozedur laufen. Hingerl sah zu, daß er in die nächste Wirtschaft kam. Gleich gegenüber dem Revier schaute er sich die Speisenkarte einer Gaststätte an. Aber es gab keinen Schweinsbraten, kein Lüngerl, kein Pifflamot, keine Schlachtschüssel, nur Tschewapcici, Eisbein mit Sauerkraut, Fleischkäse, Schnecken-Burgund, Toast Hawai und Hamburger, alles Sachen, die er nicht kannte und deshalb überhaupt nicht mochte. »Hamburger«, fluchte er leise, »de hob i scho lang gfressen«.

Er ging in eine Kolonialwarenhandlung – aber es gab fast nichts zu essen. Nur Blechbüchsen und bunte Pakete standen herum. Und obwohl er mehrmals rief, kam keine Verkäuferin, um ihn zu bedienen. Als er in einer Truhe wühlte, waren die verpackten Speisen so eiskalt, daß er erschrocken die Hände zurückzog.

Hungrig und verdrossen ging der Münchner weiter zum Bahnhof. Aber da geriet er in eine Ansammlung dunkelhäutiger und dunkelhaariger Menschen. Offenbar ein Wallfahrerzug aus Italien, dachte er und suchte nach seinen alten Kollegen. Aber sie waren nicht auf ihren Posten und auch keine anderen Dienstmänner. Die Leute halfen sich mit kleinen Wagerln selbst, wie er sie schon in dem seltsamen Geschäft gesehen hatte.

Zornig und schon ein bißchen ängstlich geworden wegen der schrecklichen Begebenheiten dieses Tages ging der Hingerl die paar Meter vom Hauptbahnhof zu einer Bierwirtschaft, von der er wußte, wie gemütlich sie war und wo immer Kameraden saßen. Alles war völlig verändert. Man konnte nirgends sitzen, nur am Schanktisch stehen, es gab kein helles Bier und auch kein dunkles, nur bitteres Pilsbier. Als er dann noch auf einer Tafel die Preise für das Bier angeschrieben sah, platzte es aus ihm heraus: »Ja, is denn der Wirt bsuffa? Und ihr Deppen zahlts a no so vui für den Plempel«, schrie er. Da faßte ihn ein junger Mensch, der in dem dunklen Lokal eine Brille mit dunklen Gläsern trug, am Jackett und sagte in eisigstem Bayrisch: »Wenn's dir do bei uns in Münchn net paßt, du Bauernfünfer, dann schleichst di hoam auf's Land, Rentner, renitenter!«

»Ja Himmiherrgottssakramentzefixhalleluja«, fluchte der alte Münchner und riß sich los. Er dachte in dem Augenblick ganz fest, daß ihm diese Münchner Stadt gar nicht mehr gefallen könne, ja er dachte, daß er keine Minute mehr länger bleiben wolle. Er bebte vor ohnmächtiger Wut und griff sich ans Herz.

Im selben Moment tat es einen gewaltigen Schlag und schon stand er vor dem Heiligen Petrus. Der schaute ihn böse an – wie damals beim erstenmal. Aber bevor der Himmelspförtner noch seinen Mund auftun konnte, gelobte der Hingerl schon kleinlaut: »I wui mei Manna essen und stundenlang frohlocken und nimma rumplärrn und koan Kollegen mehr an ›boanigen Engel‹ hoassn…«

Und tatsächlich enttäuschte der Engel Aloisius den Heiligen Petrus nicht. Er spielte für seine Statur die Harfe recht anmutig, sang das Halleluja nicht gerade sehr schön, aber immer regelmäßig und aß auch sein Manna, ohne zu murren.

Irgendwann durfte er in den bayerischen Himmel, den der Herrgott extrig eingerichtet hatte. Er bekam Schnupferlaubnis, er lernte den Ludwig Thoma kennen und den Adolf Gondrell und er freute sich und alle freuten sich mit ihm.

Nur der Herrgott wunderte sich, denn der Hingerl war kein Einzelfall. Immer mehr echte Münchner, die früher so schwer wegzuholen waren, weil sie München für den Himmel auf Erden hielten, kamen ohne viel Aufhebens. Im Himmel jedenfalls war die Welt wieder in Ordnung.

Auf Erden allerdings wartet die bayerische Staatsregierung immer noch auf die göttlichen Eingebungen.

128

VI. Gemeinschaftskunde

1. Zum gegenwärtigen Stand der politischen Beziehungen zwischen Bayern und Preußen

Die Qualität der politischen Beziehungen zwischen Bayern und Preußen – seit jeher höchst delikater, oft feindseliger, manchmal scheinfreundlicher Natur – ist auch seit dem Jahre 1945 im wesentlichen gleich geblieben und hat schon gar nicht durch die vordergründige Tatsache eine wesentliche Veränderung erfahren, daß es den Staat Preußen im rechtlichen Sinne nicht mehr gibt. (Vergl. dazu den

bemerkenswerten Aufsatz von F. X. Unertl in: »Vierteljahreshefte für bayerische Außenpolitik«, Bd. 742, S. 12 mit dem Titel: »Wen mir net meng und wia lang, des laß ma uns no lang net von dene Alliierten vorschreim«) Das Land Bayern nämlich, das seinerseits im Jahre 1946 wiedergegründet und neu erstarkt war und das es plötzlich mit einer ethnologisch äußerst unhomogenen Restrepublik zu tun hatte, konnte es unmöglich hinnehmen, sich durch den Willkürakt der Sieger mit einem Mal um seinen innerdeutschen Erbfeind gebracht zu sehen.

Aus diesem Grund hatten bekanntlich auch schon die später so bezeichneten »Andechser Sieben« bei ihrem historischen Treffen vom 9. Mai 1945 als dringlichste außenpolitische Sofort-Maßnahme eines künftigen Freistaats die verbindliche Definition aller nicht in Bayern ansässigen Nichtbayern – mit Ausnahme einiger Schwaben, Badener und Südhessen (zu dieser Frage siehe: »Der Aschaffenburger als klassische Mischform«, J. Baumgartner in: »Bayern und die Welt«, 1. Jahrgang, S. 1032) – als Preußen gefordert.

Eine saubere Klassifizierung erwies sich im übrigen wenig später umso notwendiger, als sich nämlich herausstellte, daß sich das Volk der Preußen mit Hilfe einer schon gar nicht mehr heimlichen Kolonialpolitik daran machen würde, das Land Bayern zu infiltrieren, wenn nicht gar zu besetzen und endlich die Macht an sich zu reißen. Der Versuch konnte, wie man weiß, nur durch einen genia-

len Einfall Wilhelm Hoegners unterbunden werden. Dieser ließ es in Artikel 235 der Bayerischen Verfassung jedem bayerischen Staatsbürger freistellen, jeden dieser Kolonisatoren (die es oft weit bringen!), sobald er gefährlich wurde, im Wege des Zurufs (»a Hund is a scho, unsa Doktor Vogel«) zum Bayern zu ernennen und damit dem Staatsvolk einzuverleiben. Solche neugewonnenen Bayern (vergl. Dr. Jürgen Böddrich: »Wie ich meinen Freund Schmolcke eines Abends zum Bayern machte und es dann nicht mehr ändern konnte« in: »Mir san auch Mir«, die Zeitschrift für Altbayern der ersten Generation, 10. Jahrgang, 1966, S. 122) pflegen den Trachtenanzug in kleidsamer Baumwoll-Umarbeitung sogar als Schlafanzug zu tragen und ihre Heimat gegen jeden Eindringling aus Bottrop mit äußerster Hingabe zu verteidigen.

Nun zu den Einzelheiten und den erkennbaren Gesetzmäßigkeiten der politischen Beziehungen zwischen Bayern und Preußen, wobei vorauszuschicken ist, daß dieselben unmittelbar mit der jeweiligen politischen Gesamtlage der sogenannten Bundesrepublik zusammenhängen.

1. Regiert in Bonn, der sogenannten Bundeshauptstadt, die Christliche-Gesamt-Union, so versteht sich die bayerische Christen-Union (die selbstverständlich Bayern regiert) als eine Art zwar in gewisser Hinsicht eigenständiger, aber doch eng verschwisterten Abteilung derselben, mit allen Ansprüchen auf Teilhabe an der gemeinsamen Macht in Bonn. Diese ist mit mindestens vier bayerischen Unions-Ministern auszuweisen und mit diversen Staatssekretären (wohingegen die Macht in Bayern natürlich ungeteilt in der Hand der bayerischen Christen-Union bleibt). Die bayerischen und die preußischen Kabinettsmitglieder sitzen in solchen Fällen relativ einträchtig am Bonner Kabinettstisch und überlegen gemeinsam, wie man den machtgierigen Sozialismus niederhalten kann. In Bayern überlegt man darüber hinaus, wie der bayerische Christen-Unions-Vorsitzende zusätzlich die Macht in Bonn alleine übernehmen kann.

2. Regiert in Bonn nicht die Christliche-Gesamt-Union (in Bayern aber wie immer die bayerische Christen-Union), so hat das zwei Folgen, die wir in Unterabteilungen gliedern wollen.

a) Die eine Folge ist, daß der Sozialismus, der statt dessen die sogenannte Bundesrepublik regiert, als das dekouvriert wird, was er ist, als eine Agentur des Preußentums nämlich, das deshalb auch den Bundeskanzler stellt, was zur Folge hat, daß ein anständiger Bayer, ganz gleich, was er politisch denkt, die Sozialisten oder Liberalen unmöglich mehr wählen kann, weil er dann genauso gut gleich sein Vaterland verraten könnte. (Siehe G. Tandler: »Die weiß-blaue Farbe im SPD-Landtagswahlkampf 1978 – ein krasser Fall des Diebstahls von Staatssymbolen« in: »Unser Bayern«, 32. Jahrgang, S. 1 bis 100.) Dieser allgemein verständliche Zusammenhang bewirkt die bekannten Wahlergebnisse für die weiß-blaue Christen-Union, welche dieselbe so mächtig machen in ihrem Land, daß man dortselbst verstärkt darüber nachdenkt, wie der bayerische Christen-Unions-Vorsitzende zusätzlich die Macht in Bonn mitübernehmen könnte.

b) Die weitere Folge der oben geschilderten Situation ist, daß es ja auch einen einleuchtenden Grund geben muß, warum der Wähler auf der sogenannten Bundes-Ebene der gesamtchristlichen Sache nicht die Mehrheit geben wollte. Wie man sich hätte denken können, liegt der Grund in dem natürlichen Leistungsgefälle zwischen dem bayerischen Teil der Christlichen Gesamt-Union und dem preußischen (siehe Franz Josef Strauß: »Warum hat man mir nicht geglaubt?« in: »FJS – die Zeitschrift für alle Bayern«, Bd. 2376, S. 1777 ff.; dazu auch die Replik von G. Stoltenberg in: »Kieler Hefte«, Bd. 12, S. 12 unter dem Titel: »Meine Großmutter hat nachweislich einmal in Bayern Urlaub gemacht«, die aber doch weit am eigentlichen Thema vorbeigeht). Außerdem stellt sich nun überraschenderweise heraus, daß der bayerische Teil gar kein Teil ist, sondern etwas völlig eigenes. Genau genommen eine Welt für sich – und zwar die eindeutig bessere.

Der bayerische Vorsitzende findet anschließend für die beiden Welten die allegorische Bezeichnung »Nordlichter« und »Südlichter«, wobei man ohne weiteres davon ausgehen darf, daß das gewöhnliche Nordlicht nicht besonders hell auf der Platte ist, weshalb mit ihm auf Bundesebene keine Wahlen zu gewinnen sind. Was aber macht unter diesen Umständen der heller leuchtende Teil? Er denkt darüber nach, ob man das bayerische Gedankengut nicht einfach in die diversen Preußenländer exportieren sollte, auf dem Wege der Gründung einer sogenannten bundesweiten bayerischen Christen-Unions-Partei oder auf dem Wege der Ausrufung des bayerischen Christen-Unions-Vorsitzenden zum gemeinsamen Kanzlerkandidaten. Dies würde womöglich bedeuten, daß der bayerische Christen-Unions-Vorsitzende endlich doch noch die Macht in Bonn übernehmen würde, also auch die über die Preußen.

In diesem Falle wäre dann alles wieder in Ordnung und wir wären alle nur noch Deutsche.

2. Ein unveröffentlichtes Interview:

Wir, die letzten Preußen

Über die Frage des Verhältnisses Bayern-Preußen sprach der stellvertretende Chefredakteur der Haßfurter Morgenpost aus gegebenem Anlaß mit dem bayerischen Ministerpräsidenten Strauß. Wir drucken im folgenden den Wortlaut des aufschlußreichen Gesprächs, das bisher merkwürdigerweise noch nirgends veröffentlicht worden ist.

Frager: Herr Strauß, Sie haben . . .

Strauß: Sagens einfach: Herr Ministerpräsident, des ist dann schon in Ordnung.

Frager: Selbstverständlich, sehr verehrter Herr Ministerpräsident, Sie haben einmal – in einer Rede auf einem Parteitag – die Bayern als »die letzten Preußen« bezeichnet. Dürften unsere Haßfurter Leser heute von Ihnen erfahren, was Sie damit gemei . . .

Strauß: Also, ich mag solche Fragen nicht, solche miesmacherischen, daß das amal von vornherein klar ist!

Frager: Aber wieso miesmacherisch, um Gottes Willen . . .

Strauß: Das fragens' auch noch, da habens' irgend was im Archiv gefunden, dann in bewährter Hamburger-Kumpanei-Manier dreimal umeinander gedreht und jetzt wollens' mich dran aufhängen. Ich kenn doch die Methoden!

Frager: Nicht Hamburger Morgenpost, Haßfurter Morgenpost, Herr Ministerpräsident. Und außerdem bin ich doch CSU-Mitglied . . .

Strauß: Ach so, sagens' des doch gleich. Also die Sache mit den Preußen. Das muß doch jedem, der ein bißchen nachdenkt, gleich einleuchten, daß . . . Wieso kommt denn eigentlich nicht Ihr Chefredakteur zu mir, wenn Ihre Zeitung ein In-terview von mir will, sondern nur der stellvertretende Chefredakteur. Braucht so einer überhaupt Abitur?

Frager: Dreizehn Semester Geschichte hab ich stu . . .

Strauß: Also dann versteh ich Ihre dauernde Fragerei nicht. Aber gut, die Bemerkung von mir, die Sie zitiert haben, ist erstens natürlich authentisch, zweitens wahr und drittens brillant formuliert, vielleicht authentischer und wahrer und brillanter als alles, was Sie von Ihrem Hamburger Landsmann Schmidt je gehört und gelesen . . .

Frager: Haßfurter, Haßfurt ist in . . .

Strauß: Unterbrechens' mich doch nicht dauernd! Weiß nicht einmal, wo der gegenwärtige Genosse Bundeskanzler her ist und will andere Leute belehren. Man muß sich halt vorbereiten, wenn man mit jemandem wie mir spricht! Aber da sind wir schon beim Thema. Früher wart ihr Preußen wenigstens noch pflichtbewußt, streng zu euch selbst, was auch sehr angebracht ist. Übrigens . . .

Frager: Und heute, meinen Sie . . .

Strauß: Die Frage ist falsch gestellt.

Frager: Aber wieso, ich . . .

Strauß: Weil Journalisten mir grundsätzlich falsche Fragen stellen! Die Sache ist im übrigen einfach so, daß wir Bayern jetzt die ehemaligen preußischen Tugenden auch mitübernehmen müssen. Spätestens seit ich hier Regierungschef bin, sind wir nicht nur um ein Vielfaches so gescheit, mu-

scher Wähler kommt und sagt, er wolle aber gar kein Preuße sein und so eine auch-preußische Partei wie die CSU werde er niemals wählen?

Strauß: Dann verweisen wir ihn darauf, daß es sich bei allem in Wahrheit um ein großes Mißverständnis handelt, daß ich nämlich damals auf dem Parteitag ausdrücklich gesagt hab, daß wir »die letzten Preußen« sind, im Sinne von die allerletzten, hinterletzten, schlechtesten Preußen. Anders ausgedrückt: Was ich gemeint habe ist, daß wir als Preußen nun wirklich nicht zu gebrauchen sind und wer uns wie solche behandelt, der wird schon sehen, was er davon hat. – Übrigens ist diese Argumentationskette ein Teil der bekanntermaßen von mir erfundenen Doppelstrategie, von der vielleicht sogar Sie schon mal was gehört haben!

Frager: Genial!

Strauß: Wem sagen Sie das?

sisch, schöpferisch und vital wie die anderen Volksstämme, sondern wir haben uns auch noch unglaublich in der Gewalt. Das sehens' doch schon an mir!

Frager: Und deshalb . . .

Strauß: Wer redet jetzt hier, Sie oder ich? Also – wo war ich? Richtig: Der Bayer hat in diesen welthistorisch so schwierigen Zeiten eindeutig die Aufgabe, sozusagen den Gesamt-Deutschen zu verkörpern, in welchem dann auch der Preuße miteingeschlossen ist. Deshalb ist es ja auch so notwendig, daß wir uns mit der CSU übers ganze Vaterland hin ausbreiten, zumindest in Gestalt meiner Person, was jeder gutwillige Preuße auch ohne weiteres einsehen wird, nur nicht Helmut Kohl.

Frager: Wenn aber nun hier in Bayern ein bayeri-

Frager: Und welche Rolle spielen in diesem Zusammenhang die von Ihnen mehrfach ins Gespräch gebrachten Nordlichter?

Strauß: Wieder eine doppelte, wenn Sie mir noch folgen können. Hier in Bayern blasen wir dieselben einfach aus, wenn eines glaubt, daß es zu hell strahlen kann. Und bei Ihnen droben in Hamburg dürfen die Kindlein die Nordlichter gerne in der Laterne schwenken, wenn ich einmal einziehe dort, als gemeinsamer Kanzler aller Deutschen.

Frager: Herr Dr. Ministerpräsident, wir danken Ihnen für das Gespräch.

Strauß: Dazu haben Sie auch allen Grund. Und einen schönen Gruß an Ihren Chef, den Herrn Augstein. Das nächste Mal soll er aber gefälligst selber vorbeikommen.

3. Beispielhafte Lebensläufe

Friedrich Himmelstoß

Friedrich Himmelstoß, Reisender in Damenunterbekleidung aus Krefeld, ist es hauptsächlich eines informatorischen Mißverständnisses wegen nie vergönnt gewesen, das Land Bayern mit eigenen Augen zu sehen. In seiner Eigenschaft als Berufstätiger hatte er zu derartigen Reisen ohnehin keine Gelegenheit, was mit seinem Aufgabengebiet zusammenhing. Dieses hatte ihm seine Firma – eine führende dieser Art im südwestfälischen Raum – zugewiesen, was dazu führte, daß er mit Erreichen der Altersgrenze ein, man darf schon sagen, intimer Kenner der näheren sowie weiteren Umgebung der Städte Hagen, Siegen und Lüdenscheid sowie der Beschaffenheit fast aller dort in den mittleren Frühstückspensionen verwendeten Sprungfedermatratzen geworden war.

Was aber den Urlaub anging, so verbrachte er ihn mit seiner lieben Frau beiläufig dreißig Jahre hintereinander in einer schmucken mittleren Pension im südlichen Sauerland, was ihm nichts weiter ausmachte, weil ihm der Geschmack der dortigen Bouletten von seinen Dienstreisen her vertraut war und weil auch die Solidität der Sprungfedermatratzen weder zu wünschen übrig ließ noch von ihm übermäßig auf die Probe gestellt wurde.

Der tiefere Grund dafür jedoch, warum das Ehepaar Himmelstoß sich niemals zu einer Reise nach Bayern verstehen konnte, wie es von Herrn Himmelstoß anfangs mehrmals in Vorschlag gebracht worden war, war die Tatsache, daß Frau Eleonore H. zu Beginn ihrer Ehe zufällig in einen bayerischen Dokumentarfilm geraten war, dessen Titel »I a in Oberbayern« gelautet hatte. Aus diesem authentischen Dokument gewann sie einen dermaßen erschütternden Eindruck von Trieblebeben und Sexualbräuchen dieses südlichsten deutschen Volksstammes, daß sie fortan keine Sekunde mehr daran dachte, sich oder gar ihrem Friedrich nur einen Schritt in dieses wilde Alpenbabel zu gestatten.

Als sie einmal spätnachmittags in ihrem südsauerländischen Ferienort eine Leiter an einem Haus in der Nähe ihrer Pension lehnen sah, erlitt Frau Himmelstoß einen heftigen Ohnmachtsanfall, von dessen Folgen sie sich erst leidlich wieder erholte, als man ihr mitteilte, die Leiter habe der 63jährige Dachdeckermeister B. des Ortes für ein paar Minuten dort stehen lassen, als er nach Hause gegangen war, um nach einem passenden Dachsparren zu suchen. Ganz freilich kam Frau Himmelstoß über diesen Zwischenfall bis zu ihrem Tod nicht mehr hinweg, der sie denn auch kurze Zeit später während eines bayerischen Fernsehspiels ereilte, in dem zwar keine Leiter, aber immerhin ein Leiterwagen vorkam, was sie in etwa für dasselbe hielt. Friedrich Himmelstoß war damals allerdings schon in einem Alter, in dem er sich über diese Entwicklung nicht mehr richtig freuen konnte. Immerhin – und vor allem aus Trotz – zog er sich die letzten Jahre bis zu seinem Hinscheiden in das Lüden-scheider Altenheim »Bergfrieden« zurück, dessen Speisesaal ein großes Ölgemälde vom Königssee zierte.

Franz Mödler

Als Franz Mödler beerdigt wurde, sagte der Trauerredner, mit ihm sei wieder ein echtes Stück Hamburg zu Grabe getragen worden und das war wirklich eine bemerkenswerte Aussage, wenn man alles bedachte. – Geboren war der Mödler Franz in einem oberbayerischen Dorf zwischen Freising und Moosburg und nur, weil seine Firma einmal einen Monteur ins Norddeutsche entsenden mußte und der Franz gerade Krach mit seiner Freundin hatte, fand er sich eines Tages in Eimsbüttel wieder, was ein Vorort von Hamburg ist.

Die ersten Monate dort waren schwierig, weil sich die Kollegen immer ausschütten wollten vor Lachen über des Franzens ulkige Art zu sprechen und weil die Mädchen, die er manchmal mit nach Hause brachte, immer als erstes seine Wäschekommode aufrissen auf der Suche nach den berühmten Wadelstrümpfen, von denen sie wußten, daß die Bayern sie bei sich zuhause immer anhaben, in der Fremde aber nur heimlich. Daß sie nicht fündig wurden, bremste in der Regel jäh jede Leidenschaft. Aber nur solange, bis der Franz eines Tages wütend zwanzig Paar wollene Kniestrümpfe in einem Hamburger Kaufhaus erwarb und ihnen dann säuberlich die untere Hälfte abschnitt.

Konnte man es dem Franz Mödler übelnehmen, daß er kurze Zeit nach jenem Gefühlsausbruch – vom Heimweh übermannt – in das ob seiner Lustigkeit weithin gerühmte Etablissement »Bayerische Alm« in der Hamburger Mönckebergstraße ging? Niemand konnte damals wissen, daß dies der Anfang vom Ende sein würde. Mödler ging hin, sah einen Menschen in Lederhosen und Wadlstrümpfen wie einen Verrückten zwischen den verschiedensten Kuhglocken hin- und herrennen und damit scheppern und betrachtete eine Gruppe anderer Trachten-Männer, die sich zum Gaudium der Zuschauer pausenlos gegenseitig abwechselnd auf die Fußsohlen, Schenkel und ins Gesicht hieben, was – wie erläutert wurde – auf den Plätzen bayerischer Gebirgsdörfer jeden Sonntag ausgeübt werde. Bekannte sahen ihn damals ziemlich verstört das Lokal verlassen.

Schon am nächsten Tag schnitt Mödler seine Wadlstrümpfe in Topflappen um, gab um Urlaub ein und fuhr Richtung Heimat. Was dort passiert ist, ist nie ganz klar geworden. Aus späteren bruchstückhaften Äußerungen Mödlers ging aber immerhin soviel hervor, daß er mehrmals mit seinem Wagen durch Gebirgsdörfer gefahren ist, die er aus seiner Jugend noch kannte. »Weil ich sie ganz einfach

nicht mehr erkannt habe«, sagte er, sei er dann gar nicht erst ausgestiegen, sondern gleich zurückgefahren. »Die Hochhäuser, wo die dort jetzt haben, die gibts in Eimsbüttel schon lange – und höher.« Wieder daheim in Hamburg gründete Franz Mödler einen Verein zur Pflege hanseatischer Lebensart und Traditionen, dessen Vorsitzender er 23 Jahre lang blieb. An seinem Grabe sang der Männerchor »Concordia 1868«: »Stadt Hamburg an der Elbe Auen«. Und nicht wenige kühle Hanseaten wischten sich verstohlen heiße Zähren aus den Augen.

137

Claire Auguste von Bietigheim

Das lange erfüllte Leben der Claire Auguste Bietigheim wäre ohne das Land Bayern völlig undenkbar gewesen. Die Beziehung begann recht eigentlich mit dem Freisemester, das ihr nachmaliger Gatte Heinrich, genannt Harry, gebürtig zu Düsseldorf, im Jahre 1932 in der bayerischen Landeshauptstadt München zugebracht hatte. Dieses blieb ihm zeitlebens in Erinnerung. Erstens wegen einer Frauensperson namens Maria, zu der er keine glückliche Beziehung entwickelte, vor allem wegen der Tatsache, daß er sie so gut wie überhaupt nicht verstehen konnte, zweitens aber wegen der vielen schönen Saalschlachten gegen sozialistische Kommilitonen, in denen seine Burschenschaft durchwegs eine imponierende Figur machte.

Wieder zurück im heimischen Ruhrrevier, das sich für Karriere und Geschäfte besser eignete, verließ Bietigheim und seine ihm inzwischen angetraute Gemahlin Claire Auguste nie die Liebe zu Bayern, seinen Bergen und Seen, sowie zu den bayerischen Künstlern wie Richard Wagner, Anton Padua und Gangerl Schwarzfischer sen., einem bedeutenden Kapellmeister auf dem Münchener Oktoberfest. Vor allem wenn dieses Ereignis anstand, konnte man sicher sein, daß die Bietigheims aus Düsseldorf angeflogen kamen und jedes Jahr wieder konnte man Harry beim Schottenhamel sitzen sehen, wie er mit glücklichem Lächeln nach irgend einer drallen Bedienung Ausschau hielt, die seiner Mari ähnlich sah und die sich vielleicht für zehn Mark Trinkgeld von ihm leutselig in den Hintern zwicken ließ.

War es ein Wunder, daß Claire nach dem allzufrühen Hinscheiden ihres kreglen Heinrich keine Sekunde zögerte, das von diesem mühsam erworbene Vermögen in der geliebten bayerischen Wahlheimaterde anzulegen? Es war kein Wunder. Wie sie nämlich kurz nach ihrer Ankunft im vertrauten Kreise mitteilte, fand sie vor allem jenen Artikel in der bayerischen Verfassung so gut gelungen, der jedem Staatsbürger den freien Zugang zu den Naturschönheiten des Landes garantierte, »wenn er nur tüchtig genug war« – wie sie hinzufügte – »sich diesen Zugang auch leisten zu können«.

Sie konnte sich zufällig ein 6000 Quadratmeter großes Grundstück am Starnberger See leisten, ganz in der Nähe jener Stelle, wo man damals den schönen König Ludwig II. ermordet hatte, den Bräutigam von Romy Schneider, für den sie insgeheim schon immer ein Faible gehabt hatte, vor allem, wenn sie ihn mit dem Äußeren ihres Heinrich verglich, der zum Schluß seines Lebens etwas füllig geworden war. Das Grundstück umzäunte sie mit einem dichten Maschendraht, weil sie zwar für Bayern als solches sehr viel übrig hatte, nicht aber für die Bayern im einzelnen, die sie – vor allem, wenn sie den unteren Ständen angehörten – in der Regel etwas ordinär fand, soweit sie erraten konnte, was diese sagten.

Frau von Bietigheim starb im Alter von 88 Jahren ganz plötzlich und unerwartet an einem Herzschlag, als sie zufällig einem Artikel in ihrer Lieblingsillustrierten entnahm, König Ludwig der Zweite sei weniger in Sissy als in Richard Wagners Kutscher verliebt gewesen.

Gertrude und Ehrenfried Zettekoven

Als das Ehepaar Zettekoven aus Hannoversch-Münden herausgefunden hatte, daß man seinen Urlaub nur in Oberbayern wirklich chic zubringen könne, wußte es endlich, wozu es auf der Welt war. Jedes Jahr (der nächsten 43) verlief von da an nach einem exakten Ritual: Die Saison begann – könnte man sagen – an Weihnachten, dem Fest, an welchem Gertrude, genannt Traudl, unter ihrer oberbayerischen Bergfichte ein rosa besticktes, jährlich etwas großzügiger ausfallendes Trachtenmieder vorfand, woraufhin sie in einen kleinen Juchzer ausbrach und hinter ihrem Rücken ein kleines Päckchen hervorzog mit der Frage, was denn ihr Ehrenfried, genannt Friedl, da wohl bekomme. Das war insofern spannend, weil es sich in unregelmäßiger Abfolge immer entweder um einen Satz Hirschhorn-Lederhosenknöpfe aus einem Ammergauer Seitental oder – in besseren Zeiten – um ein feststehendes Taschenmesser handelte, in dessen Hirschhorngriff das Totenkircherl der Höllentalklamm oder ein verwandtes Motiv eingegraben war. Die Monate danach waren völlig ausgefüllt mit dem Anfertigen von Marschtabellen sowie mit der weiteren Einrichtung der original Wolnzacher Hopfenzupferstube im Kellergeschoß.

Dann kam auch schon der Tag, an dem Zettekovens jedes Jahr in den Urlaub fuhren, in das kleine Ferienparadies am Taubenstein, ihr »zwo-ates Hoamatel«, wie sie es gerne nannten. Von dort aus kraxelten sie 43 Jahre ihres Lebens, anfangs von keinem, zwischendrin von bis zu drei, später wieder von keinem ihrer Nachkommen gefolgt, in den umliegenden Bergen herum, kratzten viele Zentner Fels und Geröll von den bayerischen Alpen, verstauchten sich insgesamt und zusammen – 17mal

eine Extremität, erlitten 28 Hautabschürfungen, zerbrachen 27 Spazierstöcke, erhielten 8 Urkunden und Ehrenteller zu Urlaubsjubiläen, wurden 16 mal als »Saupreißn verdammte« tituliert, was sie 15mal mit fröhlichem Lachen quittierten, während beim 16. Mal der Anwurf offenkundig westfälisch intoniert war, weshalb ihn Traudl Zettekoven mit einem blitzschnellen »Zimmerlinden ausdürrte« parierte. Bei gelegentlichen Münchner Zwischenaufenthalten schlugen sie einem ortsansässigen Bekannten (insgesamt) 426mal sämtliche ihm unbekannten Waxensteine und Schneideralmen so lange um die Ohren, bis dieser – im Jahre 1969 – beschloß, sein Wochenende gelegentlich einmal nicht im Hirschgarten zu verbringen. (Es blieb aber bei einem einzigen Abstecher des Bekannten, weil – wie er sagte – »auf dem Herzogstand, da datrittst ja bei jedem Schritt an Preißn«.)

Einer besonderen, aber insgeheimen Hoffnung folgend ließ Frau Zettekoven 19 Jahre lang das Fenster des von ihr inzwischen allein bewohnten Schlafzimmers offen. Dies führte zum Eindringen von (insgesamt) 1026 Nachtfaltern, 42327 Stubenfliegen sowie 1 betrunkenen Schornsteinfeger aus Mülheim/Ruhr, der mit seinem Freund gewettet hatte, er werde auf diesem hierorts ganz gebräuchlichem Wege eine dralle Bayerin aufreißen. (Wie später zu erfahren war, zahlte der junge Mann am nächsten Morgen – noch sichtlich unter Schockwir-

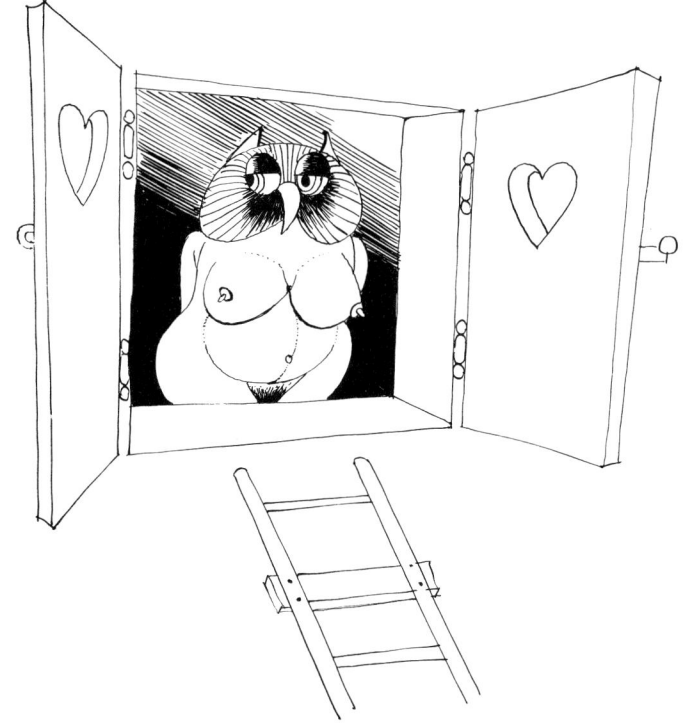

140

kung stehend – wortlos seine Wettschulden, während Traudl Zettekoven, enttäuscht und von da an über Rheumatismus klagend, die verbleibenden Taubensteiner Jahre ihr Schlafzimmerfenster schloß.)

Nachdem Vater Zettekoven im Jahre 1976 beim Einschlagen eines Nagels für ein Hirschgeweih in seinem Wolnzacher Keller versehentlich die Starkstromleitung angenagelt und seine Frau Traudl versucht hatte, ihn wegzuziehen, jodelte an beider Grab – wie testamentarisch verfügt – der »Oberländer Zweigesang« den Andachtsjodler. Der Tenor des Zweigesangs, der abends als die »dos mexikanas« in einem Hannoveraner Nachtlokal auftrat, stammte aus Lüneburg, der Baß war jedoch nachgewiesenermaßen schon einmal im Münchner Hofbräuhaus gewesen.

Georg Maurer

Der Junglandwirt Georg Maurer aus Aufkirchen in Niederbayern hatte sein eher kurzes Leben lang eine ebenso eindeutige wie ungünstige Meinung von den Preußen, welche sich letztendlich denn auch voll bestätigte. Was das Land anging, in dem diese Menschen wohnten, so wußte er alles darüber, insbesondere, daß es völlig flach war, aufgelockert höchstens durch die Kohlenhalden, die dort überall herumstanden zwischen den Großstädten, die Dortmund hießen und Bremen und Frankfurt und die ihm schon deshalb so unsympathisch waren, weil diese Städte immer wieder mal in der Bundesliga gegen seine Bayern gewannen.

Dies taten sie meist dann, wenn die Bayern »auswärts« spielten, weshalb »auswärts« und »Preußen« im Laufe der Zeit für den Schorsch mehr oder weniger identisch wurden. Was aber die Leute selbst anging, die »Preißn«, so zeigte bereits seine Sprechtechnik bei der Artikulation dieses Wortes – erst fest zusammengepreßte Lippen, dann ein labbriges, breites, verächtliches »ei« –, daß er von den Betreffenden leider gar nichts halten konnte, was allerdings kein Wunder war, wenn man seine persönlichen Erfahrungen in Betracht zog.

Diese stammten im wesentlichen von zwei Menschen. Erstens von einem orthographisch ziemlich anspruchsvollen oberfränkischen Lehrer, den das Kultusministerium in den sechziger Jahren ins Niederbayerische verschlagen hatte. Zweitens vom jüngsten Sprößling einer schlesischen Flüchtlingsfamilie, der dem Schorsch einmal eine freche Frage gestellt hatte. Deren Wortlaut hatte er zwar nicht

mitbekommen, aber er hatte dem »Hunzbuam, dem Glozzerten« sicherheitshalber eine geschmiert, »weil ois brauch i mir aa net gfoin laßn.«

Spätestens von da an bekräftigte Georg seine Meinung über die Preißn wenigstens zweimal pro Woche an seinem Stammtisch, an dem auch von den anderen Experten regelmäßig wahre Geschichten darüber erzählt wurden, wie dumm alle Norddeutschen, wie gescheit dagegen alle Bayern seien. Von

einem dieser Abende sehr aufgemuntert und sehr betrunken nach Hause wankend, rumpelte Schorsch Maurer direkt dem Freiburger Gemischtwarenhändler Hans F. in den Wagen, der mit seiner Familie gerade urlaubshalber das idyllische Aufkirchen durchquerte. Ein letzter Blick auf das hierorts nicht bekannte Autokennzeichen verschaffte dem Schorsch die Gewißheit, daß es natürlich wieder ein Preuße gewesen war, dem er diese weitere Gemeinheit verdankte. Die vage Hoffnung, es werde für den saudummen Hund, der ihn so gründlich getroffen hatte, wenigstens zu zwei Wochen Gefängnis reichen, verschönte Georg Maurer seinen letzten Atemzug.

4. Nordlichter-Lexikon
oder
Bayerns Preußen sind die besten

Bayern als Nährboden für viele preußische Geister

Ob der Schönheit seiner Landschaft, die viele Künstler so wunderbar inspirierte, der Herzlichkeit und Zutraulichkeit, der legendären Toleranz seiner Bewohner war Bayern allzumal ein Paradies für kluge Köpfe, ein Auffangbecken für große Geister. Abgesehen von Albert Einstein, der auf dem Münchner Luitpoldgymnasium kläglich scheiterte, weil er zu stark abgelenkt war und erst in Preußen und anderen faden Gegenden die Ruhe fand, die er persönlich für seine Forschungen brauchte und Ca-sanova, der seinerzeit unter Max III. Joseph bei den Damen am Hofe und auch sonst nicht mit seiner Kunst landen konnte (die Bayern rupfen bekanntlich ihre Hühner selbst) und dann verächtlich daherredete, läßt sich eine stolze und beliebig zu verlängernde Liste erstellen von Preußen, die in Bayern groß geworden sind oder hier das Rüstzeug für ihre späteren Erfolge erhielten. Man kann deshalb getrost sagen, daß Bayerns Preußen die besten sind oder geworden sind.

Leo von Klenze

Leo von Klenze, Anfang 1784 in Schladen bei Goslar geboren, galt nichts in seiner niedersächsischen Heimatstadt. Er durfte jahrelang nur langweilige Sozialwohnungen bauen. Als er dem Heim eines Oberregierungsrats zwei kleine dorische Säulen verpaßte, vermochte er sich in Preußen nicht mehr zu halten. Erst in München konnte sich der Schladener unter der Bauaufsicht Ludwigs I. gehörig austoben. Er errichtete die Pinakothek, die Glyptothek, ein paar Diskotheken, die Propyläen, Teile der Ludwigstraße, die Walhalla, die Befreiungshalle. Wenn man überlegt: Dies könnte alles genausogut in Schladen bei Goslar stehen! Dann allerdings hätte auch der berühmte Satz von König Ludwig I. lauten müssen: »Ich will aus Schladen eine Stadt machen, die Teutschland so zur Ehre gereichen soll, daß keiner Teutschland kennt, wenn er nicht Schladen gesehen hat«.

143

Lovis Corinth

Aus Ostpreußen kam der Maler und Grafiker Lovis Corinth. Er war immer auf der Suche nach dem ganz besonderen Blau – und fand es schließlich am oberbayerischen Walchensee, den er im übrigen im Gegensatz zur Ostsee, mit der er sich zuvor immer abgemüht hatte, sehr schätzte, weil er viel besser stillhielt.

Paul Heyse

Nicht vergessen werden darf in dieser Reihe auch Paul Heyse, ein nobler Mann, der folgerichtig auch den Nobelpreis bekam. Seine Berühmtheit in München verdankte er weniger seiner ungewöhnlich fruchtbaren literarischen Produktion als vielmehr seiner bekanntesten Hinterlassenschaft, der nach ihm benannten garantiert abzugsfreien Paul-Heyse-Unterführung hinter dem Hauptbahnhof.

Max Planck

Max Planck, der berühmte Physiker, ist ein Beispiel dafür, wie die Jugend- und Studienzeit in Bayern einen eigentlich sehr preußischen Menschen doch noch im besten Sinne prägen kann. Der gebürtige Kieler holte sich das Rüstzeug für seine späteren umwälzenden Forschungen im Süden, um dann – ganz auf die Sicherheit seines ehemaligen Gastlandes bedacht – sein Plutonium-Gepritschl in Berlin usw. auszuführen. Im übrigen wird in Bayern in dankbarer Anerkennung seine Quantentheorie in Ehren gehalten – als Gwandenkunde: Kunst des Anziehens, Gewandens.

Richard Wagner

Welche Verdienste Bayern um Richard Wagner hat, bestreitet wohl niemand. Da in Schuldtürmen nachweislich kein Schreib- geschweige denn Notenpapier zur Verfügung stand, müßten die Wagnerianer heutzutage auf vieles Liebgewonnene verzichten, hätte nicht Bayerns Ludwig II. (der angeblich im Kopf nicht richtig war!) seine helfende Hand ausgestreckt. Kleinliche Aufrechnerei, wieviele zusätzliche Schlösser oder Autobahnkilometer Ludwig für die vielen Wagner-Millionen hätte bauen können, ist bezeichnenderweise in Bayern nie aufgekommen. Aber nicht nur der Landesherr hat sich im Falle Wagner mit Ruhm bedeckt. Der Rentner Ignaz Gollerer war es nämlich, der den Meister zu den Schwänen auf dem Kleinhesseloher See im Englischen Garten führte, wo Wagner, was nicht allgemein bekannt ist, dann auch gleich im Angesicht der immer gutgefütterten Münchner Tiere sämtliche Leitmotive für seinen Lohengrin einfielen. Der Einwand, daß es so nicht gewesen sein könne, weil es sich beim Lohengrin um ein Frühwerk handle, kann mit aller wissenschaftlichen Akkuratesse zurückgewiesen werden; der Besuch am Kleinhesseloher See fand nachweislich am späten Nachmittag statt.

Thomas Mann

Ein besonders schönes Beispiel für ein in Bayern zum Glühen gebrachtes Nordlicht ist Thomas Mann. Er galt in seiner Lübecker Heimat als eher mittelmäßiger Schüler. Vor allem seine Deutschnoten boten immer wieder Anlaß für größere Familienkräche. In seinem Zwischenzeugnis aus dem Jahr 1887 stand die wenig hoffnungsvolle Bemerkung: »Thomas hat ein gar häßlich und fürwahr är- gerlich stammelig Deutsch. Er schreibt, wie ein Asthma-Kranker redet«. Erst in München, wo er nicht dauernd unterbrochen wurde, gewannen Manns Sätze an Länge und Kompliziertheit, vor allem erlernte der angehende Versicherungskaufmann den richtigen Einsatz des in Bayern so beliebten Relativsatzes (die wo, der wo).

Wilhelm Leibl

Mit zu Bayerns besten Preußen zählt Wilhelm Leibl, der es in Bayern vor allem zu einem anerkannten Fingerhakler brachte, aber auch als Maler einen guten Ruf gewann. Leibl wurde trotz seines wohlklingenden bayerischen Namens in Köln am Rhein geboren, wo er unter diesem sehr zu leiden hatte. Er entzog sich schließlich der ständigen Diskriminierung und verzog nach Oberbayern, um fortan nur noch echte Bayern und richtige Bäuerinnen zu malen; Rheinländer und andere Preußen bannte er dagegen nur noch gegen horrende Aufgelder auf die Leinwand. Freunden vom Bad Aiblinger Stammtisch gestand er mehrmals: »Em kölsche Küngel wör ich nie noo oven jekommen«.

149

Wladimir Iljitsch Uljanow

Wladimir Iljitsch Uljanow, später auch Lenin genannt, ist der nichtmarxistischen Nachwelt eigentlich nur noch mit einem Spruch allzeit gegenwärtig: »Vertrauen ist gut, Kontrolle ist besser.« Ein Satz, der heute auf keinem Fortbildungsseminar für junge Unternehmer fehlen darf. Entstanden ist dieser Ausspruch auf dem Münchner Viktualienmarkt im Herbst 1900, als Lenin in München wohnte. Er betastete ziemlich ungeniert herrliche Lederäpfel und Birnen am Stand von Kreszenz Augenthaler, die seine Ungeniertheit mit dem Satz stoppte: »Magst

150

vielleicht deine Griffeln wegtoa, du Saupreiß, du sowjetischer.« Lenin, der damals beherrschter reagierte als später, antwortete ruhig: »Ach wissen Sie, gute Frau, Vertrauen ist schon gut, Kontrolle ist eben besser« (das »schon« und das »eben« ließ er später weg, um dem Spruch die Aufnahme in die Handbücher der klügsten Sätze zu ebnen).

Frau Augenthaler ließ sich dadurch nicht einschüchtern und entgegnete fest: »Erstens bin i koa guate Frau, zwoatens san mir bei solche Vertrauenskontrollen scho öfta Äpfe wegkomma und drittens laßt jetzt de Tapperei und zwar in jeder Hinsicht! Host mi, Ruam russische!«

Erst durch die Reaktion der Münchnerin, und hier liegt das Verdienst Bayerns, merkte Lenin, wie gut sein Satz war und wandte sich ab, um ihn gleich für den späteren Gebrauch und die Nachwelt zu notieren. Lenin bekam vorübergehend eine Gedenktafel in Schwabing, Frau Augenthaler nie eine, obwohl ihre Sprüche auch nicht schlecht waren.

Johan Tserclaes Tilly

Johan Tserclaes Tilly tat sich als Gassenjunge weder im Sandkasten noch bei den Straßenschlachten im heimatlichen Brabant mit irgendwelchen Führerqualitäten hervor, bis ihm die bayerischen Herrscher ihr Vertrauen schenkten. Arm in Arm mit den tapferen bayerischen Soldaten gelangte er bald zu Ruhm und Anerkennung. Allerdings muß der Fairneß halber erwähnt werden, daß dem belgischen Feldherrn auch die Länge des Dreißigjährigen Krieges zugute kam. Die Historiker sind sich heute darüber einig, daß Tilly nicht halb so bekannt geworden wäre, wenn der Dreißigjährige Krieg beispielsweise ausgefallen wäre, oder aber nur ein paar Monate gedauert hätte. Dann stünde heute Wrede allein in der Feldherrnhalle und in der Altöttinger Stiftspfarrkirche ruhte vielleicht an seiner Stelle irgendein berühmter Vorfahr von Gerold Tandler.

Hans-Jochen Vogel

Zum Schluß noch ein Zeitgenosse, der es als gebürtiger Göttinger zum ersten Bürger der Stadt München brachte: Hans-Jochen Vogel, wohl das gelehrigste aller Nordlichter. Und der größte Dialektiker; zuletzt sprach er Bayrisch in vier Tonarten, je nach Bildungsgrad der Empfänger seiner Botschaften: Gschert für die städtischen Müllarbeiter, vornehm gschert für den städtischen Personalrat, mit hellerem A und nur noch leicht rollendem R, schon fast Zackerlbayrisch (Adelsbayrisch), für die Stadträte und fast unmerklich, aber doch nicht überhörbar bei feierlichen Anlässen in Bonn und im sonstigen Ausland. Er erfand den herrlichen Spruch »Sei tuat's was«, den sein Vorgänger Thomas Wimmer gern gebrauchte, und hielt sich zwölf Jahre als Oberbürgermeister in München, obwohl er einen guten Teil davon ständig am Abgrund stand. Links neben ihm war nichts mehr. Er mußte Bayern allerdings verlassen, als ruchbar wurde, daß er in einem Punkt einer wichtigen Persönlichkeit der CSU sehr ähnlich war: Er verzehrte schon zum Frühstück halbgare Jusos.

August Macke

Da ist auch August Macke, der in seiner rußigen Heimat Meschede von früher Jugend an unter seinem Namen schrecklich zu leiden hatte. Selbst sein Zeichenlehrer, so ist überliefert, ließ sich des öfteren dazu hinreißen, den zum Spott so geeigneten Familiennamen des hochsensiblen Schülers gegen seinen Schutzbefohlenen einzusetzen. Macke ging ins Ausland, zuletzt nach Bayern, wo die Nachstellungen sofort aufhörten, da hierzulande zur damaligen Zeit die preußische Bedeutung des Wortes Macke noch völlig unbekannt war. Macke lebte glücklich am Tegernsee und schenkte uns herrliche Werke vollendeten bayerischen Kubismus'.

VII. Religion

1. Katechismus (Glaubenslehre)

A. | Die Preußen und das Ewige Leben

B. | Die Preußen und die göttlichen Tugenden

A. Die Preußen und das Ewige Leben
(im Vergleich mit den Bayern)

1. Warum gibt es Preußen?
Gottes Ratschlüsse sind unerforschlich.

2. Wurden die Preußen auch von Gott erschaffen?
Nein, zumindest nicht direkt. Sonst hätte Gott am siebten Schöpfungstag keinen Ruhetag gehabt, sondern einen Reklamationstag.

3. Wie sind die Preußen dann auf die Welt gekommen?
Die Preußen haben sich durch Evolution aus anderen Geschöpfen heraus entwickelt – nicht zuletzt durch deren sündhafte Unachtsamkeit im Geschlechtsleben. Dann haben sie sich in jene Gegenden hineingedrängt, die von anderen Völkern entweder nur ungern oder nur undicht besiedelt worden waren. Später mischten sie sich ungefragt in die Weltgeschichte ein und brachten diese völlig durcheinander. So wird an den Preußen das Fortwirken der Erbsünde sichtbar.

4. Warum hat Gott dann die Ausbreitung der Preußen geduldet?
Da die Preußen ein Bestandteil des Sündenfalls der Menschheit sind, wirken sie nach dem Willen Gottes an der Verwirklichung seines Strafgerichts mit, daß die Erde kein Paradies mehr sein soll.

5. Welche Rolle haben die Preußen im Heilsplan Gottes?
Gott hat die Preußen als Prüfung für die christlichen Tugenden der Demut, des Gehorsams und der Feindesliebe bei europäischen Völkern, vor allem den Bayern, ausersehen. Mit Hilfe der Preußen erinnert Gott deren Nachbarn ständig an ihre Unvollkommenheit.

6. Welche Rolle haben die Bayern im Heilsplan Gottes?
Um auch den Preußen den Einzug ins Paradies so schwer wie möglich zu machen, hat er ihnen die Bayern als Hindernisse in den Weg gesetzt. Mit Hilfe der Bayern dämpft Gott den Übermut der Preußen und prüft ihre Tugenden der Geduld, der Tapferkeit und der Mäßigkeit.

7. Warum hat Gott die Preußen nicht schon früher in die Weltgeschichte eingreifen lassen?
Mit dem auserwählten Volk Israel wollte es Gott immer wieder noch einmal im Guten versuchen. Bei den Plagen Ägyptens kamen die als letztes Mittel vorgesehenen Preußen nicht mehr zum Einsatz, weil der Pharao schon nach der siebten Plage aufgab. Und zur Zeit der Römerherrschaft war die Christenverfolgung ohnehin schon schlimm genug.

8. Wollen die Preußen auch in den Himmel kommen?
Ja, aber sie halten das Land Bayern schon für den Himmel. Sie drängen deshalb mit aller Gewalt hinein und sind nicht mehr hinauszukriegen.

9. Kommen im überirdischen Paradies Bayern und Preußen zusammen?
Ja, aber erst nachdem beide durch das Fegefeuer so geläutert und einander angeglichen wurden, daß sie sich als reine Geister in himmlischer Verklärung lieben.

154

10. Wie sieht das Fegefeuer für Preußen aus?

Das Fegefeuer für Preußen ist ein Ort, von dem aus sie ein paradiesisches Land wie Bayern sehen, die lieblichen Laute lustig feiernder Bayern hören und den von bayerischen Festen aufsteigenden Duft riechen können, aber keine Verkehrsverbindung dorthin finden. Von ungeheuerer Sehnsucht nach Bayern verzehrt, werden ihnen alle ihre Sünden und Laster bewußt und eine tiefe Reue reinigt sie allmählich innerlich von allen preußischen Unarten.

11. Wie sieht das Fegefeuer für Bayern aus?

Überall, wo die Preußen in der Überzahl sind, ihre materielle Überlegenheit ausspielen und den Ton angeben, ist das Fegefeuer für die Bayern. Dort werden sie durch ständige Kritik, Belehrungen und Demütigungen von den Preußen zu besseren Menschen erzogen und für alle Sünden im zeitlichen Leben gepeinigt. Da die meisten Bayern dieses Fegefeuer schon auf Erden durchmachen, können sie nach ihrem Tode – von Sturheit, Grant und Grobheit gereinigt – gleich direkt in den Himmel kommen.

12. Gibt es für Bayern und Preußen auch eine Hölle?

Ja, sie wirkt genau wie das Fegefeuer, nur ist sie von unendlicher Dauer, ohne Hoffnung auf Erlösung.

13. Was müssen Bayern und Preußen tun, um in den Himmel zu kommen?

Sie müssen einander von Herzen lieben.

14. Was können wir tun, um dieses Ziel zu erreichen?

Wir können uns an einigen ausgewählten Exemplaren in der Liebe üben und daran unseren guten Willen beweisen.

15. Warum verlangt Gott überhaupt, daß Bayern und Preußen sich lieben?

Weil das Ewige Leben unendlich schön ist, muß Gott dafür auch unendlich schwere Prüfungen verlangen. Aber Gott hat auch unendlich viel Zeit und Geduld.

B. Die Preußen und die göttlichen Tugenden

(im Vergleich mit den Bayern)

1. Haben die Preußen überhaupt einen Glauben?

Ja, sie haben einen starken Glauben. Sie glauben fast alles.

2. Was glaubt denn der Preuße?

Erstens an sich selbst, zweitens an den göttlichen Missionsauftrag, alle Völker zu lehren, und drittens, daß es in Bayern Wolpertinger gibt.

3. Was glaubt der Bayer?

Erstens, daß Gott ein Bayer ist, zweitens, daß man nix Gwisses nicht weiß, und drittens, daß zwei Pfund Fleisch und drei Pfund Knochen eine gute Suppe geben.

4. Was glauben die Preußen von den Engeln?

Die Preußen glauben, daß es in Bayern Engel geben muß, weil viele von ihnen sie dort schon singen gehört haben.

5. Was glauben die Bayern vom Teufel?

Die Bayern glauben, daß der Teufel ein Preuße sein muß, weil schon Luzifer auf die Frage: »Wer ist wie Gott?« sofort »Hier!« gerufen hat.

6. Was glauben die Bayern von den Preußen?

Die Bayern glauben den Preußen überhaupt nichts – außer, daß sie an allem schuld sind.

7. Was glauben die Preußen von den Bayern?

Die Preußen halten die Bayern für absolut unglaublich.

8. Wie halten es Preußen und Bayern mit Hoffnung und Liebe?

Die Preußen geben die Hoffnung auf die Liebe der Bayern nicht auf und die Bayern versuchen, mit Liebe möglichst viele Preußen in die Hoffnung zu bringen.

9. Welches ist bei beiden die stärkste göttliche Tugend?

Der Glaube, daß die Liebe zwischen Bayern und Preußen zu den schönsten Hoffnungen berechtigt.

2. Morallehre

Die Preußen
als sittliche Herausforderung
Auszug aus einer Vorlesung
des bayerisch-katholischen Moraltheologen
Prof. Ignaz Pimpernagel

Für die christliche Moral unserer bayerischen Menschen gibt es mancherlei Versuchungen und Gefahren. Die größte Herausforderung an ihre sittliche Reife stellen zweifellos die Preußen dar.
Weil wir in Bayern die Preußen ständig um uns haben, müssen wir sie als unsere Nächsten betrachten und stehen somit unter dem sittlichen Gebot der Nächstenliebe. Da sie uns andererseits fast alles wegnehmen und uns für dumm verkaufen wollen, ferner uns von den schönsten Plätzen und den besten Posten vertreiben, und da sie überhaupt nahezu an allem schuld sind, erkennen wir in ihnen auch unsere stärksten Feinde. Also gilt für sie gleichzeitig auch das Gebot der Feindesliebe.
Das heißt also: zu den Preußen ist dem christlichen Bayern eine doppelte Liebe geboten. Und wenn man bedenkt, daß er sie eigentlich gar nicht ausstehen kann, werden fast übermenschliche sittliche Kräfte vom Bayern gefordert. Woher soll er diese Kraft nehmen und wohin mit dieser Kraft?
Die Abneigung des Bayern gegen Rassismus ist genau so stark wie die gegen Preußen, was ihn in ein ständiges Dilemma zwischen Theorie und Praxis und somit zu häufigem schizophrenen Verhalten führt. So schwankt er ständig zwischen gehässigen Beschimpfungsorgien und überschwenglichen Verbrüderungsfeiern hin und her; und je weniger er nüchtern ist, desto mehr schwankt er.
Dann besteht ständig die Gefahr, daß die in Sachen Preußen angestaute und mobilisierte menschliche Kraft in der falschen Richtung in sittliche Extreme ausschlägt: entweder es wird gerauft oder es wird ›geschnaxelt‹, wie der Bayer umgangssprachlich zu geschlechtlichen Verirrungen sagt. Beides ist moralisch gleich weit vom goldenen Mittelweg entfernt. Wenn die sittlich gebotene Aufrichtigkeit im Umgang mit dem Nächsten zur Schlägerei führt, ist dies ebenso als sittliche Entartung zu werten wie zügelloser Geschlechtsverkehr als Übertreibung der Feindesliebe.

Da der Preuße unser Nächster ist, stellt er freilich auch eine permanente Versuchung für die Bayern dar, also das, was wir Moraltheologen die ›proxima causa‹ bezeichnen: die nächste Gelegenheit zur Sünde. Nach dem Willen der Kirche sollen wir aber sowohl die Sünde als auch die ›proxima causa‹ meiden. Dadurch kommen wir wiederum in Konflikt mit dem Gebot der Nächstenliebe, mit dem christlichen Antirassismus und mit der ökumenischen Toleranz gegenüber Andersgläubigen; denn das Nächstliegende dürfen wir nicht tun: die Preußen einfach meiden. Die größte moralische Versuchung geht jedoch dann davon aus: je mehr die Bayern sich bemühen, den Preußen menschlich als Brüder und Schwestern zu begegnen, desto schwerer fällt es, mit ihnen sittlich wie Bruder und Schwester zusammenzuleben.

Die von der Kirche geforderte Mobilisierung der äußersten Liebeskraft führt so oft dahin, daß der Bayer mit ihr nicht mehr aus noch ein weiß, wodurch er sich nicht selten ins Geschlechtliche verirrt. Und gerade hier lauert die Sünde auf ihn!
Als mildernde Umstände müssen freilich auch von moraltheologischer Seite die übergroßen Verführungen anerkannt werden, die bei gemischtrassigen sexuellen Begegnungen gerade vom Mischen an sich ausgehen.
Welch ungewohnter Reiz wirkt nicht auf bayerische Frauen und Mädchen ein durch die bekannte Verbalerotik preußischer Männer! Während Bayerns Männer im Weichholzhacken oder Hartholzsägen stärker sind, zeigen sich preußische Männer gerade im Süßholzraspeln weit überlegen, für das bekanntlich Frauen so anfällig sind. Wo bayerische Männer im Geschlechtsverkehr zu stummer Pflichterfüllung neigen, pflegen preußische Männer ihre erotischen Bemühungen mit aufregenden Vorankündigungen und erläuternden Kommentaren zu begleiten, was bei den davon überraschten bayeri-

schen Frauen durch den sogenannten ›Aha-Effekt‹ meist große Verwirrung auslöst.

Auf der anderen Seite werden bayerische Männer, die es gewohnt sind, um ihr Liebesglück lange betteln zu müssen, in ihrer moralischen Widerstandskraft völlig überrumpelt, wenn preußische Frauen oft schon »Ja« sagen, bevor sie überhaupt gefragt worden sind. Erst recht, wenn das Liebeswerben von einer preußischen Frau ausgeht, würde es der daran nicht gewöhnte Bayer für völlig unvereinbar mit dem Gebot der Gastfreundschaft halten, hier nicht in spontanem Liebesdienst für seine Feindesliebe zu zeugen. Eine Verweigerung des Fremdenverkehrs durch mangelnden persönlichen Einsatz würde ein Bayer als widernatürlichen Akt empfinden. Noch dazu, wo dies oft seine einzige Chance ist, eine Preußin wenigstens vorübergehend zum Schweigen zu bringen.

Nun ist es aber nicht damit getan, daß wir die menschliche Schwäche gegenüber solchen Versuchungen mit der Unvollkommenheit des Bayern entschuldigen, sondern es stellen sich selbst noch bei der Unzucht schwerwiegende moralische Fragen für die Bayern: da die Empfängnisverhütung an sich ein Übel ist, die Vermehrung der Preußen aber auch, so fällt oft die Entscheidung schwer, ob im gemischten Geschlechtsleben die Sünde durch Geburtenkontrolle noch größer oder eher geringer wird, wenn man wenigstens den Nachwuchs verhütet. Hier müssen wir uns zur sittlichen Orientierung an die präzise Sprachregelung der Kirche halten: Sünde ist es, Kindersegen zu verhindern. Bleibt also die Frage, ob Preußenkinder von Bayern als Segen empfunden werden müssen. Oder ob es in Bayern als das kleinere Übel und der größere Segen gilt, Preußenkinder zu verhindern.

Diese dem paulinischen Privileg (Vorrang der Rechtgläubigkeit) nachempfundene Dispens von der Enzyklika ›Humanae vitae‹ kann natürlich nicht bei reinrassigen Preußenkindern in Anspruch genommen werden, weil das Verhindern von Preußenkindern nur vom bayerischen Standpunkt aus als sittlich gut empfunden werden kann. Aber auch aus den durch bayerische Mitwirkung entstandenen Kindern können Preußenkinder in Reinkultur werden, wenn sie außerhalb Bayerns aufwachsen, in preußischer Umgebung ausgesetzt und preußisch erzogen werden. Wo Kindern dieses Schicksal drohen würde, darf der Bayer bei vor- oder außerehelichen Mischversuchen deren Entstehung vorsorglich verhindern. Denn das Gebot, seine Feinde zu lieben, muß nicht so weit übertrieben werden, diese auch noch zu vermehren.

Um der Lust des Mischens legal nachgehen zu können und dem heiklen Problem der Preußenvermehrung vorzubeugen, empfiehlt die Kirche gewissermaßen als sexuelle Notlösung die Mischehe. Die Mischehe zwischen Bayern und Preußen unterliegt kirchlicherseits keinen Auflagen, aber es erweist sich in jedem Fall die freiwillige Beachtung der gleichen Bedingungen wie bei der konfessionellen Mischehe als sinnvoll.

Dazu gehört zum einen, daß Mischehen, die in Bayern geschlossen werden, den bayerischen Teil weit geringeren Gefährdungen kultureller Entwurzelung aussetzen als wenn er in die Diaspora heiratet. Zum anderen gehört dazu die Verpflichtung zur bayerischen Erziehung der Kinder, entweder durch Aufwachsen in bayerischer Umgebung oder durch anhaltendes Aussetzen von bayerischen Einflüssen. Preußischen Erziehungseinflüssen können sie ohnehin nirgends entgehen.

Auf diese Weise verhindert man Preußenkinder, nicht aber den Kindersegen an sich und trägt durch die Aufzucht junger Bavareußen viel dazu bei, daß das doppelte Liebesgebot nicht zur totalen Verpreußung der bayerischen Heimat führt. So betrachtet ist die in der Mischehe investierte Liebeskraft das stärkste Kampfmittel der Bayern gegen die preußische Übermacht. Gnadenloses Aufheiraten stellt somit die moralisch unanfechtbare Antwort der Bayern auf die sittliche Herausforderung durch die Preußen dar.

159

3. Kirchliche Verkündigung zur Fastenzeit

Da die Preußen bekanntlich die bayerische Nation nicht respektieren und sowieso keine Grenzen kennen, überschreiten sie die Grenzen des Freistaates am laufenden Band in jeder Richtung. Dadurch entziehen sie sich sowohl der kirchlichen Einwandererbetreuung als auch einer geregelten Ausländerseelsorge. Da Gott den Preußen aber – zusammen mit Chinesen und Italienern – am meisten von allen Menschen jene Eigenschaft mit auf die Welt gegeben hat, die wir Allgegenwart nennen, gibt es auch in Bayern kaum mehr eine Kirche, in der nicht auch Preußen sitzen.

In besonders dichten Scharen kann man Preußen in den Kirchen von Fremdenverkehrsgemeinden antreffen, weil sie sich im Urlaub in Bayern dem Himmel am nächsten fühlen. Die heutige Missionsarbeit an den Preußen muß daher schwerpunktmäßig in der Touristenseelsorge ansetzen. Da bei vielen Preußen noch erschwerend dazukommt, daß sie auch noch Protestanten sind, darf man ihnen nicht, wie unter katholischen Pfarrerskindern, einfach den schwer sündhaften Zustand ihres Daseins in angemessener Grobheit an den Kopf werfen, sondern man muß sie in ökumenischem Geist so anre-den, als wenn sie wirklich Brüder und Schwestern von uns wären. Der Ökumenismus zwischen katholischen Bayern und katholischen Preußen ist ohnehin schon wesentlich weiter entwickelt als der zwischen Katholiken und Protestanten.

Die größten Schwierigkeiten der Verständigung und die höchsten Anforderungen an die christliche Nächstenliebe treten jedoch auf, wenn laxe bayerische Katholiken auf strenggläubige nordische Protestanten treffen oder liberale bayerische Protestanten auf orthodoxe preußische Katholiken. Der kirchlichen Verkündigung kommt da die große Aufgabe zu, den doppelten konfessionellen Frieden zu bewahren und die schlimmsten Verirrungen in brüderlicher Zurechtweisung missionarisch auszumerzen.

Als gelungenes Beispiel für dieses Bemühen bringen wir nachfolgend die Leib und Seele kräftigende Fastenpredigt des schwäbischen Pfarrers Frieder Knöpfle aus Wampertittling, der die konfessionellen Gräben zwischen Nord und Süd nicht leugnet, aber doch auf überzeugende Weise den rechten Glauben schmackhaft macht.

Liebe Brüder und Schwestern!

Freuet euch im Herrn, denn die heilige Fastenzeit liegt wieder vor uns. Wenn ich sage: Freuet euch, so weiß ich, es freuen sich nicht alle, denn viele im Lande machen das, wovor uns die Bibel warnt: ein finsteres Gesicht. So wird mit Beginn der Fastenzeit wieder eine tiefe konfessionelle Kluft durch das deutsche Volk aufgerissen. Ein schmerzlicher Riß, der durch die geradezu kämpferischen säkularisierten Fastenaktionen von Zeitungen weit über die Einheitsprobleme der Christen hinausgreift: in diesem Glaubensstreit geht es um den richtigen Stil zu fasten, genauer gesagt: um barocke oder gotische Fastenkuren.

Die im überwiegend katholischen Bayern beliebteste traditionelle Art des Fastens ist die barocke. Sie gipfelt in dem frommen Bestreben, auch die Enthaltsamkeit zu einem Fest christlicher Lebensfreude zu gestalten. In wahrer Kirchentreue werden auch religiöse Pflichten wie das Gebot der einmaligen Sättigung mit innerer Lust verrichtet. Darum kasteit sich der Bayer gleich am Aschermittwoch kräftig mit einem schmackhaften Fischessen. Seine Entsagung gegenüber der Fleischeslust demonstriert er beispielsweise mit einem gebackenen Karpfen, einer blauen Forelle, einem gebratenen Hecht, einem Waller im Wurzelsud, einem Goldbarsch im Bierteig oder einem Lachs vom Grill. So eine Sättigung ist wirklich einmalig.

In früherer Zeit, Andächtige im Herrn, wurden die fleischlosen Abstinenztage noch oft und gern gehalten. Wenigstens an einem Tag in der Woche sollte einmal eine Abwechslung von der eintönigen Kost stattfinden, weil die Kirche sich gesunde Gläubige erhalten wollte, die noch in der Lage sind, sich und den Glauben zu vermehren. Aus jener Zeit sind uns noch viele kräftige Mehlspeisen überliefert, mit denen man sich das harte Fasten versüßt hat. Um die völlige Auszehrung durch Fischessen zu vermeiden, gab man sich ohne Murren voll Opferbereitschaft einem Apfelrahmstrudel hin oder einem gezuckerten Kaiserschmarrn mit Birnenkompott, einem Pfannkuchen mit Preiselbeermarmelade, einem Reisauflauf mit Apfelschnitz, ausgezogenen Schmalznudeln, mit Zwetschgen gefüllten Rohrnudeln oder Dampfnudeln mit Vanillesoße. Dazu versagte man sich jedes Fleisch, jede

Wurst, ja jedes Geselchte. Um in diesen Tagen des Verzichtes, christliche Gemeinde, das Äußerste an Entkräftung zu verhindern, haben sich die Mönche des Volkes und ihrer selbst erbarmt und das Starkbier erfunden. Mit diesem kräftigen Trunk sühnen die Bayern alle sinnlichen Ausschweifungen während der Faschingszeit, indem sie alle weiteren fleischlichen Gelüste und niederen Frühjahrstriebe schon im Keim ertränken, alle sündhaften körperlichen Regungen samt dem lüsternen Geist einschläfern. Geht hin, ihr sündigen Preußen, zum heiligen Berg und tuet desgleichen!

Diese alten Fastentraditionen werden in Bayern auch heute noch streng eingehalten. Der einzige kleine Unterschied, den die Kirche nicht gewollt hat, besteht in der gegenwärtigen Lebenspraxis darin, daß die Bayern von heute zwar auch auf viele Entbehrungen zu verzichten gelernt haben, nur nicht auf das Fleisch selbst.

Trotzdem müssen wir diese bayerisch barocke Fastenpraxis, die ja auch von vielen Geistlichen unermüdlich vorgelebt wird, als die frömmere betrachten. Macht sie doch die Menschen friedlich, aufgeschlossen für Nächstenliebe und bereit zu höherer Ordnung und strengerer Zucht. Aus dieser Zucht pflegen auch besonders stattliche Erscheinungen hervorzugehen, ja sogar oft die größten Köpfe der Nation. Diese wahren, durch barockes

Fasten gereiften bayerischen Glaubenszeugen sind dann imstande, für ihre Überzeugung vom gelobten Land überall ihr Gewicht in die Waagschale zu werfen.

Liebe Brüder und Schwestern! Wem Gott durch diese Übungen der Frömmigkeit eine solche Figur gegeben hat, der hat auch die Pflicht, seine Figur zu halten. Habe ich etwa das Recht, meine gottgegebenen zwei Zentner zur Bedeutungslosigkeit hinsiechen zu lassen? Nein! Wuchern sollen wir mit unseren Talenten, nicht kümmern, spricht der Herr! Die mageren Jahre sind Fluch, nicht Segen. Jene perverse Lebensweise, bei der Menschen mutwillig, ja systematisch, ihren Körper herunterkommen lassen – oft bis unter die Hundertkilomarke! –, gilt uns mit Recht als Sektierertum: wir nennen es voller Abscheu die nordisch-gotische Art des Fastens. Hier handelt es sich um die unnatürliche und darum zutiefst unchristliche FdH-Methode, die nicht nur die Brotzeitteller, sondern auch die Familienharmonie brüchig werden läßt. Dabei ist der kategorische Imperativ ›Friß die Hälfte‹ von der Existenzphilosophie längst widerlegt. Seid doch ehrlich zu euch selbst, gerade ihr, liebe Brüder und Schwestern aus dem Preußenlande und bekehrt euch zur christlich-bayerischen Logik: Wenn ihr in den Wochen der Fastenzeit nur die Hälfte freßt, dann heißt das, daß ihr in den übrigen Monaten des Jahres das Doppelte davon verschlingt. Ihr Heuchler und Verschwender!

Die Kirche lehnt diese FdH-Methode auch noch aus moralischen Gründen ab: sie entwürdigt nämlich unsere Frauen und Mütter! Sie geben euch aus Liebe beim Kochen und Backen ihr Bestes: und ihr Undankbaren wollt nur die Hälfte davon fressen! Man beleidigt hingegen seinen Nächsten nicht, wenn man den Alkoholgenuß einschränkt und nur die Hälfte säuft: darum haben ja auch bayerische Asketen neben der Maß die Halbe erfunden.

Das nordisch-gotische Fasten kennt jedoch auch noch den nicht minder verabscheuungswürdigen kulinarischen Masochismus, den man die Fasten-Kampagne ›Friß-dich-schlank‹ nennt. Diese ›Schlank-Schlemmer-Bewegung‹ läuft auf reinen Konsumterror hinaus, vor dem ihr euch hüten sollt, christliche Gemeinde.

Verdorrte Kalorienprediger, entsaftete Diät-Ideologen und eiweiß-bleiche Skelettanbeterinnen verkünden euch von den modernen Kanzeln der Massenmedien die Irrlehren des Magerkeitskultes. Sie verführen ihre unseligen Anhänger zu der Untugend, sündhaft teure Speisen als wahre Un-Dinge zu essen: un-gezuckerten Kaffee, un-ge-würzten Magerquark, un-bestrichenes Knäckebrot, un-gefettete Truthahnbrust, un-gespickte Rehfilets und un-geheuere, aber un-geölte Salatmengen.

Welch un-gesunder Un-Glaube! Welche Versuchung für unser braves Volk! Welch gewaltige Willenskraft ist notwendig, um diesen in wochenlangen Fastenkuren als Köstlichkeiten angepriesenen luxuriösen Abspeckmitteln widerstehen zu können. Ja, mancher Halmnager und Körnerknabberer läßt sich nicht einmal von den Tierschutzverbänden davon abhalten, Gottes armer Kreatur auch noch das letzte Gras als Rohkost wegzufressen. Wir dagegen, Brüder und Schwestern, bleiben auch in dieser Versuchung standhaft und nehmen uns ohne Not kein Salatblatt vor den Mund.

Andächtige, was sind das denn für Gestalten, die uns dieses gotische Fasten so verführerisch vorleben? Es sind Menschen, die den Glauben an sich selbst verloren haben, die sich selbst nicht genug sind, sondern in unersättlicher Lebensgier ihre Körper anderen anpreisen möchten – nicht selten an öffentlichen Badestränden! Oder die in hemmungslosem Sexhunger nach dem Fasten nur die Fleischeslust der anderen wieder neu anzuregen suchen.

Zu den Anhängern dieser fettarmen Lehre gehören ferner genußsüchtige Ehemänner, die sich nicht mit ihren häuslichen Pflichten zufriedengeben, sondern ihren Körper lieber mit Hilfe einer knackigen Diätassistentin trainieren wollen. Dazu gehören auch bequeme Frauenzimmer, die zu faul sind, einfach den Saum der Kleider herauszulassen und die lieber an Vitaminmangel auf der flachen Modebrust leiden als durch das schwere Opfer des barocken Fastens ein starkes und offenes Herz für ihre Mitmenschen zu entwickeln.

Christliche Gemeinde, wägt man alles in allem ab, so sehen wir den Vergleich: dort hungern aus blanker Lebensgier, hier tafeln aus erotischem Verzicht, dort süßstoffbedingte Säuernis, hier scharf gewürzte Lebensfreude, dort die Kalorienarmut der Reichen, hier der Fettreichtum der Armen. Hier, ihr verblendeten Preußen, ist gut sein.

Nun denn, meine Brüder und Schwestern, ist es auch für den Laien nicht mehr schwer, eine klare theologische Lehre daraus zu erkennen: das nordisch-gotische Fasten führt nur zu den Verirrungen sektiererischer Kostverächter, die schon der biblische Gott meist mit Dürre bestraft hat. Daß das bayerisch-barocke Fasten der edlere Weg und der wahre Glaube ist, sieht man am deutlichsten daran, daß wir Dicken einfach die besseren Menschen sind. Noch ist es nicht zu spät. Amen.

4. Kirchengeschichte

Die Wahrheit über eine Legende

oder: Wie der hl. Bonifatius und seine bayerischen Mönche vergeblich versuchten, die Preußen katholisch zu machen*)

In der bisher überlieferten Kirchengeschichte wird über den Märtyrertod des ›Apostels der Deutschen‹, des Mönchs Winfried und späteren Erzbischofs Bonifatius, stets berichtet, er habe in religiösem Übereifer die heilige Donar-Eiche der Friesen umhauen lassen, um die Machtlosigkeit des germanischen Gottes zu demonstrieren. Diese Version, die dann bekanntlich damit endet, daß Bonifatius und seine Mönche von den Friesen erschlagen wurden, hat immer schon sehr viele Zweifel wachgerufen. Denn das radikale Vorgehen des Bonifatius war für einen angelsächsischen Adeligen viel zu undiplomatisch und entsprach nicht der römischen Christianisierungspraxis. Außerdem hätte er mit diesem Hauruck-Verfahren nicht einmal die Mission der Bayern überlebt, und es schon gar nicht bis zum späteren Patron der Bierbrauer gebracht.

Die einzige schriftliche Aufzeichnung eines überlebenden Begleiters des Bonifatius, die in einer Mönchszelle in Fulda gefunden worden ist, galt jahrhundertelang als nicht mehr zu übersetzender keltischer Ur-Dialekt, wie er nur noch in Teilen Irlands und Schottlands bekannt war. Sprachwissenschaftler der Katholischen Akademie in Bayern, denen dieses Dokument jetzt durch Zufall in die Hände fiel, konnten die Sprache unschwer als sehr altes, stellenweise mit Hausmacher-Englisch durchsetztes Niederbayerisch entziffern. Daher wissen wir heute nicht nur, daß es sich nicht um Mönche aus dessen Heimat in Wessex, sondern um bayerische Klosterbrüder gehandelt hatte, die Bonifatius bei der »Preußen-Mission« helfen wollten. Wir können nach dem Bericht des Benediktinerbruders Simon Landersdorfer aus Passau jetzt auch die wahren Vorgänge ziemlich authentisch rekonstruieren. Danach muß sich das tragische Mißverständnis zwischen Bayern und Friesen am 5. Juni 754 etwa so abgespielt haben:

Tief ins Gebet versunken reitet Erzbischof Bonifatius durch die Eichenwälder Frieslands. Wird Gott seinen zweiten Versuch, dieses Volk zum Christentum zu bekehren, mit mehr Erfolg segnen als rund 30 Jahre zuvor? Um das Jahr 718 hatte der Angelsachse angefangen, zuerst in Friesland, dann in Hessen, in Thüringen und zuletzt in Bayern zu predigen. Inzwischen war er zum Erzbischof geweiht und zum päpstlichen Legaten für Germanien ernannt worden, hatte viele Klöster und fünf bayerische Bistümer gegründet. Seine Hoffnung, auch dem Volk der Friesen endlich den wahren Glauben einpflanzen zu können, setzt Bonifatius nun aber nicht mehr nur auf Gott, sondern auch auf die unbändige Überzeugungskraft der fünf bayerischen Klosterbrüder, die er als persönliche Begleiter und erstes Missionspersonal auf die Reise zu den Friesen mitgenommen hat.

Wenn einer den friesischen Querköpfen beikommen konnte, dann die bayerischen Dickschädel! Damals hatten die Friesen das Christentum als Religion ihrer Feinde, der Franken, abgelehnt. Jetzt aber brachte er Bayern mit. Je einen hatte er aus seinen neuen Diözesen Freising, Regensburg, Passau, Eichstätt und Würzburg ausgewählt. Nur ein Augsburger fehlte ihm, weil die fixen Schwaben schon 200 Jahre vor der Ankunft des Bonifatius ihr Bistum gegründet hatten.

Hinter dem Bischof sitzt auf dem gleichen Pferd der erzbischöfliche Sekretär, Pater George White, und grübelt darüber nach, wie er mit den mageren Spenden der Bayern die Kosten der Friesenmission finanzieren soll.

In angemessenem Abstand schreiten die fünf Klosterbrüder zu Fuß dahin. Sie haben sich erst bei dieser Expedition kennengelernt. Wenn sie nicht gerade müde und mißmutig schweigen, streiten die drei Altbayern und die zwei bayerischen Franken

*) gefügig machen

163

miteinander oder granteln über ihren unfreiwilligen Auftrag. Sie sind nämlich der Meinung, daß man das Christentum nicht über den Weißwurst-Äquator hinaus nach Norden ausbreiten solle – mit der Begründung: »Wenigstens im Himme wolln ma unter uns sei.«

Der lange Marsch hat die fünf Laienbrüder natürlich stärker angestrengt als die geistlichen Herrn zu Pferde.

»Mi leckst, tean mir d'Füaß scho weh«, murrt der Passauer Bruder Simon Landersdorfer.

»Und an sakrischen Durscht kriagst aa bei dera Bluatshitz«, stimmt ihm der Freisinger Korbinian Haslwimmer zu.

»Wir stimmen beim Wandern immer a Liadla aa, do geht's glei flodder«, schlägt der Eichstätter Bruder Martin Köbler vor.

»A Bier waar mir liaba für mein trockna Hois ois wia eier fränkisches Gsangl«, widerspricht ihm der Regensburger Joseph Grabmeier.

»Unseren Wein dürf ma net antasten, den brauch ma für die ersten Messen«, warnt der Würzburger Julius Stimpfle.

»Dein fränkischen Sauerampfer, den lauwarma, konnst dir sowieso bhalten«, wehrt Bruder Simon ab.

»Wia hoaßt denn des Nest, wo mir heit no hihatschen müaßn?«, will Bruder Joseph wissen.

»Nach Dokkum geht's«, weiß Bruder Martin aus Eichstätt.

»Geh, des kann uns doch wurscht sei, wia de Breißn-Nester hoaßn«, meint der Korbinian, »da schaugt ja doch oa Dorf aus wia's andere: nirgends koa Wirtshaus und koa Kircha.«

»Des werd a Sau-Arwat werdn, bis ma de christianisiert habn«, sorgt sich der Sepp, »wo praktisch nix da is von einer Kultur.«

»Brauchst dir ja bloß den Wald oschaugn«, mosert der Oberbayer Korbinian, »jetzt lauf ma scho tagelang dahi und habn no koa Tanna gsehng, koa Fichten und koa Kiefern. Bloß lauter Eichen und Buchen. Wia solln sich denn de auf Weihnachten frein könna, wenn koane Christbaam wachsen?«

»Wenns' wenigstens Säu herfuttern taatn mit de Hauffn Oachel und Buacheckern. Aber de tean ja nur jagern. Da hat ma an Weihnachten koane Würscht und an Ostern koa Gselchts«, denkt der Niederbayer Simmerl ans Praktische. Doch der

Oberpfälzer Sepp sieht noch weitere große Probleme mit der Christianisierung kommen: »Und weit und breit koa Weiher. Da stehn ma am Karfreitag ohne Karpfen da und an Kirchweih ohne Anten und Gäns. Wia sollst denn in so einem Land christliche Feste einführn?«

Der Eichstätter Bruder Martin widerspricht mit dem Hinweis, der Bischof werde dann eben dafür sorgen, daß Fische aus den Flüssen gefangen werden. »Du moanst wohl, weil er a Angel-Saxe is?« frozzelt der Simmerl zurück.

Der Oberbayer, der Niederbayer und der Oberpfälzer sind sich ausnahmsweise einig darüber, daß es insgesamt ein »richtiger Schmarrn« ist, zum zweitenmal »an die Preißen hipredigen« zu wollen, »wo de ja doch nix glaubn«. Den Einwand der beiden Franken, es handle sich nicht um ›Preußen‹, sondern um Friesen, bügeln die drei Altbayern mit der barschen Bemerkung vom Tisch, man könne schließlich nicht anfangen, jedem deutschen Stamm außerhalb Bayerns, der jetzt nach und nach entdeckt werde, einen eigenen Namen zu geben, »weil sich sonst in dem Durcheinander überhaupt niemand mehr auskennt«.

Der Würzburger Julius bemerkt spitz, er könne nicht verstehen, wie überhaupt ein Freisinger sich anheischig machen könne, christliche Kultur nach Friesland bringen zu wollen, wo es ihnen zuhause noch nicht einmal gelungen sei, endlich die Landeshauptstadt München zu gründen; nicht einmal das Raumordnungsverfahren sei eingeleitet. Da wird der Passauer Bruder Simon zornig und schreit: »Jetzt wennst net glei aufhörst mit dera ewigen Stichelei, dera fränkischen, dann kriagst an Tritt in Arsch, daß die in de Quelln da drüben neireißt, du Sakramenter, Zäfix Sakradi!«

Pater George hat etwas gehört, was er gar nicht gern hört und reitet deshalb zu den bayerischen Brüdern zurück, um das noch frische Christentum in ihnen zu festigen.

»Obacht, der Schorsche!«, flüstert der Sepp gerade noch, da fragt der des Deutschen noch unvollkommen mächtige Sekretär des Bischofs auch schon vorwurfsvoll: »What happen's, brothers? Hab ich da einen Fluch gehört?«

»Was hat er gehört?«

»Gfluacht soll oana habn.«

»Wer, mir?«

»Hast du was gehört?«, fragen der Korbinian, der Simmerl und der Sepp mit treuherzigem Blick verwundert durcheinander.

»Das Gebot der Wahrhaftigkeit gebietet es mir, festzustellen, daß Bruder Simon ›Sakradi‹ gerufen hat«, berichtet Bruder Julius beflissen und zuckt schmerzlich zusammen, weil ihm der Bruder Joseph den Wanderstab kräftig auf die Zehen stellt.

»Oh yes, Father Schorsch, you mean me«, gibt der Simmerl zu.

»Wenn's des is: sakradi hab i scho gsagt.«

»Das heißt auf bayerisch soviel wie Sekretär, Mister Secretary«, kratzt der Korbinian die Kurve.

»Hat er nicht auch ›Sakrament‹ ausgerufen, isn't it?« bohrt Father George nach.

»Yes, is scho. Der Bruder hat die Quelle da drüben gsehn«, hilft ihm nun auch der Julius, »und hat in seinem Seeleneifer gleich ausgerufen: ›Jetzt wenn wir die Heiden schon da hätten, könnten wir ihnen fix das Sakrament spenden‹, Herr Sekretär!«

Father George schmunzelt. Immer wenn es brenzlig wird, halten sie wieder zusammen, die zankenden bayerischen Brüder. »So, so, die Quelle«, sagt er.

»Yes, fresh water – da hint im wood!« beteuert der Korbinian.

»A wengerl a breadtime waar not bad«, lenkt der Sepp das Thema in eine praktischere Richtung, macht mit der linken Hand das internationale Zeichen für Essen und sagt: »Hunga hamma.«

»Ham-ham«, versucht der Bruder Martin zu dolmetschen.

»Oh, ham and eggs, ich verstehn«, kommt bei Father George die Erleuchtung.

»Gut, machen wir eine refreshment. Ich werde den bishop holen.«

Bis Bonifatius zurückreitet und absteigt, haben die bayerischen Brüder schon an der Quelle Platz genommen, ihre Rucksäcke ausgepackt und eine Brotzeit mit kaltem Wasser, Bauernbrot aus der Klosterbäckerei, geselchtem Fleisch und harten Eiern vorbereitet. Im Schatten der Eichen erholen sie sich wieder von den Strapazen des langen Marsches an einem warmen Junitag. Bonifatius erklärt ihnen dazwischen einiges von seinen Plänen: Er wolle zuerst mit dem Friesenkönig Ratbod verhandeln und zunächst nur um die Erlaubnis bitten, eine Kirche bauen und daneben in einer Missionsstation wohnen zu dürfen. Durch Predigt und gutes Beispiel wolle man dann die Friesen von der christlichen Religion überzeugen.

»Ganz guat, Exzellenz Bonifaz«, stimmt der Korbinian begeistert zu, »du predigst sie mürb und mir spiel'n s' mit'm guatn Beispiel alle an d' Wand. Bruader, da werdn de schnell katholisch.«

»Wir müssen jedenfalls den Vorsprung ausnützen, bevor die Protestanten erfunden werden«, meint der Franke Julius eifrig.

»Geh, des konn ja no Jahrhunderte dauern«, beruhigt ihn der Simmerl.

So sind sie bald wieder bester Stimmung und der Erzbischof drängt zum Aufbruch, um bis zum Abend noch Dokkum zu erreichen. Seinem Reisegebet: »Ziehen wir weiter und wandeln wir im Herrn!« stimmt Bruder Simon herzhaft zu mit einem kräftigen »Pack ma's wieder, fertig, Amen!«

Da es angeblich bis Dokkum nicht mehr weit ist, will der Bischof mit dem Sekretär vorausreiten, um dem Friesenkönig seine Aufwartung zu machen und ihn um seine Gastfreundschaft zu bitten. Den Brüdern bedeutet er, auf einer Anhöhe vor der Siedlung zu warten, bis der Sekretär sie holt. Sie sollen sich in der Nähe einer großen, am Rande eines Waldes freistehenden Eiche aufhalten.

Frisch gestärkt schreiten die fünf bayerischen Brüder wieder kräftig aus und erreichen am frühen Abend den verabredeten Platz. Dort hält sich allerdings schon eine Menge Leute auf. Die blonden Friesen mit ihren wilden, zum Teil stark rötlichen Bärten bilden einen weiten Ring um die große Eiche. In respektvollem Abstand davor lodert ein hohes Feuer. Die Friesen halten in ihrer Beschäftigung inne und starren staunend auf die fünf Männer mit ihren dunkelgrauen Kutten und den dicken Wanderstäben.

Unbefangen, aber mit dem neugierigen Interesse der Bayern für alles Fremde, mischen sich die Brüder unter das versammelte Friesenvolk. »So, ihr struppigen Heidenkinder, da wären wir«, begrüßt sie der Bruder Martin aus Eichstätt, »ab morgen werdts ans christliche Abendland angeschlossen!«

Der Passauer Bruder Simon greift einem Friesen, der ihn aus der Nähe betrachten will, leutselig in den Bart: »Grüaß di Gott, du rothaariger Holzfuchs.« Er zieht seine Schnupftabaksdose heraus und bietet sie dem Friesen an, der mißtrauisch vor dem Pulver zurückweicht. »Kennst koan Schmei?«, wundert sich der Simmerl, und reimt launig: »Ohne Bries kein Fries! Schau her: Und dann fest naufziagn, daß a frische Luft ins Hirn kommt – eha, jetzt reißt's mi.« Der Simon muß fürchterlich niesen, da fangen die Friesen zu lachen an. Der Simmerl lacht mit: »Gell, des gfallt eich!«

Inzwischen sind die anderen Brüder bei einer Gruppe von Friesen stehengeblieben, die gerade eine Flüssigkeit aus großen Behältern in riesige Wisenthörner abfüllen. Ein dralles Friesenmädchen kredenzt dem Bruder Korbinian ein Horn voll von dem Getränk. Korbinian tätschelt ihr anerkennend den strammen Hintern und sagt augenzwinkernd: »Du bist aber a dantschiges Preißenschnuk-

kerl! Und bringst mir glei was z' trinka. Bravs Madl. Geh her, kriagst a Bußl!«

»Denk an dein Gelübde, Bruder Korbinian!«, mahnt der gestrenge Franke Julius.

»Geh, was versteht denn so a liabs Heidendirndl von der Keuschheit«, verteidigt sich der Oberbayer, »de moant ja sonst, sie gfallt mir net und is beleidigt, gell, Spatzerl!«

»Denn man proust!«, sagt das Mädchen aufmunternd, was der Oberpfälzer Sepp aber gleich falsch versteht und den Korbinian warnt: »Hilanga derfst, aba boußt werd nix!«

»Guat bist beinand, so a kerndlgfuatert's Arscherl«, gibt der Korbinian das Ergebnis seiner ersten Tastversuche im Missionsgelände bekannt. »Aber ganz a Emanzipierte – überhaupt koa Unterwäsch. Naja, 's Fleisch waar scho recht willig, aber der Geist is halt no schwach!«

»Trink liaba und gib's weiter!«, drängt der Sepp.

Der Freisinger setzt an und nimmt einen kräftigen Schluck.

»Koa Bier is des net«, sagt er, schleckt sich mit der Zunge den Bart und schmatzt prüfend an dem Getränk herum.

Bruder Julian trinkt noch vorsichtiger und sagt dann enttäuscht: »Wein is es au net.«

Der Oberpfälzer Bruder Sepp prüft nicht lange, sondern setzt an und trinkt den Rest in einem Zug aus: »Den seltsama Plempel konnst kaum sauffa. Aber besser wia nix.«

»Met«, sagt das Mädchen erklärend, schüttelt das Neigerl im Horn ehrfürchtig zu Boden und fügt hinzu: »Heil Freia!«

»Ah – a Met, a freia«, übersetzt der Julius.

»Kost nix?«, fragt der durstige Sepp und drängt: »Dann schmust ihr no a Maß ab, Korbi!«

Auch von den anderen Brüdern bekommt jeder als Willkommenstrunk ein ganzes Horn. Die drei Altbayern mit dem gröberen Gaumen trinken gleich aus und gehen weiter, bis die zwei Franken in kleinen Schlucken den Met getrunken haben. Sie kommen zu einer Gruppe von Männern, die gerade eine Holzwand am Waldrand aufstellen und eine junge Frau an ihren weit auseinandergezogenen langen Zöpfen daran festnageln. Die Friesen bereiten hier an der heiligen Donar-Eiche ein Gottesurteil über eine – des Ehebruchs beschuldigte, aber die Tat abstreitende – Frau vor. Der Ehemann und der angebliche Ehebrecher sollen nun mit dem Wurfbeil die Zöpfe durchtrennen: führt ihnen der Gott Thor das Beil, so ist sie befreit und ihre Unschuld bewiesen; trifft sie einer, so hat der Gott sie bestraft, und die Ehre des Mannes ist wiederhergestellt. Den Brüdern bleibt zuerst die Spucke weg, und sie beobachten staunend die Vorbereitungen, ohne zu begreifen, was hier vor sich geht.

Als die beiden Männer Aufstellung nehmen und zwölf Beile vor ihnen aufgelegt werden, fragt der Bruder Sepp irritiert:

»Sag amal, san mir z'weit ganga, is des scho a Indianer-Mission?«

»Schmarrn«, belehrt ihn der Simmerl überlegen, »des san sowas ähnlichs wia Messerwerfer; des kenn i von der Passauer Maidult. Paßt's auf, da werd glei oaner mit'm Huat sammeln geh.«

»Was geht denn hier vor?«, fragt der inzwischen nachgekommene Bruder Julius aufgeregt, als das erste Beil zu weit oben in die Holzwand einschlägt und das zweite den äußeren Teil des linken Zopfes durchtrennt, »ist das eine Hinrichtung?«

»Naa, des is der Friseursalon von Dokkum«, zieht der Korbinian seinen fränkischen Mitbruder auf, »woaßt denn du des net, daß sich de Preißen noch de Haar mit'm Hackl schneiden?«

Als das dritte Beil knapp neben dem Kopf der Frau einschlägt, wird es Bruder Julius zu dumm. Er geht entschlossen zu der Holzwand, zieht sein Brotmesser aus der Kutte: »Hört auf, liebe friesische Brüder und Schwestern, so macht ma doch des net, des kann ganz dumm naus gehn. Schauts amal her, so macht des bei uns in Würzburch der Klosterfriseur.« Er schneidet die Zöpfe schön gleichmäßig ab, zeigt die verwirrte Frau her und sagt stolz: »Da, so geht es in Franken: Messerschnitt, kurz und schmerzlos. Na, is des a Bubiköpfla?«

Den überraschten Friesen bleibt ein unterdrückter Aufschrei halb im Hals stecken. »Franken, Franken!«, rufen sie aufgeregt durcheinander, »Krieg, Krieg!« Nach dem ersten Schock wollen die beiden Männer ihre Beile wütend auf Bruder Julius werfen, doch Korbinian und Simon halten sie zurück und reden beruhigend auf sie ein: »Denkts eich nix, de Franken san halt so. Aber mit'm Hackl dawerfa, des brauchts aa net glei! Des san unsere Franken, de bayerischen, a unterer und a mittlerer. Aber mir drei san Altbayern.« Auch die Friesen debattieren untereinander recht heftig und nachdem der Sepp ihnen die sieben bayerischen Regierungsbezirke erklärt hat, beruhigen sie sich langsam wieder. Sie einigen sich darauf, daß es sich nicht um Gefolgsleute der feindlichen Frankenkönige handelt, sondern allenfalls um unbedeutende Unterfranken. Außerdem sei das Gastrecht höher zu achten als die Frevelei. Zur sofortigen Besänftigung Thors müsse man aber das für später vorgesehene Opfer gleich jetzt darbringen. Alle gehen zum Feu-

er. Die Brüder schauen sich das riesige heilige Feuer nun aus der Nähe an und fachsimpeln:

»De wern halt Werschtla grilln.«

»Oder Steckerlfisch.«

»Aber da is des Feier vui z'stark.«

»Da müaßts jetzt de Gluat runterbrenna lassn und dann an Rost drüberlegn«, versucht der Korbinian die Friesen methodisch aufzuklären. Aber die schauen ihn nur stumm und staunend an. Da nimmt der Simmerl seinen Wanderstab und stochert damit selber im Feuer herum, daß die Scheite zusammenfallen und die Flammen niedriger werden. Ein lautes Murren geht durch die Reihen der Friesen, das der Simmerl aber als Anerkennung deutet: »Gell, da schaugts! So, jetzt könn ma dann glei was braten drauf.«

Durch das Spalier ehrfürchtiger Friesen, die inzwischen immer mehr geworden sind, wird ein junges Wildschwein getragen.

»Da schau her, a Spofackl gibt's. Da san ma heit ja grad recht komma.«

»Des is aber kein Spanferkel, des is a Frischling.«

»A net schlecht.«

Als der Korbinian sieht, wie zwei Friesen das tote Schwein ins Feuer werfen wollen, schreit er entsetzt auf: »Halt, spinnts ihr? Ihr seids wohl stocknarrisch?«

Erneut irritiert halten die Friesen inne und der Simon schimpft: »Ihr könnts doch de Wuidsau net einfach so ins Feuer schmeißen, da brennt's eich doch o! Des is ja furchtbar mit eich Preißen!«

»Geh, Sepp, pack mit o!«, kommandiert der Korbinian und nimmt einem der schockierten Friesen den Speer, das Zeichen seiner Kriegerwürde, weg: »Leih mir amal dein Spieß, Xaverl! So, da steck ma de Sau jetzt drauf. Geh Martl, hau schnell zwoa Astgabeln ab zum Drauflegn und du, Julius, suachst a Salz, an Pfeffer und Wacholderbeerl – de is ja innen no net amal gwürzt.«

Bis die Friesen richtig begriffen haben, was da vor sich geht, haben die fünf Brüder die junge Wildsau schon aufgespießt, den Spieß auf die Gabeln übers Feuer gelegt, eine Kurbel an das Ende gebunden und einem jungen Friesenburschen gezeigt, wie er drehen soll.

Zwei Friesenmädchen sollen nun zur Versöhnung der verhöhnten Gottheit ein Horn voll Met ins Feuer gießen. Doch schnell nehmen ihnen der Sepp und der Simmerl die Gefäße ab. »Halt, zum Aufgießen is' doch no z'früa.« »Gib her, Schnucki, jetzt habn mir uns an Schluck verdient, nach der Sauarbeit.«

Die Brüder stehen um's Feuer und lassen den für

Thor bestimmten Met kreisen. Die Friesen sinken auf die Knie, erheben die Hände zum Himmel und rufen: »Thor, Thor!«

»Warum schrein denn die Preißen dauernd Thor?« fragt der Bruder Joseph.

»Die wolln halt damit sagn«, erkärt der Simmerl stolz, »daß es quasi oans zu null für uns steht.«

Nach der Anrufung Thors erheben sich die Friesen. Die Frauen weichen zurück und die Männer ergreifen ihre Beile, tanzen um die große Eiche und verneigen sich dabei tief. Sie werfen dann die Arme mit den Beilen in der Hand hoch und rufen immer wieder: »Heil! Heil!«

Die fünf bayerischen Brüder schauen diesem seltsamen Treiben eine Weile neugierig zu und trinken dabei ihre zweite Maß Met aus. Dann gehen sie näher heran, und Bruder Simon fragt eine der im Kreis um die tanzenden Männer stehenden Frauen:

»Entschuldigen S', Frau Fries, warum hupfen denn eire Manner dauernd um den Baam und schrein ›Heil‹? San des Nazi?«

Die alte Frau faltet die Hände und sinkt schreckensbleich auf die Knie. Dann erhebt sie ihre Arme weit ausgebreitet zum Himmel und stammelt: »Heil! Heil!«

Jetzt hat der Bruder Martin etwas begriffen. »Des heißt soviel wie heilig.« Er breitet auch seine Arme weit aus und fragt seine Nachbarin: »Meinst du heilig? Du machen dominus vobiscum?«

»Thor! Thor!«, stammelt die Frau.

»Was heißt Thor?«, bohrt Bruder Martin weiter, »des mecht i jetzt wissen.«

»Sie will dir sagen, daß du ein Depp bist«, klärt ihn Julius auf, »weilst du immer noch net gspannt hast, daß der Platz hier heilig ist«.

Die Brüder diskutieren die Lage. »Wahrscheinlich hat der Bonifatius schon mit dem Kine ausgmacht, daß da her auf den Aussichtshügel die neue Kirche hinkommt.«

»Da hast recht, des muaß's sei.«

»Jetzt beten die Preißen scho vor lauter Freid und wissen net, wia s' den Trumm Baam wegkriagn solln, damit de Kirch hipaßt.«

»Aber mit dem ewigen Rumhupfa und Hacklschwinga bringan de den Baam aa net weg. I konn dene Schmalzbrüader nimmer zuaschaugn.«

»Los, packt a jeder a Hackl, dann haun ma'n weg, den alten Oachelteifi!«

Die Brüder gehen zu den tanzenden Friesen, bedeuten ihnen zurückzugehen und nehmen einigen vor Überraschung starren Männern die Beile aus der Hand.

»Lauter so kurze Hackl. Habts koane längern Baamhacken?«

»Oder a gscheite Saag?«

»Nix Sagel?«

»Mei liaba, a Werkzeig habts scho beinand da in Preißen herobn!«

»Ora et labora! Das heißt: ohne Sägen kein Segen.«

»Los, predig net lang, nimm dir a Hackl! Buam, jetzt zoagn ma's dene amal was a bayerische Axt im Walde is. Den hamma doch ruckzuck umghaut.«

»Auf geht's, in d'Händ geschbiebn und nach meim Takt richten!«, kommandiert der Simmerl. Dann haben die fünf Brüder kein Auge mehr für ihre Umwelt: mit solchem Eifer hacken sie auf die alte, unendlich harte Eiche los. Die Späne fliegen, und der bayerische Holzhackerschweiß tränkt die friesische Erde. Doch für die Bekehrung der Preußen geben sie ihre letzten Kräfte.

Als Bonifatius und sein Sekretär mit dem Friesenkönig zur Donar-Eiche kommen, vor der sie für den nächsten Tag eine erste Feldmesse mit Predigt für die Friesen vereinbart haben, da wankt die Eiche schon. Die fünf Brüder stellen sich gerade auf die eine Seite, um sie noch mit »Hauruck!« anzuschieben, bis sie sich voll neigt und krachend mit ihrer breiten Krone vor den geschockten Friesen aufschlägt. Die Friesen stehen stumm da und schauen starr zum Himmel, als müsse jetzt ein Blitz niederfahren.

Der Simmerl wischt sich den Schweiß von der Stirne und sagt stolz: »Jetzt hat's de Preißen amal d' Stimm verschlagn.« Die anderen vier holen auch wieder tief Luft, da fliegen einzelne Beile auf sie zu und über ihre Köpfe hinweg.

»Schaut, wie s' vor Freude ihre Äxtla in d' Luft werfen, weil s' jetzt ihre erste Waldkapelle kriegn«, stellt der Julius fest und mahnt milde: »He, macht mal a bißle langsam. Beile mit Weile!« Da trifft ihn ein Beil an der Schulter, so daß er mit einem »Auah!« in die Knie geht.

»Hörts net glei auf, Friesenfratzen, übermütige!«, schimpft der Korbinian, »bis no was passiert!«

»Franken! Blut! Franken! Blut«, brüllen die Friesen wild durcheinander.

»Frankenblut mächtens. Is des bei eich a Rotweinmarken?« fragt der Mittelfranke den Unterfranken.

»I glaub eher, de ham was gegen eich«, vermutet der Sepp.

In diesem Moment trifft ein Beil mit der stumpfen Seite den Simmerl an der Stirne, der sich überrascht ans Hirn langt, noch »Saubande, preißische!« stammelt und dann bewußtlos zusammen-

sinkt. In diesem Moment haben auch der Korbinian, der Sepp und der Martin begriffen, daß es sich um einen ernsten Angriff der Friesen handelt, weil auch schon Speere fliegen. Die drei werfen ihre Hackl zurück und greifen sich ihre Stöcke.

»Undankbare Heidenbaggasch, hinterfotzige!«, schimpft der Korbinian, »da nimmt ma eana d' Arbat ab und, dann... au! Wart, dir drah i no schnell dein Kragn um, dein friesischen! Und wenn's mei letzt's guats Werk war.«

Da hat Bonifatius seinen Schreck überwunden. Er springt von seinem Pferd und läuft zwischen die Fronten der ungleichen Parteien, um das Gemetzel aufzuhalten. »Stop, hold on! Nicht weiterschießen!«, ruft er, »es war nur ein misunderstanding.« Aber der Friesenkönig, der sich enttäuscht und hintergangen fühlt, zischt nur: »Fränkische Frevler!« und macht eine wütende Handbewegung, die zum Weitermachen auffordert. Da sinkt Bruder Martin getroffen nieder, Bonifatius wird ebenfalls getroffen und die Brüder Korbinian und Sepp können sich nur noch wenige Minuten halten, dann sind auch sie niedergemetzelt. Den Pater George hat der Friesenkönig gleich persönlich vom Pferd geschlagen, als dieser Bonifatius zu Hilfe kommen wollte.

Die Friesen sehen, daß sie den Frevel an ihren Göttern gerächt haben und stellen sich erneut mit ihren Beilen in der Hand rund um die gefällte Eiche auf.

»Donar! Donar!«, erschallt ihr Gebetsruf um Verzeihung.

Da wacht Bruder Simon aus Passau wieder aus seiner Bewußtlosigkeit auf. »Donau?«, fragt er leicht wirr. »Was habts gsagt? An der Donau samma scho?«

Er steht taumelnd auf, und die Friesen weichen vor ihm zurück wie vor einem Geist.

»Leckts mi am Arsch, tuat mir der Schädel weh. Scheiß Met! Wia wenn 's mi mit'm Hackl vor's Hirn ghaut hätten!«

Da kommt er langsam zu sich und sieht, daß er als einziger überlebt hat, weil sein niederbayerischer Schädel die stumpfe Seite des Beils so abgefangen hat, daß er nur vorübergehend weggetreten ist, während ihn die Friesen für tot hielten. Jetzt aber sehen sie in Simmerls Überleben einen Wink der Götter und bedeuten ihm, daß er nichts mehr zu befürchten, sondern alle Wünsche frei hat. Der Simmerl sieht, daß er Bonifatius und seinen Mitbrüdern nicht mehr helfen kann. Da verlangt er, daß Gräber für die fünf Missionare ausgehoben werden.

Den am Eifer der bayerischen Missions-Holzhakker gescheiterten »Apostel der Deutschen« aber läßt der Bruder Simon auf dessen Pferd binden. Er selbst schwingt sich dahinter in den Sattel.

Der Friesenkönig will wissen, warum er Bonifatius mitnimmt, statt ihn auch zu begraben.

»Des taat eich so passen«, schimpft der Simmerl entrüstet, »den bring i nach Fulda! Weil sonst die deutschen Bischöf jedes Jahr, wenn sie sich am Grab des heiligen Bonifatius zur Deutschen Bischofskonferenz versammeln, zu euch nach Friesland fahrn muaßten!« Kopfschüttelnd brummt er noch im Weggehen: »Typisch preißisch – zuerst unsere braven Heiligen derschlagn und dann frech 's Gschäft mit der Wallfahrt macha wolln!«

VIII. Sport

1. Prinzipien

Bayerisch-preußische Leibesübungen

Daß Sport ein Mittel der Völkerverständigung sei, ist schon oft genug behauptet worden; geglaubt wird es nach allen bisherigen Erfahrungen mit Politik und Nationalismus im Sport heute fast nur noch von Sportreportern. Betrachten wir nun die Preußen unter dem Gesichtspunkt, ob man als Bayer durch Sport die Beziehungen zu ihnen verbessern könnte, so ist höchste Vorsicht geboten.

Die Grußworte »Saupreiß« und »Bayernsau« werden beispielsweise nirgends so freigiebig gebraucht wie im Fußball, dem beliebtesten deutschen Massensport. Andererseits wird aber auch kein Westfale so schnell zu einem »Münchner Blondschopf« oder ein Niederbayer zu einem »Gelsenkirchener Torjäger« wie ein Fußballspieler, der den Verein wechselt. Mit anderen Worten: Sportwettkämpfe zwischen Bayern und Preußen verschärfen die Gegensätze und gemischtes Auftreten im Sport verwischt sie nur.

Wirkliche Völkerverständigung kann folglich nur dort passieren, wo eben nur Verständigungsschwierigkeiten eine friedliche Koexistenz behindern. Da Bayern nicht ohne Not in preußische Gefilde ziehen, aber preußische Einwanderer oder Touristen unablässig nach Bayern kommen, werden diese ständig mit typisch bayerischen Sportarten konfrontiert, deren Spielregeln und erst recht deren Sprachregelungen ihnen unbekannt sind und zunächst unverständlich erscheinen. Da sie aber zuhören und zuschauen, mitreden und mitspielen möchten, kommt es häufig zu Fehleinschätzungen und Aggressionen.

Die Erfahrung hat jedoch gelehrt, daß Preußen auf die Dauer aus dem Spiel der Bayern nicht rauszuhalten sind. Folglich erweist es sich oft als notwendig, sie spielerisch und sprachlich anzulernen. Die häufigsten Schwierigkeiten und Quellen für Mißverständnisse werden darum an einigen Beispielen modellhaft aufgezeigt. Übrigens: Ein Preuße, der Schaffkopfen, Watten und Eisstockschießen nach Regeln und Philosophie beherrscht, hat auch das Wesentliche bayerischer Mentalität begriffen. Er kann darum bereits als »Bavareuße« eingestuft werden (siehe dort).

2. Fußball

Von Kalle und Katsche

Natürlich wird auch in Preußen Fußball gespielt (Preußen Münster!), aber gerade am Beispiel des liebsten Sports der Deutschen lassen sich die charakteristischen Unterschiede zwischen Nord- und Südmenschen sehr gut aufzeigen. So wird der geradlinige Zweckfußball, wie er im hohen Norden betrieben wird, gern als englischer Fußball bezeichnet, was in Bayern soviel wie Holzhackerfußball (Woodcuttingsoccer) bedeutet, während man im Süden naturgemäß südlicher, also brasilianischer vorgeht, den Ball besser behandelt (Ballbehandlung), was im Norden fälschlich für österreichisches Scheiberlspiel gehalten wird. Zwei besonders gelungene Vertreter der beiden deutschen Fußballschulen sind der Schalker Klaus Fischer, mit dem typischen preußischen Killerinstinkt und der Münchner Blondschopf und Dribbelkünstler Karlheinz Rummenigge, den sie in Bayern liebevoll »Kalle« nennen.

Natürlich gibt und gab es auch preußische Fußballer, die den artistischen, künstlerischen Fußball in Ansätzen beherrschen und damit auch für eine süddeutsche Elf zu gebrauchen wären, wie beispielsweise die Spieler Allan Simonsen oder Kevin Keegan, aber an die Grazie, die betörende Eleganz eines Schorsch Schwarzenbeck aus München kamen auch sie nie heran. Wie Schwarzenbeck zu dem seltsamen Beinamen »Eisenfuß« gelangte, ist hierzulande nie richtig verstanden worden. Wahrscheinlich meinte man damit außerhalb Bayerns, daß er selbst mit einer schweren Prothese leichtfüßiger spielen könne, als die grobschlächtigen Fußballer aus nördlichen Gefilden.

Daß hier in Bayern, wo alles bergig bis hügelig ist und kaum ebene Plätze vorgefunden werden, der Fußball-Kaiser aufwuchs, ist erstaunlich genug, aber doch nur gerecht, da damit ein geschichtlicher Ausgleich geschaffen wurde: Bayern konnte ja im Gegensatz zu Preußen über Generationen nur Könige vorweisen.

Außerdem steht Kaiser Franz sein Titel wirklich gut an, schließlich brachte es vor ihm kein anderer Athlet zu einer derartigen ästhetischen Fertigkeit, ohne verkrüppelt oder deformiert zu werden. O-Beine, niedrige Stirn durch häufiges Kopfballspiel, dicke Oberschenkel wie Skiläuferinnen kannte dieser Mann trotz seiner vielen Einsätze nie.

Leider gelang es einer neidigen, stark preußisch durchsetzten Sportjournalisten-Mafia, den Kaiser nach New York fortzuloben, was den Amerikanern freilich lange Pilgerreisen zu König Ludwig II. erspart, da sie die Wunderwerke eines anderen bayerischen Regenten im eigenen Lande bestaunen können.

Bonn begrüßte den Weggang Beckenbauers, wenn auch verhohlen, aus innerpolitischen Gründen; flachte doch das Süd-Nord-Gefälle im Fußball seither etwas ab. Die ewigen Demütigungen preußischer Balltreter durch seine Majestät galten in Regierungskreisen von jeher als gefährliche Funken am deutsch-deutschen Fußball-Pulverfaß. Immerhin haben reihenweise Sportler an Weser, Rhein und Ruhr die Fußballschuhe an den berühmten Nagel irgendwo im Raume Wanne-Eickel gehängt, nachdem ihnen der Kaiser in schwindelerregender Weise den Ball (Durchmesser immerhin 40,3 Zentimeter) durch die Schuhbandel (Schnürsenkel) gespielt hatte, was die Lebensqualität der Fans von Bremen, Bochum und Berlin erheblich gemindert haben soll.

Gesamtdeutsche Bundestrainer haben die Unterschiede im Süd- und Nordfußball immer zu nutzen gewußt und formierten gerne eine gemischte Elf von sturen Laufmaschinen, schnörkellos spielenden

Ballschleppern und seelenlosen Vollstreckern aus dem Norden und raffinierten Dribbelkünstlern und überragenden Denkern aus dem Süden, die letztlich immer wieder ihren Spielwitz in die Waagschale warfen. Allerdings spielten sie, übermütig wie Bayern sein können, oft so witzig, so daß auch Spiele verloren gingen.

Ein schlauer Sportsmann wie Müller aus München machte sich den Glauben nord- und westdeutscher Gegenspieler, ein süddeutscher Fußballer würde immer nur tändeln und Kunststücke vollführen, zunutze und schoß jahrelang einfach drauflos, wenn der Feind noch eine Pirouette oder wenigstens einen eingesprungenen Mägerlein erwartete. Müller bekam für sein System des Sich-nur-Umdrehens-und-sofort-Abschießens sogar den martialischen Beinamen der »Bomber«, was seine Frau aber immer wieder richtigstellte. Zu Hause sei er gar nicht so.

Wie sagte doch Altbundestrainer Helmut Schön, als ihm sein Torschütze vom Dienst und sein Libero einmal fehlten: Der Ball ist zwar rund und das Spiel dauert 90 Minuten, aber ich wollte, das Flutlicht fiele aus oder die Bayern kämen...

3. Watten

Der weißblaue Poker

Das Watten verdankt sein Überleben angesichts der kartlerfeindlichen Haltung vieler bayerischer Gaststätten oder solcher, die sich dafür halten, dem hartnäckigen Beharren der Aktiven, aber auch der bayerischen Polizei und ihrer bekannten Nachsichtigkeit. Watten gehört nämlich – ähnlich wie Poker – zu denjenigen Kartenspielen, die verboten sind, weil nicht alle Karten verteilt werden: Die vier Mitspieler begnügen sich mit jeweils fünf der insgesamt 32 Blätter, so daß eine gewisse Manövriermasse bleibt. Öffentlich gegen Geld darf also nicht gewattet werden, deshalb tut man es aber trotzdem; besser aber um Bier.

Schwindeln, in Preußen auch Mogeln oder Schummeln genannt, ist erlaubt, wenn man sich nicht erwischen läßt, sonst wird man gestraft. Nicht zu einem Zwangsaufenthalt in Wattenscheid, oder so, sondern um Punkte.

Wer kann das Watten lernen? Alle Altbayern, wenn sie wollen, andere Bevölkerungsgruppen nur bis zu einem bestimmten Grad. Die Regeln sind höchst einfach, aber die sind das wenigste beim weißblauen Poker. Der Autor beispielsweise begann im zarten Alter von vier Jahren in der Straubinger Badeanstalt und spielte gern mit einem stillen, aber mimisch begabten Beobachter im Rücken des Gegners. Soviel zum Charakter des beliebten Spiels.

Als nahezu aussichtslose Fälle gelten allerdings Menschen, die auf die Frage, ob sie Watten können, »Wat denn, wat soll ick können?« antworten oder darauf beharren, daß Watten mit einer längeren Wanderung entlang einer norddeutschen Küste

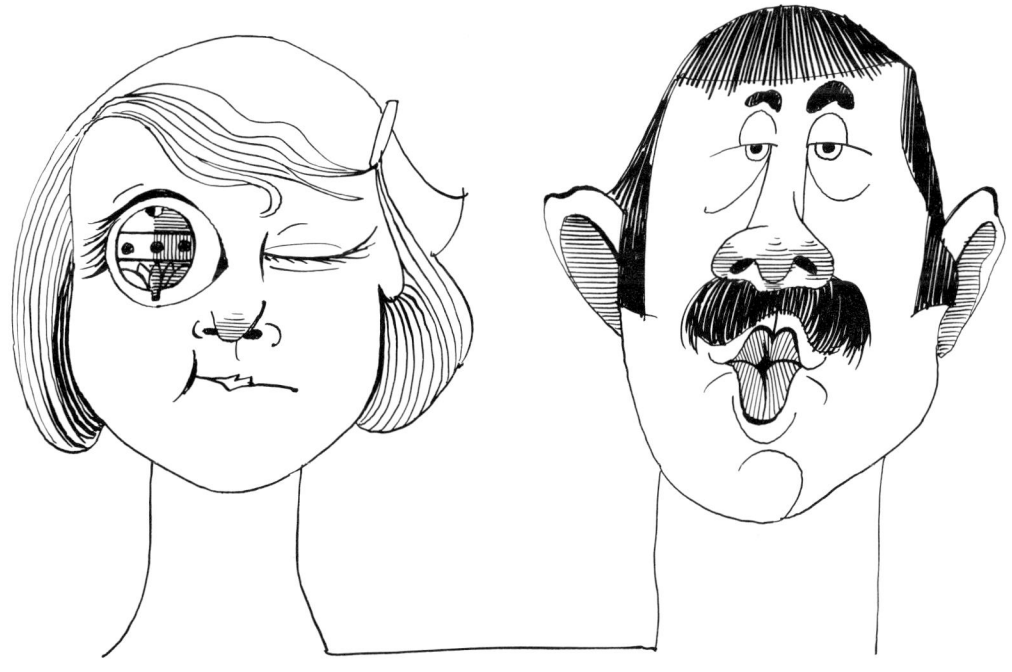

verbunden sein muß. Skaterfahrung, beim Schaff-kopf in begrenztem Umfang von Vorteil, nutzt beim Watten herzlich wenig. Es gibt keine trümpfigen Ober oder Unter, dafür aber drei Kritische, die in kritischen Phasen des Spiels gut zu gebrauchen sind. Das Höchste beim Watten ist außer einem schönen Rahmen und einem kühlen Bier der Herz-König, auch Max genannt, wohl in Erinnerung an zwei ziemlich populäre bayerische Könige. Dem Mitspieler - er sitzt immer schräg gegenüber – wird der Max durch einen blitzschnell gespitzten Mund, eine Art Kußmündchen angedeutet, was bei mit-spielenden Damen zuweilen zu erfreulichen oder auch ärgerlichen Reaktionen oder gar Kurzschluß-handlungen führen kann. Nummer zwei in der Hierarchie ist der Schellen-Siebener, der den Bei-namen Belle, Belli oder – für Mundfaule – Welle trägt. Nummer drei ist der Eichel-Siebener oder Bettsoacher (Bettnässer), liebevoller auch Soicherl, neuerdings öfter verschämt nur Betti oder Spitz ge-nannt. Beharre aber gerade als Watt-Neuling auf der korrekten Bezeichnung Bettsoacher, was bei-spielsweise bei Einheiratsabsichten in alte bayeri-sche Familien ein gutes Entrée verschafft.

Signalisiert werden Belle und Spitz durch Augen-zwinkern rechts bzw. links. Wer ein Augenleiden hat, sollte vor Spielbeginn einen Arzt aufsuchen, er könnte sonst dem Spielverlauf eine überraschende Wende geben.

Reizvollerweise werden bei jedem Spiel aufs neue Schläge (Achter, Neuner usw.) und eine bestimmte Farbe (Eichel, Gras usw.) als weitere Trümpfe be-stimmt. Auch hier hilft dem Watterer wieder eine besondere Körpersprache. Schläge werden durch Schulterzucken, Farb-Trümpfe durch Hand- und Fingerbewegungen signalisiert, Blick zur Decke bedeutet Plafond und kommt aus dem Französi-schen, was für die Bildung der Bayern spricht und soviel wie nichts bedeutet. Dies gleich vorab, damit der Zugereiste eine Watter-Runde nicht für ein Treffen armer Nervenleidender hält.

Ziel des Spiels ist es – wie so oft - zu gewinnen, in-dem man drei Stiche macht. Dafür gibt es Punkte, die dann addiert werden, bis 12 oder 15, wobei es noch eine spannende Schlußphase gibt, in der man mit Recht »gespannt« ist. Der Reiz des Spiels liegt darin, daß bei jedem Spiel um die Zahl der Punkte gepokert werden kann, beispielsweise durch Aus-schaffen, das heißt schneidiges Anbieten eines Ab-marsches. Geht der Ausgeschaffte nicht, weil er der Stärke des Gegners mißtraut, bekommt der Sieger drei Punkte; kneift er, geht oder läuft er davon (am besten nicht zu weit, damit das Spiel nicht zu lange

unterbrochen ist), gibt es zwei Punkte. Allerdings besteht die Möglichkeit, die unfreundliche Auffor-derung »Wollt's euch net glei schleicha« mit einem satt hingesagten »Vier« oder »Viere« zu kontern, was niederbayerische Schreinermeister aus guten, berufsbedingten Gründen mit zwei erhobenen Fin-gern anzeigen. Man kann nun eingeschüchtert selbst aufgeben (3 Punkte), festbleiben (4) oder herzhaft »Fünfe« bieten, was oberbayerische Säge-werksbesitzer mit einem erhobenen kleinen Finger klarmachen.

Man sieht schon, die größten Watterer kommen aus dem Münchner Hinterland und aus Niederbayern, wo nicht ganz zufällig die aktivsten Laienspiel-gruppen zu finden sind. Um nämlich eine schöne Ausschafferei zu überstehen, um gescheit signali-sieren und vor allem den Gegner durch umständli-ches, gegenseitiges Ausfragen irritieren zu können, gehört eine Portion Schauspielkunst, was der Nichtbayer nur unzureichend mit sechs bis acht Se-mestern Falckenbergschule ausgleichen kann.

Noch ein wichtiger Tip: Autoritär wie es die Bay-ern mögen, führt ein Spieler für jedes Team das große Wort: Er stellt Fragen, gibt Order. Beispiels-weise mit dem Satz »Raus mit dem Hemd«, den man aber nicht wörtlich zu nehmen braucht. Und wenn ein Tant-Stich gefordert ist – mit Blutschande hat das absolut nichts zu tun. Auf die Frage: »Hast was im Gesicht?« muß man nicht erschrecken und auch nicht berichten, wie übel einem in der Ju-gendzeit die Akne mitgespielt hat. Damit sind na-türlich die Kritischen gemeint, die man ja per Ge-sicht andeutet.

Da die Kritischen die alles überragenden Persön-lichkeiten in diesem Spiel sind, versucht jeder, sie in die Hand zu bekommen. Man macht das beim Mischen durch eine besonders geschickte Anord-nung der Karten, auch Stopfen genannt. Der Neu-ling frage aber in seinem Heißhunger auf Watt-freunde nicht gleich jeden Bayern oder jede Bay-erin den/die er kennenlernt, ob er/sie gut stopfen könne, denn so ganz gern gesehen wird es auch wie-der nicht.

In manchen Gegenden Niederbayerns und der Oberpfalz darf man sich bei Gott nicht dabei erwi-schen lassen. Da sind die Messer schnell zur Hand: Ein Zentimeter Tiefe ist nur Spaß, zwei Zentimeter erlaubt die Landespolizei, ab drei Zentimeter wird es ernst. Also Vorsicht beim Stopfen und ansonsten viel Glück. Nicht daß es einem geht wie dem Ro-senheimer Maurer, der mit vier Achtern und dem Max verlor. Er hatte allerdings versehentlich Neu-ner angesagt.

4. Schaffkopfen

A. | Begriffslehre

B. | Lesestück

A. Begriffslehre

Der Name Schaffkopf drückt aus, daß man dieses Spiel nur mit dem Kopf schaffen kann. Er kommt daher, daß man früher die Karten mit den Köpfen darauf einfach auf ein umgedrehtes Schaff geklopft hat. Die von Preußen irrtümlich verwendete Bezeichnung Schafskopf dagegen ist nur für die Spieler angebracht, die das Spiel nicht beherrschen.

Zum Schaffkopfen muß man entweder geboren sein oder man muß es – bei einer gewissen Mindest-Begabung – mit Fleiß und Ausdauer solange üben, bis man nicht nur die Regeln, sondern auch die Feinheiten des Spiels instinktiv im Griff hat.

Im folgenden Kapitel werden deshalb nicht das Spiel und sein Ablauf erklärt, sondern nur einige Grundbegriffe und die geläufigsten Bezeichnungen der entscheidenden Karten beim normalen Vierer-Schaffkopf in einer Art Grundkurs vorgestellt.

Die Ober und Unter (für Skatbrüder: Damen und Jungen) sind die höchsten Trümpfe. Sie prägten den Grundsatz, der schon zur allgemeinen Lebensregel geworden ist: der Ober sticht den Unter. Darum geht das Spiel nicht mit Damen und Jungen. Die acht Ober und Unter zusammen nennt man auch »Herren«, »Bauern«, »Buben« oder »Haxen«. In der patriarchalischen Gesellschaft Bayerns sind keine Damen im Spiel. Auch »die Zehn« oder »die Acht« heißt im bayerischen Kartenspiel nur »der Zehner« oder »der Achter«. Wenn man die Haxen »laufend« hat, das heißt in der richtigen hierarchischen Reihenfolge, so bekommt man sie bei der Spielabrechnung bezahlt (oder muß sie selber zahlen, wenn man verloren hat).

Die Rangfolge, in der die Ober stechen und ihre geläufigsten Namen:

1. Der Eichel-Ober ist der höchste im Spiel, darum heißt er auch »der Alte«; wenn sich sonst keiner stark genug fühlt (und keine anderen Vereinbarungen getroffen sind) »muß der Alte« spielen.

2. Der Gras-Ober wird wegen seiner grünen Farbe auch »der Blaue« genannt.

3. Der Herz-Ober heißt »der Rote«.

4. Der Schelln-Ober oder auch Schelln-Bauer ist der geringste seiner Brüder und heißt deshalb auch »da Kleana« oder »da Schlechta«.

Die Unter folgen in der gleichen Farbreihenfolge; sie werden nach dem niederen Adel in Böhmen »Wenzel« genannt. Besondere Namen, außer »Eichel-Unter« oder »Gras-Wenz« haben sie nicht.

Im normalen Spiel ist außer den Buben noch Herz Trumpf, was aber nicht bedeutet, daß Schaffkopfen zu den Liebesspielen gehört. Die Herz-As nennt man deshalb auch einfach »Trumpf-Sau«, sie gehört zusammen mit dem Herz-Zehner und -König zur Trumpfschmiere. Wer genug Trümpfe hat oder sie sie zumindest zu haben glaubt, sucht sich beim normalen Spiel einen Partner(»Freind«), indem er eine der drei übrigen Asse ruft: »Ich möchte mit der ...-As spielen«. Es gibt keine festen Bindungen im Laufe eines Abends, sondern freie Partnerwahl nach jedem Spiel. Wer sehr stark ist, spielt ein »Solo«, allein gegen drei.

Die As heißt beim Schaffkopfen meist einfach »Sau«, weil sie mit ihren 11 Augen (Punkten) die fetteste Beute ist, die derjenige heimbringen kann, dem sie durchgeht oder der sie mit einem Trumpf absticht.

Die Eichel-As oder »Oachl-Sau« heißt in Anlehnung an den Eichel-Ober auch schlicht »die Alte«, vornehmer ausgedrückt: »Eichulia, die Waldschnepfe«.

Die Gras-Sau nennt man wiederum in Anlehnung an den gleichgrünen Ober »die Blaue«, aber auch »Frau Forstmeisterin« oder »Waldmeister-Sau«.

Die Schellen-As gilt als »die Runde« und als besonders glückbringende »Geld-Sau«. Sie hat die meisten Sondernamen: »die Schlechta«, die »Bumms«,

»die, wo der Hund drauf sitzt«, »die Immerfeuch-te«, »die Schellinsky« oder »die Kuglbauern Res«. Die Könige haben beim Schaffkopfen, wie es sich für ein Volksspiel gehört, überhaupt keine Bedeutung und nur vier Augen. Die Siebener, Achter und Neuner sind alle völlig ohne Augen und darum wertlos. Man nennt sie als Inbegriff der Schwäche und Armseligkeit einfach »Spatzen« (Sperlinge). Wenn man sie günstig losbringt, nennt man das »ab-spatzen« – ein Begriff, der auch gern im Liebesleben gebraucht wird, wenn man eine nicht sehr hoch geschätzte Freundin losgeworden ist.

B. Lesestück

»Herz ist Trumpf« oder »Ein flotter Vierer«

Beim Erlernen von Sprachen und Spielen kommt es nicht nur darauf an, daß man den wörtlichen Inhalt versteht, sondern entscheidend ist meist, daß man auch die tieferen Zusammenhänge und den hinteren Sinn des Gesprochenen begreift. Die wahre Kraft der Ausdrücke und die ursprüngliche Bedeutung bayerischer Worte erschließen sich dem preußischen Sprachschüler meist erst, wenn er die Sprache der Menschen in hautnahem spielerischen Kontakt als Aha-Erlebnis erfährt. Die nachfolgende Geschichte erzählt das schockierende Erlebnis der Majors-Eheleute Ziechlinski, die schon längere Zeit in dem Glauben lebten, der bayerischen Landessprache mächtig zu sein. Wolf-Detlef Ziechlinski war jahrelang in Ingolstadt als Bundeswehr-Offizier mit der Verteidigung der Bundesrepublik beschäftigt. Da mußte man schon von Zeit zu Zeit einmal leutselig werden und auch gesellige Soldaten-Veranstaltungen besuchen, bei denen die Verwendung der Muttersprache erlaubt war. Und Frau Karin Ziechlinski hatte sich an vielen einsamen Abenden in der Volkshochschule heimatkundlich fortgebildet, wo auch so manches bayerische Wort gefallen war.

Seit Wochen, genauer gesagt: seit der Major zur Rüstungsindustrie bei München übergewechselt war, bewohnten sie ein kleines, aber eigenes Reihenhäuschen in Feldmoching. Wand an Wand mit ihnen lebte ein junges bayerisches Ehepaar, gewisse Bachhubers, recht angenehme Nachbarn im allgemeinen, aber trotz merklicher Unbeholfenheit in vielen Lebenslagen nicht immer dankbar für gute Ratschläge.

Der warme Sommerabend, an dem die friedliche Koexistenz eine ernste Belastungsprobe erfahren sollte, begann ausnehmend friedlich. Detlef Ziech-linski holte sich sein Abendessen vom Gemüsebeet und wollte seinen Nachbarn gerade über den Zaun erklären, worauf es beim Radizüchten wirklich ankommt. Da merkte er gleich, daß das junge Paar anderes im Kopf hatte.

Frau Bachhuber unterbrach ihn auch sogleich mitten in seinen Ausführungen über den notwendigen Sandgehalt im Humus: »Entschuldigen S', Herr Ziechlinski, wir kriegen nämlich gleich Besuch.«

»Ja, und da wollten wir Sie sowieso schonend drauf vorbereiten«, fügte Herr Bachhuber hinzu, »denn da könnt's schon a bisserl lauter runtergeh, weil ma heut kräftig aufmischen und amal wieder zünftig klopfen auf d' Nacht.«

»Soso«, sagt Herr Ziechlinski leicht irritiert und nicht ganz im Bilde, »steigt wohl ne kleine Fete, wa?«

»Ja, gewissermaßen scho«, scherzte Frau Bachhuber mit verlegenem Lächeln, »wenn ma's Deifesge-betbuch aufschlagt, da geht's halt leicht recht leidenschaftlich zu und dann werd's laut.«

»Sehr treffend ausgedrückt«, sagte Herr Ziechlinski. »Bei uns zu Hause sagten wir Ringelpietz mit Anfassen.«

»In Bayern ist es halt a Volkssport«, sagte Herr Bachhuber, »quasi Turnen und Werken für reifere Jahrgänge.«

»Amüsieren Sie sich nur, junge Frau«, ermunterte Ziechlinski, »uns stört das nicht.«

»Vielen Dank«, verabschiedete sich Frau Bachhuber und blinzelte dem Nachbarn zu, »also dann is heut quasi Herz Trumpf bei uns!«

So gingen sie in bestem Einvernehmen auseinander und Detlef Ziechlinski bereitete seine Frau schonend darauf vor, daß man heute Abend wohl einige Nachsicht üben müsse, weil die jungen Nachbarn so freundlich um Zustimmung zu ihrer Fete gebeten hätten. Frau Karin wunderte sich noch, daß nach ihrer Beobachtung nur ein weiteres Paar nebenan zu Besuch kam; eine richtige Party konnte das wohl kaum werden. Daß man längere Zeit nichts herüberhörte, war daher schon wieder weniger verwunderlich, aber nicht unangenehm. Vielleicht wurde dort erst noch getafelt, zumindest hörte es sich so an, als würden die Nachbarn für eine ganze Ballgesellschaft Schnitzel klopfen.

Der Schock für die Ziechlinskis kam erst, als sie zu Bett gingen. Da nämlich ihr Schlafzimmer an das Wohnzimmer der Nachbarn grenzte und wegen des warmen Abends in beiden Häusern die Fenster offenstanden, hörten sie von hier aus nicht nur ein immer lauter und temperamentvoller werdendes rhythmisches Rumpsen, sondern auch so manchen Wortfetzen aus dem Gespräch der zwei Pärchen von nebenan.

»So a Vierer is scho glei flotter wia der langweilige Dreier«, sagte Herr Bachhuber. »Los, Bene, fang o! Du bist erster«, drängte seine Frau den anderen Mann.

»I bin ja berühmt für mein Vorspiel«, sagte einer der Männer.

»Mich hast schon wieder genau am wunden Punkt erwischt«, seufzte eine Frau, aber der andere Mann forderte barsch: »Immer zu mir her mit dera Sau!« »Tu ihn halt endlich raus«, drängte die andere Frau, »mir habn doch erst zwei Stich gmacht!« und ein Mann antwortete: »Wennst moanst, dann trumpf i halt amal auf und ziag blank.«

»Auf den wart i doch scho lang«, stöhnte die Frau zufrieden: »Schau, was mi druckt hat!«

Interessiert blickten Major Ziechlinski und seine Frau von ihrer Bettlektüre auf und horchten mit einiger Verwunderung den seltsamen Gesprächen zu.

»Scheint ja doch noch ganz munter zu werden bei denen«, wunderte sich Frau Ziechlinski, aber ihr Mann schmunzelte nur: »Das nennt man eben in Bayern die Staadlustigen.« Doch seine Frau bedeutete ihm mit der Hand, er solle still sein.

»Mit der Frau Forstmeisterin taat i's gern amal probiern«, war wieder eine Männerstimme zu vernehmen, »und de möcht i mir glei oschaun.«

»Naa, Spezi, de pack i zamm«, höhnte der andere Mann und eine ungeduldige Frauenstimme sagte: »Dann hau ihn schon endlich rein!«

Frau Ziechlinski wurde vom Zuhören rot und schaute entrüstet zu ihrem Mann: »Und das im biederen katholischen Bayern!« Major Ziechlinski fand es bis jetzt noch einigermaßen amüsant: »Ehepaar sucht gleichgesinntes«, meinte er achselzuckend, »wollen wir auch rübergehen?« Ein entrüstetes: »Wolf-Detlef!« und ein strafender Blick überzeugten ihn, daß seine Frau für die offenbar recht moderne Moral ihrer Nachbarn keinerlei Verständnis duldete.

»Jetzt geht's mit der Alten«, ließ sich einer der Männer vernehmen, »und erster bin i aa – i suach's glei selber!«

»Wia kannst denn du glei dei Eichel raustoa«, protestierte eine Frau, und der andere Mann sagte lachend: »Laß'n nur! Jetzt konn i draufhaun.«

»Auweh, des trifft mi hart«, jammerte der erste, aber der zweite triumphierte: »Und jetzt probiern ma's glei no mit der Bumms, mit der, wo der Hund draufsitzt.«

»De Kuglbauern Theres schafft ja scho mei Kleansta!«, konterte der andere.

»Naa, den laß i jetzt net durch«, widersprach eine Frau, »da hab i allerweil no a größers Herz.«

»Blöde Kuh, wennst an Stoß kriagst, mußt doch unterstehn und an Spieler hinlassen!«

Frau Ziechlinski hatte nun endgültig die Nase voll: »Wolf-Detlef, jetzt holst du die Polizei. Auch noch

Sodomie! Der arme Hund. Bei aller Toleranz – solche Orgien sind nun wirklich zu stark. Und diese Kuglbauer Theresia treibt es am schlimmsten.«

»Wundert dich das bei der ständigen Liberalisierung durch unsere Regierung«, wand sich der Major, »außerdem sind wir nicht in Münster und müssen eben mit diesen Nachbarn leben.«

»Aber nicht mit solchen Schweinereien! Wenn du nicht genug Mumm hast, für Sitte und Anstand zu sorgen, muß ich es tun.«

Empört stand Frau Ziechlinski auf und ging entschlossenen Schrittes in Richtung Telefon. Da drehte sich ein Schlüssel im Haustürschloß und ihr Sohn kam heim. Der 17jährige Gymnasiast Sönke schaute überrascht auf seine Mutter, die wie ein erzürntes Gespenst mit wallendem Nachthemd durch die Wohnung fegte. Doch ehe er zu einer Frage kam, schob sie ihn schon in sein Zimmer und redete auf ihn ein: »Hör dir das nicht an, Sönke. Du bist selbst in Bayern aufgewachsen, aber solche Schweinereien sind nichts für dich.«

»Bei unseren bayerischen Nachbarn gibt es Gruppensex mit allen Schikanen«, klärte Herr Ziechlinski seinen Sohn auf und beschwichtigte seine Frau: »Laß ihn nur mal zuhören, Mutti, ein sauberer junger Mann wird von sowas nicht verdorben, sondern nur abgeschreckt.« Dann horchten sie alle drei zum Fenster hin.

»Was halt's ihr von am raffinierten Nachspiel?«, fragte eine der Frauen. »Naa, des war net das Richtige.«

»Laß de Sau liegen! Was liegt, des liegt«, wetterte eine barsche Männerstimme, aber eine Frau stichelte dagegen: »Da misch i aber aa no mit.«

»Dann geh i halt mit'm Alten drüber«, sagte der Mann überlegen, »und jetzt ziag i euch 's Hemad aus!«

»So eine Sauerei!« empörte sich der andere Mann, »wenn i scho mit meim Bauern hinten draufsitz, dann muaßt mir doch du schmiern und derfst net als Freind mit deim Wenzerl dazwischenstechn.«

Erwartungsvoll schauen Major Ziechlinski und seine angeekelte Frau auf ihren Sohn. Der starrte seine Eltern an, schüttelte den Kopf und sagte nur: »Verworfen.«

»Da hörst du's«, triumphiert Frau Ziechlinski, »der Junge sagt es auch, aber du läßt dir sowas bieten.«

»Warum?«, meinte Sönke grinsend und ging, »jeder hat sich schon amal verworfen beim Schaffkopfen.« An der Türe drehte er sich noch einmal um und sagte: »Falls die da drüben einmal zu ihrem ›Gruppensex‹ an vierten Mann braucha, könnt's mich jederzeit empfehlen. Ich hab an starken Auswurf!«

5. Eisstockschießen

Im Gegensatz zu bayerischen Kartenspielen kann ein anderes beliebtes Freizeitspiel der Bayern ohne großen geistigen Aufwand auch von Preußen erlernt werden, wenn sie anstellig sind und mit einigermaßen Sprachgefühl hinhören können. Es handelt sich um einen typisch bayerisch-alpenländischen Wintersport, der warm angezogen in der kalten Luft und ohne Gesundheitsrisiko in der freien Natur betrieben wird. Und zwar mit großem Kampfgeist und geringem Bewegungsaufwand, so daß man gerade ausreichend Hunger und Durst davon bekommt. Im Hochdeutschen heißt dieser Sport offiziell Eisschießen, im bayerischen Sprachgebrauch Eisstockschießen. Schließlich schießt man ja nicht mit dem Eis, sondern mit dem eisenumrandeten Stock, eine Art »umdrahten Schwammerl« (reziproken Pilz), der auf der Eisbahn rutscht – so wie eine Kugel auf der Kegelbahn rollt.

Das Eisstockschießen eignet sich besonders gut als Verbrüderungs-Sportart, weil es von Bayern und Preußen sowohl rassisch als auch geschlechtlich gemischt gespielt werden kann und alle Möglichkeiten des Après-Stock im Wirtshaus gegeben sind. Eisstockschießen ist aber dann schwer zu begreifen, wenn jemand die Regeln nicht kennt oder der bayerischen Sprache nicht mächtig ist. Wer nämlich die Sprüche und Kommandorufe nicht versteht, der steht vor der Daube wie der Ochs vorm Berg und kriegt nichts mit – außer kalten Füßen.
Aus diesem Grund wird im folgenden Kapitel ein Lesestück vorgestellt, das den Bayern zeigt, was ein fachlicher und sprachlicher Kurzkurs enthalten muß. So kann auch aus einem ahnungslosen aber willigen Preußen ein »Wuida« werden oder wenigstens ein Zuschauer, der nicht durch dumme Bemerkungen den Völkerfrieden stört.

Sechse, neine, aus!

Ein Lesestück von Moaren und Maßen, Stöcken und Dauben.

Dem zufriedenen Ruf übers Eis »Der Moar hat« folgt keineswegs der von gebildeten Preußen erwartete Zusatz ». . . seine Schuldigkeit getan«. Denn der Moar ist kein Mohr, sondern ein Maier (lat. major), wie man früher den hohen Beamten oder den Gutsverwalter, jedenfalls den, der anschafft, genannt hat. Man spricht den Moar nicht akzentuiert Mo-ar, sondern das tiefe O wird fließend in das breite A hinübergezogen – wie beim Gähnen oder dem Wort Oar (Eier). Und wenn der Moar eine schöne Maß aufs Eis legt, dann will er damit ebenso wenig einen Liter Bier kaltstellen wie mit dem »Schuß auf Daubn« einem überzähligen Domdurmdaubndeifi (Domturmtaubenteufel) den Garaus machen.
Auf der Eisbahn wird nahe an den beiden Enden je eine »Fuaßn« (Kerbe als Fußstütze) ins Eis gehau-

en. Hier sucht man seitlich stehend mit dem Hinterfuß Halt, damit es einen nicht »auf das Mei firihaut«, denn das Eis ist recht »hei«, was nicht berauscht, sondern rutschig bedeutet. Etwa 4 Meter von der vorderen und hinteren Grenze entfernt wird je eine »Daubn« aufgestellt. Die Daubn sind beim abwechselnden Spiel nach beiden Richtungen das Ziel. Und der kurze Sinn des oft langen Wettkampfes besteht darin, die eigenen Stöcke möglichst nahe an die Daubn heranzubringen und die der Gegner fernzuhalten.
Was aber sind Daubn? Es handelt sich nicht – wie Preußen vorschnell vermuten könnten – um die bayerische Aussprache von Taube, weil eine solche ja wegfliegen würde. Ob der Begriff nun von der Faßdaube herkommt oder von dem skandinavischen Wort »Daubn« für Markierungsstein – gemeint sind jedenfalls Holzklötze von 10 Kubikzentimetern, und man spricht sie wie »daum«.

In diesem heißen Kampf auf kaltem Grund stehen sich zwei Mannschaften gegenüber, die aber »Moarschaften« heißen, weil der Kapitän der »Moar« ist. Bei Damenmoarschaften muß die »Moarin« (früher Oberdirn, Leitmagd) »anschaffen«, was aber nicht im heutigen unsittlichen Sinne mißverstanden werden darf.

Die Moarschaften werden durch »Zammschiaßn« gebildet, was nichts mit »Übern-Haufen-Schießen« zu tun hat. Im Kreis um eine der Daubn aufgestellt, schubsen (schieben) alle auf Kommando mit dem Fuß ihre Eisstöcke so kräftig in die Mitte, daß sie wieder auseinanderprallen. Dann gehören jeweils die »Engen« und die »Weiten« zusammen, was auch nichts Schlimmes ist.

Die Eröffnung des Spieles erfolgt mit einer Maß – kein Umtrunk, sondern eine Maßnahme: ein genau angemessener Maß-Schuß mit dem Stock auf die Daubn. »Omaßn« bedeutet folglich nicht, sich anmaßend zu verhalten, sondern »eine Maß nauslassen«. Wie kräftig man schießen muß, hängt beim »Omaßn« von der Eisglätte und von der Laufsohle des Stockes ab: es gibt schnelle oder langsame – »Läufer« oder »Bremser«, schwere oder leichte Stöcke zum »Ausramma« oder zum »Osteh«.

War der Schuß so schwach, daß der Stock weit vor der Daubn liegenbleibt, ist er »vahungert«, »derfrorn« oder – wenn die Bahn bei Tauwetter schon wassert – »dersoffen«; jedenfalls in einem Zustand, in dem einer nicht mehr viel bringt. Von ebenso geringem Nutzen für die Moarschaft ist ein zu kräftig geschossener Stock, der an der Daubn vorbei »in Woid naus« oder »durchganga« ist. Jeder, der geschossen hat, geht dem Stock nach ins Ziel zum Messen oder »Einweisen«.

Hat derjenige, der »oschiaßt«, gleich »a saubere Maß vorglegt«, dann steht sein Stock kurz vor der Daubn und deckt sie, im Idealfall berührt er sie. So einen Glücksfall nennt der Bayer ein »Maßl«, was auch im übrigen Leben der gebräuchliche Ausdruck für das »kleine Glück« oder eine günstige Fügung ist. Weniger günstig ist eine Maß, wenn der Stock knapp hinter der Daubn zu stehen kommt, weil er dann nämlich nur einen Prellbock für einen nachkommenden (leichten) Stock des Gegners abgibt, der einfach »osteht«, damit näher bei der Daubn liegt und »hat«.

Was der jeweilige Stock »hat«, wird nie ausgesprochen, aber wer »hat«, der hat immer den kürzeren Abstand zur Daubn und damit Recht – nach dem unumstößlichen bayerischen Grundsatz: wer hat, der hat, und wer ko, der ko. Man signalisiert dann den Schützen am Start: »Eng hat« oder »Weit hat«, weil dann die Spieler der Moarschaft, die nicht »hat«, solange schießen müssen, bis sie näher rankommen und selber »haben«. Dann sind wieder die ersten dran – solange der Vorrat reicht.

Als besonders hinterhältig und verzinkt gilt die »Zwieseler Maß«, wenn der Eisstock gerade so weit links oder rechts neben der Daubn steht, daß der

Gegner nur zwei Chancen hat: entweder »de Daubn mitnehma« oder den Stock »so leicht naufhaun«, daß er wegrutscht, aber der eigene am gleichen Platz stehenbleibt. So eine »Waldler-Maß«, auch »Niederboarische« genannt, wird vom Schützen gern mit der triumphierenden Herausforderung

bejubelt: »Deats mi abi, wennz könnts!« An ihr können in der Tat leicht Generationen verbluten. Wenn die nächsten Stöcke nämlich zwischen Stock und Daubn »durchgehn«, heißt es solange: »net hat a« und »no oan«, bis eine Moarschaft keine Schützen mehr hat. Dann kann die andere durch vorsichtiges »Nachemaßen« zweimal oder dreimal »haben« und zusätzliche Punkte machen.

Jeder Schütze kann zwischen verschiedenen Wegen wählen, um das Ziel zu erreichen, daß die eigene Moarschaft wieder »hat«: entweder er »maßt« direkt, damit er selber »hat«, oder er kann den Gegner »nausschiaßn«, so daß dann der nächststehende eigene Stock »hat«, oder er kann den Stock eines Mitspielers durch einen »Schubser« so »auftoa«, daß er wieder »ziagt«, also »hat«. Wenn die Lage sehr verworren ist, empfiehlt es sich manchmal, einfach »mit Gewalt« (mit Wucht) zuerst »ausramma«, daß der nachfolgende eigene Mann wieder unbehindert »omaßn« kann.

Die Kommandos vom Ziel her empfehlen dem jeweiligen Schützen demnach etwa: »einfach maßig« oder am gegnerischen Stock »vorbeimaßn«, »grad osteh«, den Gegner »leicht vadrucka« oder durch schrägen Anschnitt »zwicka«. Will man einen Stock ganz weghaben, wird gerufen: »Zünd eam oane!«,

»Brenn eam oane!« oder »Naushaun!«. Braucht man dagegen nur einen Schubser für den eigenen, so heißt es: »Nacheschiabn, um a Ruckerl!«, »Odaum!« oder »Tua mi auf!«. Will man ein Durcheinander aufgelöst haben, ruft man: »Ausramma, aber Daubn stehlassn!«

Im allgemeinen gilt aber für jeden Schützen der Grundsatz: erst schauen, wie der Stock läuft und was er vorne erreicht oder anrichtet. Und dann erst verkünden, welche Taktik man damit verfolgt habe, etwa: »I derf doch da gar koa Maß riskieren, sondern muaß ja den nauszwicka, daß der Schorsche nachemaßn kon und mir zwoamoi habn«. Wer zuletzt wirklich »hat«, bestimmt bei Übereinstimmung das Augenmaß, in Zweifelsfällen das Bandmaß, eine Latte oder ein »Schnürl«.

Die Punktewertung erfolgt bei der gebräuchlichen Spielweise »Sechse-Neine« so: Für den ersten Stock, den eine Moarschaft näher an der Daubn hat als der Gegner, erhält sie sechs Punkte, für den zweiten drei, dann sind es »neine«. Ist noch ein dritter Stock näher dran, ist das Spiel im ersten Durchgang schon aus. Meist braucht man aber zwei bis vier »Kehren«, weil es zuerst »sechse-nixe«, dann »sechse-sechse«, »neine-sechse« und zuletzt »neine-neine« heißt. »Zwölfe« wird gar nicht mehr gezählt, weil es da schon aus ist.

Der Ruf »aus« ist gleichzeitig die Aufforderung zum Zahlen. Dann wird entweder vom Verlierer »Rewaasch« gefordert oder neu »zammgschossen«.

6. Aufgaben zur Prüfung
oder zum Selbsttesten für Preußen

Ob ein Preuße schon einen brauchbaren Sportkameraden für Bayern abgibt oder gar schon als Bavareuße integriert werden kann, läßt sich unter anderem an folgenden Aufgaben überprüfen:

A

> **Von welchen bayerischen Sportarten
> ist in folgenden Dialogen die Rede?**

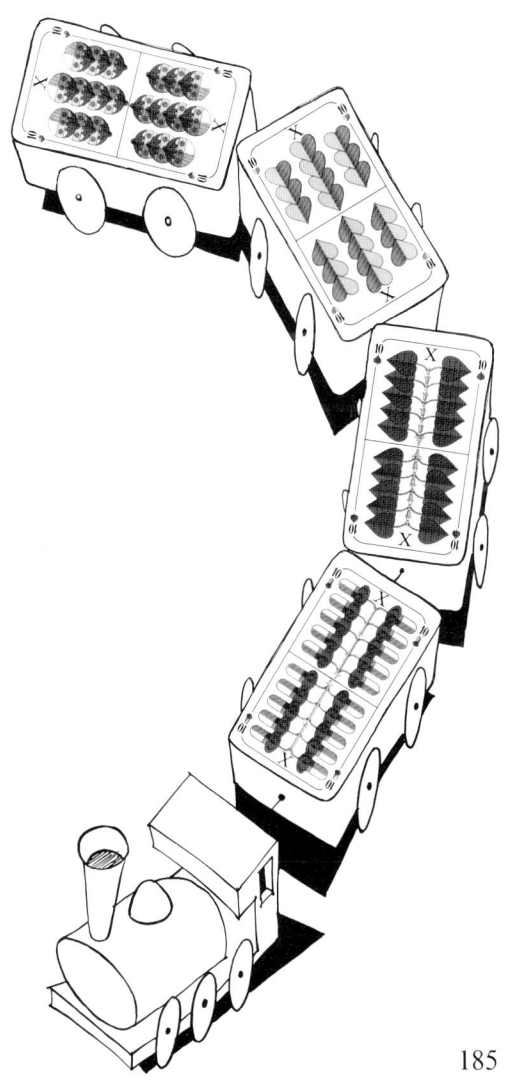

1.

»Ois raus?«

»Wennst an Schlag hättst.«

»An Soacherl kunnt i raustoa.«

»Naa, nix raus.«

»Der Eisenbahna kost eana eh scho's Hemad.«

»Ganz guat.«

»Soll i'n kritisch packa?«

»Naa, mir her! Aufdanten wenn gang?«

»Tua den Finger weg vom Belli, die Toten bleiben ruhn!«

»Zwoa gstraft.«

»Pfeiffadeckl – ausgschafft seid's.«

»Er hat no a Sau und der ander an Max.«

»Geh, schreibts eich zwoa, dann seids gspannt.«

2.

»Tua oan aussi!«

»Teifi, der is ma auskemma.«

»Jetzt schee nachemassen.«

»Der geht leicht naus. Bloß a weng opecka.«

»So, und jetzt stehst di du einfach o.«

»Soll i'n verramma?«

»Bloß leicht zwicka oder da kerzengrad durchimaßen.«

3.

Was wird gespielt, wenn du vom Nebentisch Gesprächsfetzen hörst, wonach einer mit Musik spielt und der andere deshalb gleich zurückhaut, einer hofft, daß ihm seine Alte durchgeht, die aber der andere gleich absticht, weil er keine Eichel hat; einer zieht nur den Blauen von unten an, worauf ihm schon ein blanker Roter hereinfällt; einer steht unter, obwohl er angeblich ein Herz für sie hat, und nachdem alle ihre Schellen weggeworfen haben, wird am Schluß ein kugelrunder König zum Bock?

Lösung:
1. Watten,   2. Eisstockschießen,   3. Schaffkopfen

B

**Ordne die verschiedenen Bedeutungen von
»Maß«
den jeweils richtigen Sätzen zu:**

1.

»Der kennt ja koa Maß und koa Zui.«

2.

»Schpui ma no schnell a Maß aus?«

3.

»Setz a scheene Maß naus!«

Lösungsvorschläge:

a Präzisionsschuß beim Eisstockschießen

---

b Selbstbeschränkung in allen Lebenslagen

---

c Ein Liter Bier als Preis beim Watten

Richtig: 1b, 2c, 3a

C

**Was versteht man unter der
»Bayerischen Packordnung«?**

---

a Vorschriften für Urlauber zum Kofferpacken

b Rangfolge bei der sexuellen Annäherung im Fall
von Frauenmangel

c Grundregeln beim Kartenspielen, wie: »Stecha
muaß ma, wenn ma ko«, »Jeder Trumpf sticht
bloß oamoi«, oder »Net mit'm Zehner auf d' Sau
passen!«

Richtig: c

187

D

Die Übergänge zwischen Sport und Leben

sind in Bayern besonders fließend. Wähle die richtige Bedeutung unter den folgenden Begriffen aus und beachte dabei, daß in Bayern der Sport nicht das Leben ausmacht, aber das Leben der beliebteste Sport ist. Allerdings kein Hochleistungssport, sondern ein Volkssport, bei dem die meisten hinten nachlaufen.

1.
Ohrwaschlrennats

a Wettrennen, bei dem man nicht die Nase vorn haben muß, sondern das Ohr

b Wettkampf im Rettungsschwimmen, bei dem die Opfer so schnell wie möglich an den Ohren durchs Wasser zum Ufer gezogen werden müssen

c Körperliche Züchtigung, bei der mit den Händen die Ohrmuscheln des Delinquenten schnell und schmerzhaft gewuzzelt werden

2.
Eierscheiben

a Wettlauf, bei dem man Scheiben von gekochten Eiern unversehrt durchs Ziel bringen muß

b Erotisches Spiel mit einem Körperteil, an dem sich leicht was »zammscheibt«

c In der Rinne zwischen zwei aneinandergelehnten Stielen von Heurechen läßt man gekochte Eier herabrollen; wer dabei das Ei des anderen trifft und anknackst, erhält dieses

3.
Arschkriechen

a Hindernisrennen, bei dem einer eine Brücke baut und der andere unten durchkriechen muß

b Wettlauf in Unterwürfigkeit mit Kollegen um die Gunst des Chefs

c Bayerischer Militärsport, bei dem auf dem Rükken gerobbt werden muß

4.
Zentnerschwere Weiber stemmen

a Gewichtheben der Männer, bei dem korpulente Damen als Hantel-Ersatz verwendet werden

b Gewichtheben der Frauen, bei dem Sportlerinnen von einem Zentner Gewicht ihre Kräfte messen, indem sie sich aus dem Ring zu stemmen versuchen

c Sexueller Kraftakt von polygam veranlagten Jünglingen

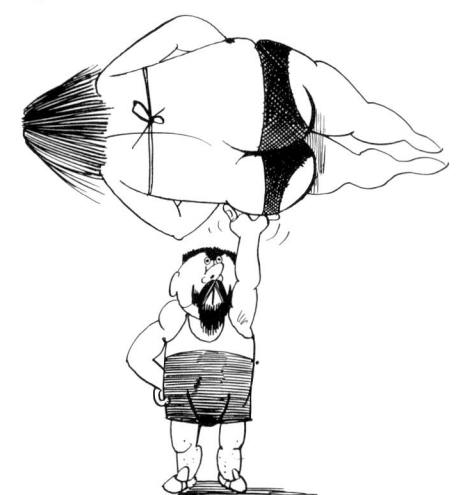

5.
Einarmiges Reißen

a Figur beim Rock'n Roll in Tanzturnieren

b Hochheben der Maßkrüge am Oktoberfest zum Zuprosten und Trinken

c Einseitige rheumatische Beschwerden an einem Arm

Lösungen: 1c, 2c, 3b, 4c, 5b

IX. Der Preußenwitz im Unterricht

Wenn der Rucksack zum Fallschirm wird

Das vorletzte Kapitel dieses Buches soll dem bayerisch-preußischen Witz gewidmet sein und dessen Einsatz im Unterricht. Wie Sigmund Freud können wir uns auf die Tatsache des intimen Zusammenhangs alles seelischen Geschehens berufen, welche einer psychologischen Erkenntnis auch auf einem scheinbar entlegenen Gebiet großen Wert für andere Gebiete zusichert, etwa für den allgemeinen Zustand der Beziehungen zwischen beiden Völkern. Außerdem hat der Preußenwitz einen geradezu faszinierenden Reiz in der bayerischen Gesellschaft; Neuproduktionen werden früher wie heute fast wie Siegesmeldungen von einem zum anderen getragen. Das führte allerdings dazu, daß der bayerisch-preußische Witz etwas ins Zwielicht geriet. Damit soll aber nachfolgend gründlich und humorlos aufgeräumt werden. Vor allem mit dem gräßlichen Vorurteil, die in Bayern kursierenden Preußenwitze seien gegen die Preußen gerichtet.

Wohl ist zugegeben, daß der Preußenwitz in die Abteilung der tendenziösen Witze einzuordnen ist, und er läuft tatsächlich öfter Gefahr, auf Personen zu stoßen, die ihn nicht anhören wollen. Dem tendenziösen Witz gleich Feindseligkeit zu unterstellen, wäre aber völlig falsch. Vielleicht in anderen Bereichen, nicht aber beim Preußenwitz. Preußenwitze sind zumeist nur oberflächlich beleidigend oder verletzend, bei näherem Zusehen oder gehöriger Analyse stellt sich häufig heraus, daß sie viel harmloser sind als sie sich zunächst anhören, daß sie zuweilen aus einer gewissen Notwehrsituation heraus entstanden sind und deshalb Nachsicht verdienen, auch wenn sie sich noch so derb anhören. Und schließlich enthalten viele von ihnen, ja man kann sagen über 90 Prozent der rund 4800 Preußenwitze, heimliche Liebeserklärungen an die Preußen.

Leider machen sich die wenigsten Menschen die Mühe, entsprechende Witzanalysen durchzuführen. Vor allem Nichtbayern geraten bei den gelungensten bayerischen Preußenwitz-Produktionen immer wieder in einen Zustand der Entrüstung und des Affekts, der ihnen jedes Interesse für echte Unterscheidung und genaue Nachforschung raubt. Außerdem ist gleich von vornherein festzuhalten, daß Preußenwitze ganz selten zotig sind, das heißt, sie haben zumeist Preußen, nicht aber Preußinnen zum Inhalt oder Ziel, was auch mit dem Ausspruch eines bekannten bayerischen Publizisten zu erhärten ist, der so richtig sagte : »Das schönste an den Preußen sind noch ihre Frauen.« Andererseits zeigt uns die Feststellung des Nicht-Schweinischen am Preußenwitz, wie brauchbar er für den Unterricht an den bayerischen Schulen ist. Was er aufzudecken imstande ist, sind interessante Aussagen über die bayerische Mentalität, die bayerische Seele, das bayerische Herz, das bayerische Wesen und nicht zuletzt das bayerische gesunde Volksempfinden, das allerdings wegen des ständigen Überlebenskampfes mit den Preußen schon mal gelegentlich erkrankt war.

Bevor wir uns von der Theorie ab- und praktischen Beispielen zuwenden, soll noch erwähnt werden, »daß die witzige Tätigkeit keine zweck- oder ziellose genannt werden darf, da sie sich unverkennbar das Ziel gesteckt hat, Lust beim Hörer hervorzurufen« (Freud). Nun sind die Bayern, das wird wohl niemand bestreiten, ein besonders lustvoller, ja lustiger Volksstamm. Und da harmlose, nichttendenziöse Witze meistens keinen allzu großen Lustgewinn versprechen, erzählten sich Bayern von jeher der größeren Lustwirkung wegen eben lieber tendenziöse Witze, die schöne Ausbrüche von Gelächter zur Folge haben und nicht nur müdes Lächeln hervorrufen. Daß die Preußen als Lustquelle herhalten müssen, hängt neben der schon vorhin erwähnten – verschämten – Preußenliebe besonders mit der Unerschöpflichkeit dieser Quelle zusammen. Dies wiederum ist eindeutiges Verdienst der Preußen.

Doch gehen wir gleich in medias res (nicht zu verwechseln mit der Medlers Res, Wirtin zu Oberaudorf!).

Im Hofbräuhaus bemühen sich zwei Bayern vergeblich, Salz aus dem offensichtlich verstopften Salzstreuer zu schütteln. Ein Preuße, der sich dazugesellt, nimmt den Salzstreuer, macht die kleinen Löcher mit einem Zahnstocher frei und kann sich nun seinen Braten salzen. Die beiden Bayern haben das interessiert beobachtet und schließlich sagt der eine zum anderen: »Ja, ja, technologisch sans uns überlegen, de Preißn.«

Was sagt nun dieser Witz aus. Zum ersten zeugt er doch unbestritten vom großen Respekt der Bayern für die Preußen, zum zweiten bestätigt er die alte These, wonach Preußen das Gehirn, Bayern aber das Herz Deutschlands sind. Außerdem darf vermutet werden, daß die Bayern wohl auch auf die Technik des Löcher-Durchstoßens mit dem Zahnstocher gekommen wären, daß sie aber in schöner Selbsthintanstellung und Unterdrückung ihres eigenen Geschicks dem fremden Preußen die Chance gaben, sich zu profilieren und sich im Gefühl seiner Überlegenheit in Bayern wohlzufühlen.

Ähnlichen Charakter hat eigentlich folgender Witz:

Auf einer Alm im Wendelstein-Gebiet macht ein junger Kuhhirt von sich reden, der die genaue Uhrzeit angeben kann, indem er einfach seinen Kühen an das Euter faßt. Das kann ein Gelehrter aus Bochum nicht glauben und macht sich auf den langen Weg ins Gebirge. Am Ende der Expedition findet er tatsächlich den berühmten Knaben im Schatten eines Rindviehs im Grase liegend vor. Er fragt ihn sofort nach der Uhrzeit. Der Hüterbub faßt dem Rindvieh ans Euter und sagt: »Zwölf Minuten nach drei.« Der Professor vergleicht auf seiner Quarzuhr und tatsächlich stimmt die Zeit auf die Minute. Gehörig überrascht forscht er sofort nach, worauf ihm der Knabe eher gelangweilt erklärt, er müsse halt das Kuheuter ein bißchen zur Seite schieben, um auf den Kirchturm drunten im Tal sehen zu können.

Was sagt uns dieses Beispiel aus der Preußenwitz-Produktion? Eigentlich doch wieder, daß der Bayer dem Preußen wirklich nicht überlegen ist, wie das manchmal scheinen mag. Das Phänomen findet eine ganz harmlose, natürliche Auflösung. Der Preuße kann sich beruhigen, es gibt nichts, was er nicht auch könnte, ja, sein Selbstgefühl wird aufgebaut, seine Selbstachtung zunehmen. Im Grunde doch ein Beweis für die heimliche Liebe der Bayern zu den Preußen. Aber woraus ziehen nun die Einheimischen den Lustgewinn bei dieser Geschichte. Wahrscheinlich daraus, daß der preußische Professor seine Neugierde mit einem beschwerlichen Anmarsch und einer gewissen Verblüffung bezahlen mußte. Aber so schlimm ist das ja auch wieder nicht, weil er mit einer herrlichen Landschaft belohnt wird.

Nun mag der eine oder andere einwenden, dies seien vielleicht eher harmlose Beispiele des tendenziösen Witzes. Versuchen wir es also mit folgendem:

In einem Flugzeug sitzen ein Engländer, ein Franzose, ein Preuße und ein Bayer. Plötzlich alarmiert der Pilot seine vier so ungleichen Passagiere, die Maschine werde gleich abstürzen, man solle die Fallschirme anlegen; leider habe er nur drei davon. Sofort meldet sich der Franzose, erzählt viel von seiner Grande Nation. Der Bayer beruhigt ihn sofort, hängt ihm einen Fallschirm um, der Franzose springt ab. Darauf macht sich der Preuße gehörig bemerkbar, redet viel von Preußens Gloria und was Bayern den Preußen alles zu verdanken habe, außerdem sei man ja auch Großmacht gewesen und Bayern nie. Der Bayer beruhigt auch ihn, zieht ihm die Gurte fest und der Preuße springt. Der Engländer, sportlich fair, wie er es seinem Ruf schuldig ist, bietet nun dem Bayern an, den letzten Fallschirm durch Losentscheid zu vergeben. Doch der Bayer winkt ab und meint bescheiden: »Nur koa Aufregung, wir ham ja noch beide an Fallschirm, i hob dem Preißn mein Rucksack umghängt.«

Auf den ersten Blick ein bösartiger Witz, da der Zuhörer ja annehmen muß, der Preuße sei bei dem scheinbar heimtückischen Verfahren ums Leben gekommen. Aber aggressiv ist der Witz nur bei oberflächlicher Betrachtung. Im Grunde genommen ist er eine großartige Hymne auf ein typisch bayerisches Bekleidungsstück – den vielgeliebten, von Preußen oft belächelten Rucksack. Und so wie wir den Rucksack kennen, ist noch gar nicht sicher, ob der Preuße wirklich zu Schaden gekommen ist. Unter Umständen verhielt er sich aerodynamisch so günstig, daß er den Rucksackträger sicher zu Boden gebracht hat. Sicherlich aber hat er den Aufprall lebenserhaltend gemildert – wie er das ja auch in den Bergen tut. Wahrscheinlich ist dabei sogar die Brotzeit des Bayern arg zerdrückt worden, aber das soll hier nicht hochgespielt werden.

Festzuhalten bleibt ein ausgesprochen freundschaftliches, ja fast edles Verhalten des Bayern, der sich von dem geliebten Stück in dieser Stunde des Schicksals zu trennen bereit ist, ohne lang auf die Vorwürfe des Preußen, die Geschichte beider Nationen betreffend, einzugehen, was in Anbetracht der Fakten verlockend gewesen wäre. Daß er den Fallschirm nimmt, mit dem er längst nicht so vertraut ist, wie mit seinem Rucksack, der ihm lebenslange treue Dienste geleistet hat, darf als erneuter Beweis dafür genommen werden, welche liebevolle Verantwortungsbereitschaft für Preußen in manchem Bayern schlummert. Nun wird man fragen, wo dann noch der notwendige Lustgewinn zu suchen ist. Sicherlich in einem gewissen Denkzettel-Effekt. Da der Preuße gerne den bayerischen Rücken-Fortsatz belächelt, durfte er hier nun am eigenen Leib erleben, wie notwendig die ständige Mitnahme eines Rucksacks sein kann. So kann dieser Witz auch zum besseren Verständnis bayerischer Gewohnheiten beitragen. Also: Eine pädagogisch besonders wertvolle Produktion.

Wenden wir uns nun einem Witz zu, in dem ein Bayer und ein Fern-Preuße miteinander zu tun haben. Er spielt wie so oft in diesem Genre im Hofbräuhaus:

Ein Japaner spricht einen Bayern an, verbeugt sich und erklärt, er möchte dem Einheimischen etwas aus seiner japanischen Heimat zeigen. Der Bayer stimmt gerne zu. Da springt der Japaner auf, faßt ihm hart in die Augen, zerrt ihn hoch, schwingt ihn über den Tisch, läßt ihn über die Hüfte kreisen und schleudert ihn heftig zu Boden. Während sich der Bayer noch ganz benommen aufrappelt, steht der Japaner schon vor ihm, verneigt sich asiatisch freundlich und sagt: »Das war Jiu Jitsu aus meiner japanischen Heimat.« Der Bayer ist noch etwas durcheinander, als sich der Japaner wieder meldet. Er möchte dem Bayern erneut etwas aus seiner japanischen Heimat zeigen. Etwas zögerlich stimmt der Bayer zu. Da prasseln Handkantenschläge auf ihn nieder, er wird durch die Luft gewirbelt, von eisenharten Fußtritten getroffen und rollt quer durch den Saal. Der Japaner folgt ihm nach, verneigt sich höflich und sagt asiatisch freundlich: »Das war Karate aus meiner japanischen Heimat.«
Es dauert eine Weile, bis der Bayer seine Sinne beinander hat, dann verläßt er den Saal, kehrt kurz darauf mit einem mittellangen Gegenstand zurück und schlägt ihn dem Japaner kurz aber kräftig über den Schädel, so daß dieser wie vom Blitz getroffen umfällt. Nach gut einer Stunde schlägt der Japaner die Augen auf und der Bayer erklärt ihm sanft: »Des war da Wagenheber von meinem Toyota aus seiner japanischen Heimat.«

»Brutal«, könnte man jetzt vielleicht sagen. Der Mann hätte den Japaner ja umbringen können. Es sei ihm zwar ganz schön mitgespielt worden, aber gleich so zu reagieren? Typisch bayerisch!
Nun gut – auch in diesem Fall hilft nur kühle Überlegung weiter. Zunächst einmal ist wohl niemandem entgangen, daß der Bayer zwei schmerzhafte Angriffe ruhig hinnahm. Erst dann überlegte er

sich, was kann ich jetzt Adäquates bieten. Leider kennt die bayerische Heimat keine so raffinierten Dinge wie Jiu Jitsu und Karate. Fingerhakeln hätte den Japaner nach alledem, was geschehen war, wohl nicht besonders beeindruckt, und zum Watschentanz gehören zwei, die ihn können. Phantasiebegabt, wie ein echter Bayer eben sein kann, kommt er auf die Idee mit dem Toyota (wobei auffällt, daß er einen japanischen Wagen fährt und keinen chauvinistischen BMW) und von da auf den handlichen Wagenheber.
Nun hätte er vielleicht nicht so stark zuschlagen müssen, aber erstens fehlte ihm für solche Situationen die Erfahrung, und vielleicht hat sich der Japaner so heftig verneigt, daß er förmlich in den Schlag hineinlief. Das wissen wir aber nicht genau. Auf jeden Fall war es eine glänzende Idee und spricht für den Witz dieses Mannes, auch für sein ausgeprägtes Gefühl für originale Gastfreundschaft. Einen billigen Racheakt wird wohl niemand vermuten. Vielleicht wäre das ganze auch anders ausgegangen, hätte es sich um einen Italiener und um einen Fiat-Wagen gehandelt. Dann hätte der Wagenheber vielleicht den Aufprall nicht überstanden. So aber handelte es sich um einen Japaner, diese wiederum sind bekanntlich die Preußen Asiens und für ihre Wertarbeit bekannt. So besehen haben wir hier über den japanischen Umweg eine echte Verneigung vor den Preußen als substantielle Witzarbeit.
Bevor wir zu einer abschließenden Beurteilung kommen, noch ein paar Beispiele zum Üben und Vertiefen des bisher Erlernten.

I.

Ein Bayer und ein Preuße sind im Hofbräuhaus in einen fürchterlichen Streit geraten. Da erscheint eine Sammlerin des Roten Kreuzes und bittet um eine kleine Spende. Der Preuße steckt sofort großzügig 5 Mark in die Sammelbüchse; der Bayer aber winkt ab und erklärt: »Mir zwoa ghörn zsamm.«

Fragen-Aufgaben
1. Was bezweckte der Bayer mit seinem Verhalten?

2. Spielte vielleicht das Alter der Rotkreuz-Sammlerin eine Rolle?

3. Wollte er den Preußen groß herauskommen lassen?

II.

Ein Bayer sitzt mit einem kleinen Negerjungen im Bierzelt. Ein Preuße fragt ihn, was es mit dem netten Mohren auf sich habe. Da erklärt ihm der Bayer, er habe den Buben adoptiert, weil er so sicher sein könnte, daß es sich um keinen Preußen handle.

Fragen-Aufgaben

1. Warum sagte der Bayer so etwas?

2. Kann es sein, daß er annimmt, daß ein Preußenknabe leichter Anschluß findet als ein dunkelhäutiges Kind?

3. Finde heraus, ob hier eine Notwehrhaltung vorliegt!

III.

Ein Preuße beschimpft in der Münchner Straßenbahn einen Bayern sehr heftig, nur weil ihm dieser ein paarmal auf die Zehen getreten ist. Der Bayer läßt dies alles ruhig mit sich geschehen. Beim Aussteigen machen ihm Landsleute deshalb Vorhaltungen. Da erklärt er, er habe dem Preußen ohnehin mit der Zigarre ein Loch in den Überzieher gebrannt.

Fragen-Aufgaben

1. Warum tut der Bayer so etwas?

2. Fühlte er sich dem Preußen verbal unterlegen oder wollte er ihn vor den Leuten nicht desavouieren?

3. Finde heraus, wo hier die heimliche Liebe zu Preußen versteckt ist.

IV.

Ein Preuße kommt am Münchner Hauptbahnhof an. Er fragt zwei Männer nach dem Weg zum Hofbräuhaus. Keine Antwort. Er probiert es auf Englisch, Französisch, Italienisch. Keine Antwort. Entnervt gibt er auf. Da sagt der eine der Befragten zum anderen (sie sind offenbar Bayern): »Hund sans scho, de Preißn, an Haufn Fremdsprachn kennans.« Worauf der andere entgegnet: »Des scho, aber wos hat's ihm gnützt?«

Fragen-Aufgaben

1. Überlege, ob die Männer den Ankömmling nur von einem Besuch im Hofbräuhaus abhalten wollten!

2. Wo wird Preußen eine solche Gelegenheit gegeben, sich mit ihren Fremdsprachen-Kenntnissen hervorzutun?

3. Bedenke, daß jeder Bayer ohnehin zweisprachig aufwächst. Er kann Deutsch und Bayrisch.

V.

Ein Amerikaner will um jeden Preis einen Bayern im Hofbräuhaus in ein Gespräch verwickeln. Da er zu Recht annimmt, daß sein Gegenüber Bauer ist, erzählt er ihm stolz von seiner Farm: »Wenn ich in the morning mit meine Car, Du verstehn, losfahre auf meine Länd, dann bin ich am Ende von dem Tag mit meine Car noch nicht am Ende von meine Länd.« Erwidert der Bayer: »So einen Karrn hob i a scho amoi gfahrn.«

Fragen-Aufgaben

1. Handelt es sich vielleicht um ein bloßes Mißverständnis?

2. Hatte der bayerische Bauer Angst, der amerikanische Fernpreuße könnte sich mit seinem möglicherweise kleinen Anwesen blamieren?

3. Kann man die Absicht, jemandem eine Blamage zu ersparen, als Zuneigung betrachten?

VI.

In der Straßenbahn, häufig Heimstatt bayerischer Witze, schimpft ein Preuße über einen Neger. Sofort ergreift ein Bayer Partei für den Farbigen und herrscht den Preußen an: »Sie, laßn S' fei den Herrn Neger in Ruah, bei uns in Bayern gibt's keinen Rassismus net, Saupreiß verreckta!«

Fragen-Aufgaben

1. Warum hat der Bayer für den Schwarzen Partei ergriffen?

2. Vermutest du politische Gründe?

3. Überlege die liebevolle Komponente am Ausdruck Saupreiß.

VII.

Ein Münchner schlendert durch die Neuhauser Straße und erschrickt. An einer Ladentür ist ein Schild befestigt, darauf ist zu lesen: Wir bedienen lieber zehn Preußen als einen Bayern. Empört geht er in das Geschäft und beschwert sich über diese Ungeheuerlichkeit. Der Geschäftsinhaber beruhigt ihn: es handle sich um ein Beerdigungsinstitut.

Fragen-Aufgaben

1. Würde dir der Witz gefallen, wenn es sich um ein Maklerbüro handeln würde?

2. Versuche auch hier die heimliche Preußenliebe zu entdecken!

3. Sollte dies nicht gelingen, mache dir wenigstens Gedanken!

Fassen wir zusammen:

An den Beispielen wird so recht klar, wie oft der bayerische Preußenwitz falsch eingeordnet wird. Aussicht auf die Lustempfindung, sonst das entscheidende Antriebsmoment, tritt bei dieser Art von Witzen gern zurück für offenkundige oder klammheimliche Liebeserklärungen. Sollten solche nicht festzustellen sein, was in den meisten Fällen mißlingt, handelt es sich um in Witzform gegossene Akte einer eher hilflosen Notwehr, zu welcher der Bayer gern greift, wenn ihm nichts anderes

mehr einfällt. Auffallend, daß die harmlosen Tugenden der Preußen im Preußenwitz nicht diffamiert werden.

Sollte dem einen oder anderen der Preußenwitz der Bayern dennoch zu derb oder zu rüde sein, so möge er an Sigmund Freud denken, der festgestellt hat, daß der tendenziöse Witz im allgemeinen drei Personen braucht. Außer der, die den Witz macht, eine zweite, die zum Objekt der »Aggression« wird und eine dritte, an der sich die Absicht des Witzes, Lust zu erzeugen, erfüllt. Da die Bayern sehr gesellig sind und meist in Stammtisch-Formation auftreten, müssen die Witze etwas stärker und kräftiger sein, damit bei allen Lust erzeugt wird und nicht nur bei dem einen Dritten, den Freud hervorhebt. Sollte auch dieses Argument bei hartnäckigen Gegnern des Preußenwitzes auf Unverständnis und Unglauben stoßen, so sollte als letztes doch folgendes hieb- und stichhaltig sein: Seitdem auch die letzten Bayern auf den Ausdruck von Feindseligkeit durch Tätlichkeiten verzichten, blieb einigen von ihnen nur die Möglichkeit, den Feind komisch und kleiner zu machen. Sie verschaffen sich auf diesem Umweg den Genuß seiner Überwindung. Einfacher gesagt: Ein paar Witze sind immer noch besser als ein neuer Krieg zwischen Bayern und Preußen. Oder?

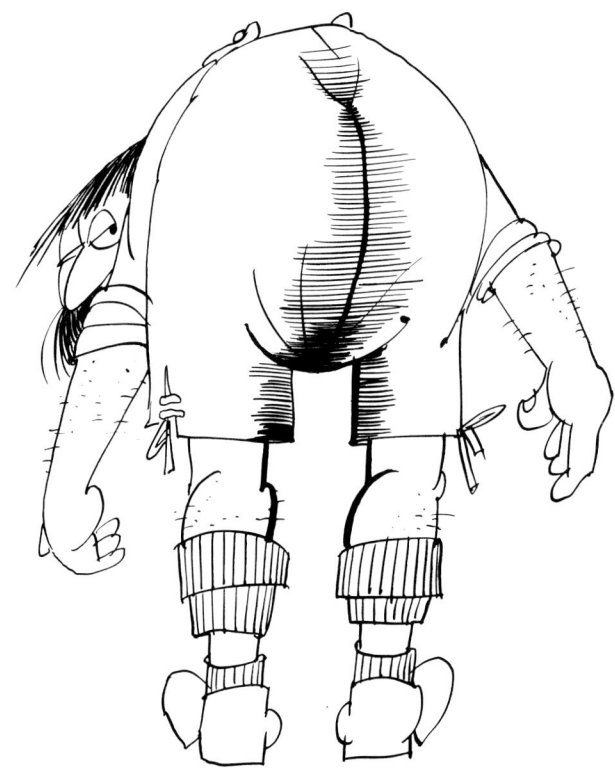

X. Bayerische Schwammerlkunde

Alle Pilze sind genießbar – aber manche nur einmal

Der Schwammerl (preußisch: Pilz) steht und fällt mit dem Wald. Da Bayern über die meisten Wälder und waldnahen Wiesen verfügt, gedeihen hier auch viele seltene Schwammerlköpfe, die in anderer Umwelt kaum mehr ihre festen Ständer hochbringen oder ihre zarten Lamellen entfalten könnten. Je weniger echte Originalpilze es aber anderswo gibt, desto gefragter sind die bayerischen und desto mehr steigt vor allem in Preußen der Konsum an solchen saftigen und fleischigen Schmankerln aus Bayern.

Solange Bayerns Schwammerl noch auf dem eigenen Mist seiner Bauern und Förster gewachsen sind, gab es sie wie Sand am Meer. Seit sie den Mist preußischer Chemiekonzerne über die bayerische Natur streuen, ist auch hier vielen Pilzen der Hut zum letzten Mal hochgegangen.

Rückläufiges Vorkommen echter bayerischer Schwammerl und verstärkte Nachfrage zwingen heute zu besonders schonendem Umgang mit den naturreinen bayerischen Gewächsen. Vor allem die weniger pilzkundigen, aber raffgierigen Stadtmenschen müssen vom Schwammerl-Raubbau und von deren hemmungslosem Genuß in ihrem eigenen Interesse abgehalten werden. Da die Preußen vorwiegend in Städten vorkommen, sind sie besonders gefährlich und gefährdet zugleich. Dies wird schon dadurch deutlich, daß der Bayer vom ›Schwammerlsuchen‹ spricht und damit die Jagdleidenschaft beim Aufspüren in den Vordergrund stellt, wogegen die Preußen zum ›Pilzesammeln‹ gehen und damit ihren stärkeren Drang zur quantitativen Anhäufung ausdrücken.

Darum muß man den Preußen rechtzeitig, schon bevor sie in Bayern in den Wald kommen, in einer Schwammerlkunde das rechte Verständnis für die Pflege von Urwuchs und unberechenbarer Natur auf bayerischem Boden vermitteln. Im folgenden Bildanhang werden einige bayerische Schwammerl als Beispiele für die pilzkundliche Unterweisung zur Übung vorgestellt. Schließlich stehen die Schwammerl in ihrer einfachen Struktur, aber hohen Empfindlichkeit wie Symbole des bayerischen Menschen im harten Kampf ums unverfälschte Überleben.

Die wenigsten Schwammerl in Bayern sind so giftig, daß sie tödlich wirken. Aber viele sind entweder von Haus aus oder bei falscher Behandlung ungenießbar. Andere sind nur schlecht verträglich oder schwer zu verdauen oder sie wechseln bei jeder Störung die Farbe und verbreiten eine unerträgliche Verbitterung. Es reagieren auch nicht alle Preußen gleich auf die bayerischen Schwammerl: während die einen eine stark animierende Reizwirkung verspüren, schlägt sich die gleiche deftige Mahlzeit bei anderen gleich auf den Magen und führt zu anhaltender Verüblung.

Generell ist zur Behandlung und zum Genuß bayerischer Schwammerl zu sagen: Am besten zu genießen sind sie im jüngsten Alter, ihr stärkstes Aroma aber entfalten sie, wenn man sie in Ruhe wachsen und altern läßt, bis kurz bevor sie in Fäulnis übergehen. Will man sie ergiebig nutzen, sollte man sie nie zu weit von ihrem Standort entfernen, sie nur mit größter Behutsamkeit der Säuberung aussetzen und ihnen nicht auf der Suche, ob der Wurm drin ist, das sensible Nervengerüst zerrütten. Am besten zu genießen sind bayerische Schwammerl stets, wenn sie von Fleisch, Knödeln, Rahmsoße, Eiern und viel Grünzeug umgeben sind. Werden einem bayerische Schwammerl roh vorgesetzt, so sollte man sie besser ebenso meiden, wie wenn sie schon zu stark ausgekocht sind.

Alles in allem erfordert der sachkundige und schadlose Umgang mit bayerischen Schwammerlköpfen sehr viel Erfahrung, Vorsicht und Fingerspitzengefühl. Auch für sie gilt der Grundsatz: alle Pilze sind genießbar, aber manche nur einmal. Das darwinistische Argument, daß die unvorbereitete Begegnung mit bayerischen Giftschwammerln der natürlichen Auslese unter Preußen dient, kann zwar nicht widerlegt werden, ist aber als unmoralisch abzulehnen.

Der kardinalsrote Oberhirtling
racifex magicus

wird im Volksmund auch magischer Fliegenpilz (bayr.: narrischer Himmischwammerl) genannt. Wegen seiner leuchtend roten Farbe mit weißen Sprenkeln und seiner märchenhaften Ausstrahlung zieht er Seelen an wie Fliegen. Auf manche wirkt er berauschend und löst himmlische Halluzinationen speziell marianischer Art aus, bei anderen schlagen sich dagegen seine tückischen Kräfte leicht auf den Magen. Vor allem sein Geruch der Heiligkeit kann nahezu wahnsinnig machen. Seine Giftigkeit ist umstritten, aber die Schädlichkeit seines magischen Wirkens wird leicht unterschätzt. Mit Vorsicht zu genießen! Seine Darstellung als Glückspilz in der Volkskunst geht auf einen Aberglauben zurück.

Der olympische Edelrichterling
fungus olympicus jurisprudens

auch hellköpfiger Politpinkel (bayr.: großkopferter Sozischwammerl) genannt, ist in seinem Vorkommen seit Jahren stark rückläufig. In olympischen Zeiten war er wegen seiner gesunden rosaroten Farbe der Leib- und Magenpilz der Münchner, denen er täglich als volkstümlicher Doktor-Teller auf Zeitungspapier aufgetischt wurde. Der Versuch, seine Ausbreitung über ganz Bayern zu fördern, scheiterte an seiner Feinporigkeit und an der Versauerung des roten Münchner Mutterbodens. Eine linksseitige Atrophie des Ständermyzels bewirkte bei ihm starke Isolierungserscheinungen und giftige Zersetzungssymptome an der Basis, weshalb er zeitweise als Schädling bekämpft wurde. Nach einem heilsamen Standortwechsel an den Rhein festigte sich sein Unterbau, und nachdem er in der Bonner Raumordnung einen festen Platz gefunden hatte, entfaltete sich sein Kopf wieder so, daß er bei allen Gerichten mit gemischten Pilzen als der dominierende Schwammerl die rechte Würze abgibt.

Das ehrwürdige Rathaus-Täuberl
edigna monacensia

auch fein-herbe Ziegenlippe genannt, hat sich von der Gegend um Hinterpfuideifi auf städtisches Pflaster ausgebreitet und dabei vom Gutsherren- zum Ratsherrenpilz gewandelt. Auf den ersten Biß wirkt sie ziemlich trocken und eher bitter, kann aber bei pfleglicher Behandlung und langsamem Aufdünsten den milden Geschmack herber Reife entfalten. Als Standort bevorzugt sie seltsamerweise schwarzen Dorffilz und lockeren Kieslgrund, obwohl sie auf besserem Boden zu wesentlich wohltätigerer Entfaltung gelangt. In München wird sie inzwischen zu jedem offiziellen Essen gern serviert, weil sie Kieslgeräusche dämpft, und ihre Absonderungen geistig belebend wirken.

Der bayerische Wald- und Wiesen-Egerling
Fungus agraricus Josephinus

auch der agrarische Seppl-Champignon (bayr.: gschwollschädlerter Bauernschwammerl) genannt, hat interessante Metamorphosen hinter sich. Früher einmal bevorzugte er als rechtsdralliges Südtiroler Freiheitsgewächs den kargen sprengstoffhaltigen Dolomitenfels. Seit er auf linksabschüssigem Gelände neue Entfaltungsmöglichkeiten gefunden hat, besticht er durch sein elastisches Sitzfleisch und sein Beharrungsvermögen auf fettem landwirt-schaftlichem Boden. Wo er sich ausbreitet, steigert er als natürlicher Düngerpilz die Erträge der Bauern und verbessert als ergiebiger Speisepilz die Ernährungslage der Städter. Anderen Ländern der Europäischen Gemeinschaft schmeckt er meist gar nicht. Bei sanftem Umgang ist er gut genießbar, bei Reizbehandlung kann er jedoch auch schnell sauer werden, vor allem, wenn in seiner bäuerlichen Basis der Wurm drin ist.

200

Der rehäugige Bildschirmling
Carolina telegenia

auch mattschimmernder Scheibenreizker (bayr.: weißblaues Parade-Reherl) ist ein optisch wirksamer Garnierpilz, der an nahezu allen Standorten gern auftaucht. Seine stärkste Ausstrahlung erreicht er von fern gesehen, wo der langstielige Unterbau nicht in Erscheinung tritt. Aus der Nähe läßt sich das herzhafte Mikro-Gewächs an jeder Tafel gut als bayerische Dekoration verwenden. Es gedeiht am besten auf reichem Boden und entfaltet vor allem auf sonnigem Gelände ein geradezu blühendes Aussehen. Als freistehender Schauschwammerl findet er auf eigenem Mist zu wenig Nahrung und Halt, weshalb er dann leicht in den Wald hineinkommt und in der Gesellschaft von giftspritzenden Tintlingen verkümmert. Im Verbund mit einem gemischten Pilzprogramm veredelt er jedoch jedes Fernsehgericht und läßt selbst scharfe Kost mild auf der Zunge zergehen.

Die rauhbauzige Narrenkappe
Gustus bavaricus comedianticus

auch veigelblauer Bühnen-Trichterling (bayr.: gwamperter Grantelkopf) genannt, ist in seinen Erscheinungsformen sehr vielfältig. Seine urwüchsige Ausdruckskraft reicht von sonnig-rustikaler Herzlichkeit über derbe Bauernkomik bis zu grimmiger Bitterkeit. Er tritt gern gesellig auf, drängt jedoch leicht empfindlichere Pilzköpfe in den Hintergrund. Im bayerischen Raum bleibt er standorttreu und entfaltet sein unverwechselbar deftiges Aroma am besten, wenn er in Ruhe gelassen wird. Hektische Unruhe und nordische Winde in seiner Umgebung lassen ihn dagegen schnell pelzig werden. Doch selbst wenn er stärkere Schärfe entwickelt, verliert der dickfleischige, für die bayerische Ernährung unentbehrliche Volksschwammerl nie seinen guten Geschmack und bleibt kernig im Biß.

Der breitbeinige Superfußpilz
fungus pedestris sportivus

auch unter dem Namen bolzende Stinkmorchel (bayr.: gfotzerter Giftschwammerl) bekannt, gedeiht vorwiegend auf Sportrasen und Stadionerde. Da er schnell aufgeht, leicht über sich hinauswächst und sich dann oft auf extreme Hochform versteift, wird er in der Fachwelt auch gern phallus impudicus (bayr.: ausgschamter Bumser) genannt. Auf Frauen wirkt er stark animierend, bei Männern wechselt die Bewunderung mit Verärgerung, vor allem, weil er in der Öffentlichkeit oft als Trüffel angepriesen und zu horrenden Marktpreisen verkauft wird. Da er das Wasser nicht halten kann, sondert er immer wieder saftige Ergüsse ab, über die er anderen stinkt.

Der dickköpfige Satansbrätling
satanas politicus

von Liebhabern derber Kost auch begeistert stock-
narrischer Teufelskerl genannt (bayr.: wuatiger
Stierschwammerl), bevorzugt als Standort die Nähe
von Fettnäpfchen und finstersten Ecken, sticht aber
durch seine Farbigkeit hervor. An ihm scheiden
sich die Geschmäcker: bei den einen wirkt er wie
ein Magenbitter belebend auf die Darmtätigkeit,
weshalb in seiner Umgebung viele Figuren mit vollen Hosen zu finden sind. Bei anderen ruft er Abscheu und Wutausbrüche hervor. Im Rohzustand
ist er ausgesprochen giftig, weshalb er meist abge-
brüht oder abgekocht serviert wird. Insgesamt gilt
er in seiner Wirkung als unberechenbar, zumindest
als schwer verdaulich, und hat schon vielen die
Suppe versalzen und den Appetit verdorben. Zum
Verwechseln ähnlich sieht ihm:

Der bayerische Herzogsröhrling
dux bavariae

auch landesherrlicher Gnadenschwammerl (bayr.:
zeamer Dobernigel) genannt, ist viel verträglicher,
aber auch seltener. Er kommt bevorzugt im Wiener-
wald vor, wirkt krampflösend und anregend. Er ist
in dieser Erscheinungsform sehr beliebt, aber auch
besonders dünnhäutig. Er gilt als anfällig für den
Befall durch Schmarotzer und wird deshalb leicht
verdorben.

Gute Schwammerlplätze gehören zu den geheimsten Dingen im Freistaat. Normalerweise verraten Bayern ihre größten Geheimnisse nicht; sie pflegen sie sogar mit ins Grab mitzunehmen. Um nun besonders entschlossene Preußen davon abzuhalten, die bayerischen Friedhöfe heimzusuchen, hat die Schwammerl-Universität Weihenstephan eine übersichtliche Pilzkarte für sammelwütige Zugereiste herausgebracht.

Besonders gute Standplätze finden sich danach im gesamten oberfränkischen Raum, aber auch im Umfeld der bayerischen Orte Grafenrheinfeld, Ohu bei Landshut, Garching und Gundremmingen. Auch der Grünstreifen der Autobahn München-Nürnberg ist als sehr pilzfreundlich ausgewiesen, freilich empfehlen sich hier Kenntnisse der Straßenverkehrsordnung.

Als gut eingestuft wurden das Chemiedreieck bei Burghausen, ferner der Kurpark in Ruhpolding, die Kanalbauzone im Altmühltal, Großlappen bei München und das Maximilianeum, ebenfalls in der Landeshauptstadt. Bei letzterem ist aber ein gewisses Basiswissen über die Unterscheidung von Giftschwammerln dringend erforderlich.

Rent-a-Bavarian

Wir dürfen der verehrten Leserschaft die Gründung einer neuartigen Dienstleistung bekanntgeben. Rent-a-Bavarian bringt Ihnen auf schnelle und unkomplizierte Weise Bayern, seine Kultur und Lebensart näher. Wählen Sie selbst, greifen Sie zu, machen Sie mit. Mieten Sie sich einen echten Bayern. Hier eine kleine Auswahl aus unserem reichhaltigen Angebot.

Wastl S. (31)

Der Mann, der mit seiner 35-Meter-Leiter und 98 erfolgreichen Einstiegen den Weltrekord im Fensterln hält, steht bei uns unter Vertrag und wird auch Sie nicht enttäuschen. Wastl ist gebürtiger Oberammergauer, 1,82 Meter groß, Brustumfang 1,28, Wadl 45 Zentimeter, röm.kath., blaue Augen, Kinnbart. Früher Bergführer und Reserve-Passionsspieler. Zahlreiche Dankschreiben aus dem In- und Ausland.

Wastl veranstaltet hauptsächlich Zither-Abende für zwei (seltener für drei) in unserer firmeneigenen Almhütte. Arbeitskleidung: Lederhose (Sommer kurz), weißes Hemd, grüner Janker.

Besonders beliebt: Wastls Sondertour ins Spitzinggebiet, Abholung und Anfahrt in BMW-Limousine, Wanderung vom Forsthaus Valepp zur Erzherzog-Johann-Hütte mit Hochzeitsjodler und anschließendem Sellerie-Essen. Auf Wunsch während des Anmarsches Liebesszene am Wasserfall. Preis nach Vereinbarung.

Ernst-Rudolf von V.

Michael J. (22)

Selbst höchsten Ansprüchen wird Ernst-Rudolf von V. gerecht. Alter Adel, Endsechziger, Kavalier der besten bayerischen Schule. Sehr gut geeignet für Theater und Konzert. Gehobene Konversation in den Pausen möglich. Träger des bayerischen Verdienstordens.

Tagsüber Ausflüge ins eigene Jagdrevier möglich. Abends Gelegenheit zum Tête-à-Tête im renovierten Ostflügel von Schloß Nymphenburg. Je nach Wunsch nach Art Ludwig-I oder Ludwig-II (Ludwig-II gegen Aufpreis).

Besonders erlebnishungrigen Gästen empfehlen wir unseren Michael J. (22), Viehhändlerssohn aus Zwiesel (Niederbayern). Zwar nur 1,71 Meter groß, aber sehr flink und kräftig. Sieger auf der Holzhacker-Olympiade 1974 im Bayerischen Wald. Sein Bierrekord steht auf 24 Halben. Michael arbeitet nur mit feststehendem Messer (Klinge 17 Zentimeter, Horngriff). Auf Wunsch beleidigt er Gäste selbst in feinsten Etablissements. Unkosten für zerstörtes Mobiliar gehen zu Lasten des Kunden.

Wir hoffen, Sie mit diesen Beispielen aus unserem Angebot überzeugt zu haben. Rufen Sie an, schreiben Sie uns.

Ihr **Rent-a-Bavarian**
München, Prinzregentenstraße 7

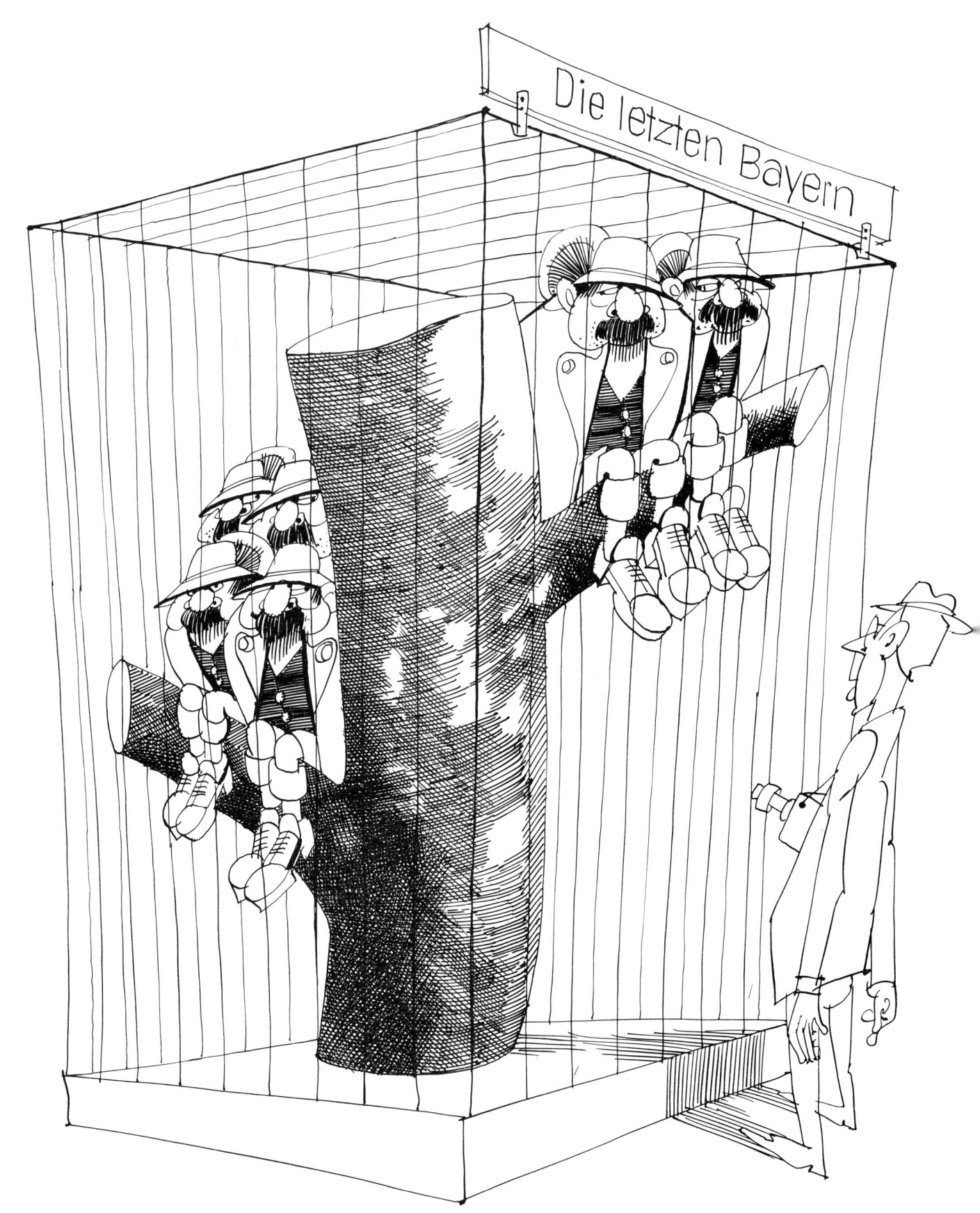